高等教育经济管理类专业教材
——荣获华东地区大学出版社第七届优秀教材奖

市场调研

（第 2 版）

主　编　居长志　周　峰
副主编　杨海清
参　编　（按姓氏笔画排序）
　　　　尹微微　姜　军　陶　莉

东南大学出版社
·南京·

内 容 提 要

本书在总结市场调研基础理论和企业市场调研实践要求的基础上编著而成,既有市场调研的一般原理和理论研究成果,如市场调研的方法、问卷设计、抽样设计等,也有创新性提出的各项专题调研的开展与实施,如环境调研、需求调研、新产品调研、企业形象调研等,以及对市场调研实践活动的规范性总结,如企业市场调研的组织体系、内容体系、调研方法的选择、调研报告的编撰等。通过这些创新,使本书在市场调研的实践性、适用性、操作性上得到较大增强,相信对提高读者的市场调研组织水平、实战水平和调研技能会有较大帮助。

本书初版至今,企业面临的宏观和微观环境发生了变化,因而对市场调研人才的要求也需要相应地变化。本次再版对原文中一些信息做了更新,并增加了一些符合当今人才培养需求的内容,特别是一些定量分析的技术。

本书既可作为应用型本科及高职高专院校管理、营销、贸易等专业的教材,也可以作为企事业单位经营管理人员的参考和培训用书。

图书在版编目(CIP)数据

市场调研 / 居长志,周峰主编. —2版. —南京:
东南大学出版社,2019.1(2023.1重印)
　ISBN 978-7-5641-8248-9

Ⅰ. ①市… Ⅱ. ①居… ②周… Ⅲ. ①市场调研
Ⅳ. ①F713.52

中国版本图书馆 CIP 数据核字(2019)第 019262 号

东南大学出版社出版发行
(南京四牌楼2号　邮编210096)
出版人:江建中
江苏省新华书店经销　广东虎彩云印刷有限公司印刷
开本:787mm×1 092mm　1/16　印张:13.25　字数:350千字
2019年1月第2版　2023年1月第10次印刷
印数:17 311—17 610册　定价:39.00元
ISBN 978-7-5641-8248-9
(凡因印装质量问题,可直接向营销部调换。电话:025-83791830)

再 版 前 言

市场是企业活动的舞台,是企业赖以生存的基础和发展的源泉,适应市场、按需组织生产经营活动是现代企业经营成功的关键。如何准确地分析市场、发现和捕捉市场机会呢? 市场调研是一个非常重要的步骤,它是企业准确选择目标市场、适应市场需求、科学决策的前提。忽视调研主观臆断是一种传统的经验型的企业决策方法,在市场竞争日趋激烈的今天,这样的企业很难走得长远和获得持久的辉煌。现代企业必须提高科学决策水平。我国企业的生命周期普遍偏短,很多企业在短暂辉煌后很快变得暗淡无光,甚至失去市场生存资格,很多赫赫有名的大公司也是如此。如何实现企业科学决策、提高企业竞争能力、减少企业经营风险,并进而推动企业良性的、持续的发展? 我们的经营管理人员、企业决策者需要对市场调研予以更多的重视,投入更多的资源,使市场调研工作做得更好,为企业科学决策提供依据。

市场调研是一项严谨而科学的工作,需要有专门的人员、采用专门的方法、通过专业的系统来完成,为此企业需要从观念和人财物等各方面做充分准备,同时积极利用企业外部高水平的专业调研力量为企业服务。市场调研是一项不允许出错的工作,因为它直接为企业的市场研判、经营决策服务,它引导企业的经营方向。市场调研还是一项必须长期坚持的工作。市场是不断发展变化的,企业市场调研工作必须始终保持对市场的关注和准确的研判,从而为企业的经营决策、持续发展提供可靠的信息保障。

全书共分13章,其中第1、2章由居长志编写;第3、4、5、10、12章由杨海清编写;第6、9章由姜军编写;第7、8、13章由陶莉编写;第11章由尹微微编写。全书由居长志、杨海清负责拟定提纲并修改审定。

本书自2004年出版以来,已为本科及高职高专院校广泛采用,被评为华东地区大学出版社第七届优秀教材。在保留原有知识体系不变的前提下,我们对教材内容进行了部分修改。本次再版修订由江苏经贸职业技术学院工商管理学院周峰教授完成。

本书在编写过程中得到了江苏经贸职业技术学院领导、工商管理系老师的帮助和指导,江苏经贸职业技术学院图书馆为本书提供了大量的参考资料,在此一并表示感谢! 同时特别向有关参考书的作者致以谢意! 由于受时间、资料和研究水平的限制,本书仍存在许多不尽如人意的地方,恳请各位读者谅解和指正。

编 者
2019年1月

目 录

1 总论 …………………………………………………………………………（1）
　1.1 市场调研概述 ……………………………………………………………（1）
　　1.1.1 市场调研的概念 ……………………………………………………（1）
　　1.1.2 市场调研的构成 ……………………………………………………（2）
　　1.1.3 市场调查与市场研究的关系 ………………………………………（3）
　1.2 市场调研的作用和意义 …………………………………………………（4）
　　1.2.1 市场调研的作用 ……………………………………………………（4）
　　1.2.2 市场调研的意义 ……………………………………………………（5）
　1.3 市场调研的产生与发展 …………………………………………………（6）
　　1.3.1 市场调研的产生 ……………………………………………………（6）
　　1.3.2 市场调研的发展前景 ………………………………………………（7）
　　1.3.3 现代市场调研的特点 ………………………………………………（8）
　1.4 市场调研的种类 …………………………………………………………（9）
　　1.4.1 按调研功能分类 ……………………………………………………（9）
　　1.4.2 按调研主体分类 ……………………………………………………（10）
　　1.4.3 按调研内容分类 ……………………………………………………（11）
　思考题 …………………………………………………………………………（11）

2 企业市场调研体系 …………………………………………………………（12）
　2.1 企业市场调研内容体系 …………………………………………………（12）
　　2.1.1 环境调研内容 ………………………………………………………（13）
　　2.1.2 专题调研内容 ………………………………………………………（14）
　2.2 企业市场调研方法体系 …………………………………………………（15）
　　2.2.1 直接调研 ……………………………………………………………（15）
　　2.2.2 间接调研 ……………………………………………………………（15）
　　2.2.3 市场调研方法的运用 ………………………………………………（15）
　2.3 企业市场调研组织体系 …………………………………………………（16）
　　2.3.1 市场调研组织体系的概念 …………………………………………（16）
　　2.3.2 市场调研系统构成 …………………………………………………（17）
　2.4 企业市场调研规划 ………………………………………………………（19）
　　2.4.1 企业市场调研规划的制定 …………………………………………（19）
　　2.4.2 选择合适的市场调研执行者 ………………………………………（21）
　思考题 …………………………………………………………………………（22）
　实训题 …………………………………………………………………………（22）

3 案头调研法 (23)
3.1 案头调研法概述 (24)
3.1.1 案头调研法的概念 (24)
3.1.2 案头调研法的特点 (24)
3.2 案头调研的信息来源 (26)
3.2.1 案头调研信息来源 (26)
3.2.2 案头调研信息的获取方式 (28)
3.3 案头调研的组织 (29)
3.3.1 确定调研的目的和内容 (29)
3.3.2 拟订调研计划 (30)
3.3.3 查明资料来源 (30)
3.3.4 选择调研人员 (30)
3.3.5 展开资料收集 (31)
3.3.6 资料整理与分析 (31)
3.3.7 调研报告的制作 (31)
3.3.8 报告递送与反馈 (31)
思考题 (32)
实训题 (32)

4 实地调研法 (33)
4.1 实地调研法的概念与特点 (33)
4.1.1 实地调研法的概念 (33)
4.1.2 实地调研法的特点 (34)
4.2 访问法 (34)
4.2.1 访问法概述 (34)
4.2.2 面谈访问法 (35)
4.2.3 电话访问法 (36)
4.2.4 邮寄访问法 (37)
4.2.5 留置问卷法 (38)
4.2.6 其他访问法 (38)
4.3 观察法 (39)
4.3.1 观察法概述 (40)
4.3.2 直接观察法 (42)
4.3.3 机器观察法 (42)
4.3.4 实际痕迹观察法 (43)
4.4 实验法 (43)
4.4.1 实验法概述 (44)
4.4.2 实地实验法 (45)

    4.4.3 模拟实验法 …………………………………………………（46）
  思考题 ………………………………………………………………………（48）
  实训题 ………………………………………………………………………（48）

5 市场调研方案与工作流程 ……………………………………………（50）
  5.1 市场调研方案 …………………………………………………………（50）
    5.1.1 市场调研方案的重要性 ……………………………………（50）
    5.1.2 市场调研方案的内容及制定 ………………………………（51）
  5.2 市场调研的流程 ………………………………………………………（56）
    5.2.1 调研准备阶段 ………………………………………………（56）
    5.2.2 正式调研阶段 ………………………………………………（57）
    5.2.3 整理分析阶段 ………………………………………………（59）
  思考题 ………………………………………………………………………（60）
  实训题 ………………………………………………………………………（60）

6 抽样设计 ……………………………………………………………………（61）
  6.1 抽样设计概述 …………………………………………………………（61）
    6.1.1 抽样调查的概念与特点 ……………………………………（62）
    6.1.2 抽样设计方法的类型及特点 ………………………………（62）
    6.1.3 抽样误差及其控制 …………………………………………（64）
  6.2 样本量的确定 …………………………………………………………（64）
  6.3 随机抽样及其组织 ……………………………………………………（65）
    6.3.1 简单随机抽样 ………………………………………………（65）
    6.3.2 分层随机抽样 ………………………………………………（67）
    6.3.3 分群随机抽样 ………………………………………………（70）
  6.4 非随机抽样及其组织 …………………………………………………（71）
    6.4.1 任意随机抽样 ………………………………………………（71）
    6.4.2 判断随机抽样 ………………………………………………（71）
    6.4.3 配额随机抽样 ………………………………………………（71）
  思考题 ………………………………………………………………………（74）
  实训题 ………………………………………………………………………（74）

7 问卷设计 ……………………………………………………………………（75）
  7.1 问卷设计概述 …………………………………………………………（75）
    7.1.1 问卷设计的意义 ……………………………………………（75）
    7.1.2 特定访问方式的问卷设计要领 ……………………………（76）
  7.2 问卷的构成及题型 ……………………………………………………（78）
    7.2.1 问卷的构成 …………………………………………………（78）

  7.2.2 问题题型及适用 ……………………………………………… (79)
 7.3 问卷设计的原则和设计程序 ………………………………………… (86)
  7.3.1 问卷设计的原则 ……………………………………………… (86)
  7.3.2 问卷设计的程序 ……………………………………………… (89)
 思考题 ……………………………………………………………………… (92)
 实训题 ……………………………………………………………………… (92)

8 资料处理与调研报告的撰写 …………………………………………… (94)
 8.1 资料处理 ……………………………………………………………… (94)
  8.1.1 初级处理 ……………………………………………………… (95)
  8.1.2 高级处理 ……………………………………………………… (102)
 8.2 市场调研报告的撰写与提交 ………………………………………… (105)
  8.2.1 市场调研报告的内容结构 …………………………………… (105)
  8.2.2 撰写市场调研报告应注意的问题 …………………………… (108)
  8.2.3 调研报告的提交 ……………………………………………… (110)
 思考题 ……………………………………………………………………… (116)
 实训题 ……………………………………………………………………… (116)

9 市场预测 ……………………………………………………………………… (117)
 9.1 市场预测概述 ………………………………………………………… (118)
  9.1.1 市场预测的概念与类型 ……………………………………… (119)
  9.1.2 市场预测的原则 ……………………………………………… (120)
  9.1.3 市场预测的步骤 ……………………………………………… (121)
  9.1.4 市场预测的方法 ……………………………………………… (123)
 9.2 定性预测法 …………………………………………………………… (124)
  9.2.1 对比类推法 …………………………………………………… (124)
  9.2.2 集合意见法 …………………………………………………… (126)
  9.2.3 专家调查预测法 ……………………………………………… (127)
 9.3 定量预测法 …………………………………………………………… (129)
  9.3.1 时间趋势延伸法 ……………………………………………… (129)
  9.3.2 指数平滑法 …………………………………………………… (133)
  9.3.3 回归分析法 …………………………………………………… (135)
 思考题 ……………………………………………………………………… (139)
 实训题 ……………………………………………………………………… (140)

10 环境调研 …………………………………………………………………… (141)
 10.1 环境调研概述 ……………………………………………………… (141)
  10.1.1 环境调研的意义 …………………………………………… (141)

  10.1.2 环境调研的内容 …………………………………………………… (142)
 10.2 经济环境调研 …………………………………………………………… (144)
  10.2.1 经济环境调研要素 …………………………………………………… (144)
  10.2.2 经济环境调研的对象及方法 ………………………………………… (145)
 10.3 政法环境调研 …………………………………………………………… (146)
  10.3.1 政法环境调研要素 …………………………………………………… (146)
  10.3.2 政法环境调研的对象及方法 ………………………………………… (148)
 10.4 其他环境调研 …………………………………………………………… (149)
  10.4.1 社会文化环境调研 …………………………………………………… (149)
  10.4.2 科学技术环境调研 …………………………………………………… (151)
  10.4.3 自然环境调研 ………………………………………………………… (151)
 思考题 …………………………………………………………………………… (152)
 实训题 …………………………………………………………………………… (152)

11 需求调研 ……………………………………………………………………… (153)
 11.1 需求调研的几个概念 …………………………………………………… (154)
  11.1.1 市场需求 …………………………………………………………… (154)
  11.1.2 企业需求 …………………………………………………………… (155)
  11.1.3 市场潜量 …………………………………………………………… (155)
 11.2 需求调研的方法 ………………………………………………………… (157)
  11.2.1 购买者意向调查法 …………………………………………………… (157)
  11.2.2 销售人员综合意见法 ………………………………………………… (157)
  11.2.3 专家意见法 ………………………………………………………… (158)
  11.2.4 市场实验法 ………………………………………………………… (159)
  11.2.5 时间序列分析法 ……………………………………………………… (159)
  11.2.6 直线趋势法 ………………………………………………………… (160)
  11.2.7 统计需求分析法 ……………………………………………………… (160)
 11.3 需求调研分析 …………………………………………………………… (160)
  11.3.1 需求调研分析概述 …………………………………………………… (160)
  11.3.2 需求规模调研分析 …………………………………………………… (162)
  11.3.3 消费者购买行为调研分析 …………………………………………… (164)
  11.3.4 经销商选择调研分析 ………………………………………………… (167)
  11.3.5 顾客满意度调研分析 ………………………………………………… (168)
 思考题 …………………………………………………………………………… (169)
 实训题 …………………………………………………………………………… (169)

12 新产品调研 …………………………………………………………………… (170)
 12.1 新产品调研概述 ………………………………………………………… (171)

　　　　12.1.1　新产品调研的必要性……………………………………………(171)
　　　　12.2.2　新产品调研的内容………………………………………………(172)
　　12.2　新产品调研的组织……………………………………………………(173)
　　　　12.2.1　新产品调研对象…………………………………………………(173)
　　　　12.2.2　新产品调研的方法………………………………………………(174)
　　　　12.2.3　新产品调研的组织………………………………………………(178)
　　12.3　新产品调研分析………………………………………………………(178)
　　　　12.3.1　新产品需求调研分析……………………………………………(178)
　　　　12.3.2　新产品价格调研分析……………………………………………(180)
　　　　12.3.3　新产品销售渠道调研分析………………………………………(181)
　　　　12.3.4　新产品促销调研分析……………………………………………(183)
　思考题……………………………………………………………………………(184)
　实训题……………………………………………………………………………(185)

13　企业形象调研…………………………………………………………………(186)

　　13.1　企业形象与企业形象调研……………………………………………(187)
　　　　13.1.1　企业形象…………………………………………………………(187)
　　　　13.1.2　企业形象调研……………………………………………………(188)
　　13.2　企业形象调研的主要内容……………………………………………(189)
　　　　13.2.1　企业实态调研……………………………………………………(189)
　　　　13.2.2　企业实际形象调研………………………………………………(190)
　　13.3　企业形象调研的组织…………………………………………………(191)
　　　　13.3.1　明确调研目标……………………………………………………(191)
　　　　13.3.2　拟订调研计划……………………………………………………(191)
　　　　13.3.3　收集调查信息……………………………………………………(191)
　　　　13.3.4　分析调查资料……………………………………………………(192)
　　　　13.3.5　撰写调研报告……………………………………………………(194)
　思考题……………………………………………………………………………(200)
　实训题……………………………………………………………………………(200)

参考文献……………………………………………………………………………(201)

1 总 论

【学习目标】
◎ 掌握市场调研的基本概念、构成;
◎ 了解市场调查与市场研究的关系;
◎ 理解市场调研的目的和意义;
◎ 了解市场调研的产生、发展和特点;
◎ 了解市场调研的分类。

市场调研关系到企业能否准确识别市场需求、选择目标市场、满足市场需求,关系到生产经营项目选择、品种选择、规模选择、战略和策略选择等多方面的企业经营决策的成败和经营成果。因此企业有必要投入较多的资源,运用科学的方法来做好这项工作。

【导入案例】　　　　　　新口味可口可乐的失败

20世纪80年代,面对百事可乐的挑战,可口可乐决定换口味。可口可乐公司花了400万美元,在13个城市对19万名顾客进行了口味测试,约60%的人认为新口味比传统口味更好喝,如果上市愿意购买。1985年4月,可口可乐公司决定放弃已经具有99年历史的老口味可口可乐,全面推广新可口可乐。但是,新可乐上市后不久,公司每天接到超过5 000个抗议电话,抗议信如雪片飞来;有些顾客威胁说要永远不喝可口可乐,甚至一些可口可乐的忠实消费者组成了抵制新可乐联盟。可口可乐公司立刻做了紧急调研,发现只剩下30%的人说新可乐的好话了。3个月后,可口可乐公司不得不恢复旧可乐,停止新可乐的生产。当时全美欢腾,一位参议员还在参议院发表演讲,"这是美国历史上一个非常有意义的时刻,它表明有些民族精神是不可更改的。"究其原因,是可口可乐公司在上市前的调研忽视了消费者精神需求的调研,结果造成公司如此重大的一项决策的失败。

1.1 市场调研概述

1.1.1 市场调研的概念

人们常说21世纪是知识经济的时代,其最大特征就是信息成为一种重要的社会资源,而市场调研则是获取市场信息、进行市场营销和现代化管理的一种重要手段。随着我国市场经济的发展,市场调研作为一个行业、一个产品、一门科学逐步发展成熟起来。

市场调研(Marketing Research),简单地说是指为企业科学决策所进行的各种调查与研究工作。早在20世纪30年代,由于市场竞争日趋激烈,许多企业为了能把产品销售出去,开始对市场进行经常性的分析,有的企业设立了专门的调查部门。当时的主要任务是了解市场供需状况和竞争情况,寻找适当的推销产品的方法。如这个时期的美国皮尔斯堡面粉公司成立商情调查部门,目的是分析面粉市场的状况,寻求更有效的销售面粉的方法和技巧。

在现代市场营销中,市场调研是与营销观念相适应的概念。营销观念(Marketing Concept)是一种以顾客的需求和欲望为导向的经营哲学。作为企业经营的指导思想,营销管理的职能不仅仅是把已经生产出的产品卖出去,更重要的是以满足消费者或用户的需求为中心,参与企业决策的全过程。市场调研是指通过收集、记录、分析影响企业活动的各种市场信息,提出市场环境、营销机会以及营销战略和策略的研究报告,供企业经营管理者做出判断和决策。

关于市场调研的概念,营销大师菲利普·科特勒(Philip Kotler)认为:"市场调研是为制定某项具体的营销决策而对有关信息进行系统地收集、分析和报告的过程。"例如,某企业准备生产一种新产品,在做决策之前,有必要对该产品的市场潜量进行较准确的预测。对此,无论是内部报告系统还是营销情报系统都难以提供足够的信息并完成这一预测,这就需要组织专门力量或委托外部专业调查机构来进行市场调研。

美国市场营销学会(AMA)对市场调研所下的定义是:"市场调研是通过信息资料的收集而与市场相适应的功能性手段。它使市场营销活动发生并得到评估和改进,可以使市场营销活动得到监控,并且有利于对作为一个过程的市场营销的理解。"这个定义强调调研的目的是为了使企业等组织机构与市场相适应,因此市场调研必须贯穿于市场营销活动的全过程,市场调研是一种服务于市场营销的手段。

香港营销学者认为:"从广义来说,市场调研是泛指人们为了解决某种产品的营销问题而有意识地具体进行了解市场、认识市场的过程和努力;从狭义来说,是指人们为了对某种产品的营销问题进行决策提供客观依据而系统地收集、整理、分析和处理资料的工作。"

归纳上述观点,理解市场调研应把握下述几个要点:

(1) 市场调研并非对市场营销的所有问题盲目地进行调研,而是指为了某项企业经营管理决策所进行的调查。

(2) 市场调研是服务于企业经营管理而又监控企业经营管理过程的主要手段。市场调研是具体的决策的重要环节和前提。

(3) 市场调研是一个系统,包括对有关资料进行系统的计划、收集、记录、分析、解释和报告的过程。

综上所述,市场调研是指运用科学的方法和合适的手段,有目的有计划地收集、整理、分析和报告有关信息,以帮助企业、政府和其他机构及时、准确地了解市场机遇,发现存在的问题,正确制定、实施和评估决策和计划的活动。

1.1.2 市场调研的构成

市场调研包括案头调研、实地调研、统计分析、市场预测四项工作或者四个阶段,其中案头调研搜集二手资料(又叫做加工信息),它是市场调研的日常和基础性工作;实地调研搜集一手资料(又叫做原始信息),是对案头调研所搜集资料的补充;统计分析则是在占有足够信息的前提下对有关数据进行定性和定量分析,并体现在调研报告中;市场预测则是根据调研所得到的信息,通过一定的方法和数学模型对市场的未来发展趋势作出的研判。

市场调研四个部分的工作是紧密联系、不可分割的。其中二手资料的搜集是市场调研的基础,没有充分的二手资料的搜集,就盲目从事实地调研,只会劳民伤财、事倍功半;信息搜集工作没做好,或所收集信息的可靠性差,缺乏针对性和精确性,统计分析就成为无米之炊和隔靴搔痒;市场预测自然也难以给出正确的研判和指明市场发展的未来方向,整个市场调研也就失去了应有的价值。

在市场调研工作体系中,一般也将这四项工作分为市场调查和市场研究两个部分,其中案头调研、实地调研、统计分析合称为市场调查。市场调查主要是信息的搜集和处理,市场研究则是对信息资料的价值发掘和利用。

1.1.3 市场调查与市场研究的关系

市场调查和市场研究既是有区别的两项工作,同时二者之间又有着非常密切的关系,被认为是一个连贯的市场调研过程的两个阶段。必须正确认识和处理好两者之间的关系。

1) 市场调查是市场研究的基础和前提

(1) 市场调查可以为确定市场研究目标提供方向　企业在经营管理活动过程中,需要处理的问题和矛盾很多,通过市场调查分析,可以发现问题的症结所在,从而使问题能顺利地解决。即使不能完全解决问题,也可以为市场研究提供方向,帮助企业确定市场研究的目标。

(2) 市场调查可以为市场研究提供必需的信息资料　企业进行市场研究时,为保证预测结果的准确性,就必须对市场信息进行科学分析,从中找出规律性的东西。而市场调查获得的大量信息资料正是市场研究的资料来源,这些资料为市场研究数学模型的建立与求解提供了大量历史数据和现实数据,有助于取得准确的预测结果。

(3) 市场调查方法丰富和充实了预测技术　市场调查方法大都具有使用简便、好懂易记的特点。市场研究的许多方法正是在市场调查方法的基础上充实、提高而形成的。如预测中的"专家意见法"就是吸收了市场调查的方法,经过反复实践而形成的,既简便实用,又避免了结果的不确定性和离散性。有些简单的市场调查方法,如问卷法、小组访问法等,若在调查内容中加进预测项目,同样可以得到准确的结果。

(4) 市场研究的结论要依靠市场调查来验证和修订　市场研究不是凭空臆想的,而是建立在认识和把握客观规律的基础上的一种预见和预计,是在科学理论指导下作出的有一定科学根据的假设。但假设毕竟是假设,预见不等于客观现实。市场研究的结论正确与否,最终还要由市场发展的实践来检验。因此,市场调查不仅能够检验前一段的预测结果,还能够分析、论证预测成功或失误的原因,总结经验教训,不断提高市场研究的水平。另外,在作出预测以后,也可以通过市场调查获得新的信息,对预测结果进行修正。

2) 市场调查不同于市场研究

市场调查和市场研究之间虽然存在着密切的联系,但二者也有着明显的区别:

(1) 研究的侧重点不同　市场调查和市场研究虽然都研究市场上的需求状况、供求关系及其影响因素,但市场调查侧重于市场现状和历史的研究,这是一种客观的描述性研究,目的是了解市场实际情况,弄清事实真相,并及时捕捉市场信息;市场研究则侧重于市场未来的研究,这是一种预测性研究,着重探讨市场需求状况、供求关系的发展趋势及各种影响此趋势变化的因素,目的是对未来的市场作出推断和估计。

(2) 研究的结果不同　进行市场调查和市场研究,其最终目的都是通过对市场的研究,为各种决策提供依据。但市场调查所获得的结果是市场的各种数据、资料和调查报告,这些都是对客观现实的反映,涉及的内容比市场研究要广泛得多,因而既可做市场研究的依据和资料,也可直接为经济管理部门和企业的日常决策提供依据。而市场研究所获得的结果是关于未来市场发展的预测报告,是一种有一定科学根据的假设,主要为制订计划和管理决策服务。

(3) 研究的过程和方法不同　在企业经营管理活动中,由于对市场缺乏全面了解,需要进行初步的市场调查。一旦对市场有了清醒的认识,就可规划未来的发展目标,这时才需要进行市场研究。从研究方法上看,市场调查的方法多属于了解情况、认识市场、捕捉信息的定性研究;而市场研究的方法则多是建立在定性分析基础上的定量测算,许多方面需要运用数学方法和建立预测模型。

1.2　市场调研的作用和意义

1.2.1　市场调研的作用

通过市场调研,企业可以获得各种与企业的决策相关的信息,使企业能够在复杂的市场环境中随时把握自己的方向。由此可见,市场调研是企业决策的基础。一个企业如果没有市场调研这个基础,企业的决策将会成为空中楼阁,失误将在所难免。因此成功的企业无不将市场调研放在企业活动的突出地位。

市场调研在企业中的作用,主要是通过向企业的决策者提供决策信息体现出来的,具体表现如下:

1) 有利于企业发现市场机会

市场机会与市场环境的变化密切相关。通过市场调研,可以使企业随时掌握市场环境的变化,并从中寻找到企业的市场机会,为企业带来新的发展机遇。如近几年来,国家对科技创新的重视与投入,为人工智能产业提供机会。如果不通过市场调研从环境的变化中捕捉市场机会,企业的发展就会面临很大的风险。

2) 有利于企业制定正确的市场营销策略

企业市场营销是建立在特定的市场环境基础上,并与市场环境达成相互协调的关系。因此,要制定出正确的市场营销策略,就必须全面掌握市场环境与顾客需求变化的信息,而这些信息必须通过市场调研才能获得。例如,中央电视台黄金时段广告曾经的数任"标王"的失败,都与其在制定促销策略中对相关的信息掌握不够、盲目决策有直接的关系。由此可进一步说明,市场调研是企业市场营销决策的基础工作,这项工作做得越好,企业制定的市场营销策略取得成功的把握就越大。

3) 有利于提高企业的市场竞争能力

现代市场的竞争实质上是信息的竞争,谁先获得了重要的信息,谁将会在市场竞争中立于不败之地。对于信息这一重要资源,其流动性远不如其他生产要素强,一般只能通过企业自行调研,才能随时掌握竞争者的各种信息和其他相关信息,使企业制定出具有竞争力的策略。

4) 有利于企业对其策略进行有效控制

企业面对的市场环境是变化的,并且是企业自身不能控制的。企业在制定策略时,即使已经进行了深入的市场调研,也很难完全把握市场环境的变化。因此,在企业的策略实施中,必须通过市场调研,充分预料环境条件的变化,研究环境条件的变化对企业策略的影响,并根据这些影响对企业的策略进行调整,以有效地控制企业的活动。

总之,市场调研以向企业提供决策信息为己任,对企业经营管理过程中的各个方面均具有十分重要的作用。

1.2.2 市场调研的意义

随着市场竞争的日益激烈,市场调研对于经营者来说显得愈来愈重要。这种重要性主要体现在下述几个方面:

(1) 市场调研既是经营管理的开始,又贯穿于经营管理过程。可以说,市场调研的好坏决定着经营管理过程的成败。所谓经营管理过程是识别、分析、选择和发掘市场机会,以实现企业的任务和目标的管理过程,亦即企业与其最佳的市场机会相适应的过程。这个过程包括五个步骤,它与市场调研的关系可用图1.2.1表示。

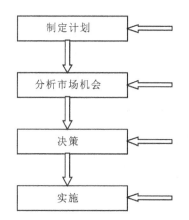

图 1.2.1 经营管理与市场调研的关系

可见,市场调研就是融合在经营管理过程中,保证目标顺利实现的重要手段。这里所体现的这种重要性实际可概括为两方面:一是前四个阶段,反映出市场调研是企业决策的基础;二是最后阶段,反映出它在决策实施过程中起"矫正"作用。市场调研取得的情报资料,可检验企业的战略与计划是否可行,哪些方面还有疏漏、不足甚至失误,或者客观环境是否有新变化,为企业管理人员提供修改计划的方案。

(2) 市场调研是市场运营的四大支柱之一。市场调研、促销计划、商品计划和运营政策是市场运营的四大支柱,而且必须以市场调研为出发点。企业营销部门的工作并不单纯是销售工作,还包括市场开发工作。市场开发的出发点是市场调研,以及以市场调研为基础的商品计划或策划、促销计划及相关的运营政策。在促销方案中,要加强对推销员的激励,同时必须重视广告、公关、售后服务等机构的促销活动。企业运营政策对企业发展影响也很大。从图1.2.2中可看出市场调研在市场运营中的重要性。

从上述分析不难看出,市场调研对现代企业来说是非常重要的。西方国家一些有远见的企业管理者,就是由于对市场调研的重要意义有足够的认识,因此取得了极大的成功。如

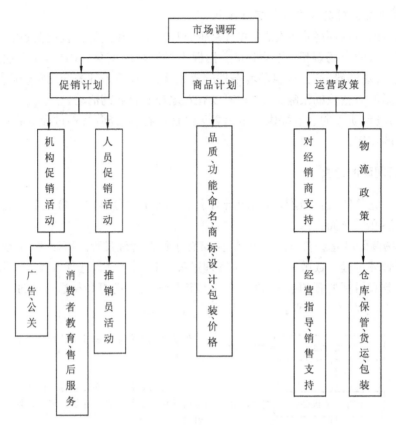

图 1.2.2　市场开发活动系统图

美国柯蒂斯出版公司的帕林,早在 20 世纪初就曾以读者为对象,系统地搜集、记录、分析多种读者的习惯和爱好,以及其他与人口统计有关的资料,将它们作为公司经营管理决策的依据,因而获得了巨大成功。杜邦公司、通用汽车公司、通用电气公司、西尔公司等都曾因重视市场调研取得过显著的经营成果。

然而,我国许多企业管理人员对市场调研的作用还认识不足,运用也不得法。主要原因是:①往往把市场调研等同于一般市场调查,他们虽然也经常搜集、分析市场情报资料,但只把它当做推销现有产品的工具,而不是当做经营决策的需要。②有的管理人员囿于已有的传统经验,忽视不断变化的新形势,没有把市场调研贯穿于企业经营管理全过程。③还有些企业担心市场调研开支大,会提高产品成本。而事实上通过市场调研,认真进行可行性研究,可降低风险,减少不必要的损失,会给企业带来更大的收益。

1.3　市场调研的产生与发展

1.3.1　市场调研的产生

市场调研是伴随着商品生产和商品交换活动的产生和发展而产生并发展起来的。在自给自足的自然经济社会,生产力水平极其低下,劳动者的产品只能满足日常消费的需要,并不作为商品进行交换,既没有市场,更谈不上市场调研。随着商品的产生,市场的出现,也就有了市场调研出现的可能。17 世纪开始的工业革命,使西方资本主义开始发展,市场调研业也就有了它发展的历史舞台。

市场调研产生和发展的历史沿革大体可以分为以下4个阶段：

1) 萌芽期(20世纪前)

有记载的最早的市场调研是1824年8月由宾夕法尼《亚哈里斯报》进行的，这是一次选举投票调查。而最早有记载的正式的用于市场决策的市场调研是由亚耶(N.W. Ayer)广告公司于1879年进行的。

2) 成长初期(1900—1920)

进入20世纪后，激增的消费需求和大规模生产的发展导致更大规模、更远距离的市场的出现。了解消费者的购买习惯和对制造商产品的态度的需求应运而生。为了适应这种需求，第一家正式的调研机构在1911年由柯蒂斯出版公司(Curtis Publishing Company)建立。随后，D·斯塔奇(Daniel Starch)创立了广告反应的认知测度，E·K·斯特朗(E. K. Strong)提出了回忆测度和营销量表。

3) 成长期(1920—1950)

P·怀特(Percival White)首次将科学研究方法应用于商业问题的解决。20世纪30年代，问卷调查法得到广泛使用。尼尔森(Nielsen)于1922年进入调研服务业，他在怀特早期工作的基础上提出了"市场份额"的概念以及其他多项服务。广播媒体的发展和第二次世界大战，促使市场调研由一门不成熟的学科演变为明确的行业。

4) 成熟期(1950—现在)

由卖方市场向买方市场的转变要求更多更准确的市场情报。当生产者不能卖出他们生产的产品时，重要的是通过市场调研发现市场需求，然后再精心生产产品满足这些需求。20世纪50年代中期主要依据容易区分的顾客人口统计特征提出了市场细分概念。同一时期，人们开始进行动机研究，重点分析消费者行为产生的原因。市场细分、动机分析与先进的调查技术结合，导致了个人心理变化和利益细分等重要创新。随着通信、扫描仪和计算机技术的不断成熟，定量和定性调研方法在数量上和先进性方面得到长足发展。

1.3.2 市场调研的发展前景

当公司的经营管理者认识到市场调研是确保自己能够继续成功所必不可少的一项活动时，市场调研才真正发挥出了自己的作用。作为专门从事市场调研工作的组织和人员，应该认识到市场调研的作用只有通过自己的努力，为管理者提供更加准确的信息，才能最终得以体现。市场调研的作用是否能够得到充分的发挥，基本条件有三：是否有足够多的对市场信息的需求；是否有准确、及时、全面的市场信息的提供源泉；是否有连接供需双方的市场及明确的市场运作规范。

当前，企业面临更多的市场竞争挑战，需要更多的市场信息帮助决策者做出各种决策，市场信息成为一种能够满足特殊需要的产品。由于市场信息这种产品的出现，导致一个新型市场的形成，这个市场和其他市场一样不断走向成熟。在中国，由于企业对市场信息的需求不断强烈，以专门从事市场信息搜集、分析研究和向社会提供自己特殊产品——市场信息的经营组织，即市场调研公司应运而生。随着供需双方的不断磨合，一个特殊的市场及其相应的市场运作规则日益成熟。市场信息市场必将逐渐走入一个良性发展的阶段。由于风险意识和把握机遇的观念的巩固，企业对市场信息的需求将不断强化。当然，企业对市场信息绝不会是"饥不择食"，更多的企业家会说："我们需要的是正确的、有价值的市场信息，价格不是问题。"另一方面,为赢得竞争,市场调研公司也在加快引进掌握先进调研技术的人才,添置先进的设施、工具,改进公司的理念、形象,提高自己的服务质量和服务水平。

当前市场调研的发展趋势与市场调研产品市场的发展趋势有着密切的关系,即市场调研产品的变化决定市场调研活动的发展趋势及其特征,市场调研产品市场的发展呈现下列几种趋势。

1)由轻视市场信息到重视市场信息

决策者在实践中将不断体会到经验、知识的有限,深感掌握市场发展特征及其发展趋势的重要性,对于市场信息会逐渐由淡漠而转为"一刻都不能离开"。手机等智能数码设备的应用正是他们对市场信息重视的表现。

2)由事前急用到长期持续收集市场信息

许多管理者与决策者都有"市场信息是重要的管理资源"的亲身体验,但更多的是"急用时,的确可以解决问题"。也就是当发现问题时马上会想到收集市场信息,随时处理、分析市场信息,得出自己的结论后决定自己的下一步行动。基于管理人员对上述观点的认识,现在他们会提出长期提供市场信息的要求。

3)由被动到主动收集市场信息

计划经济体制下,管理人员无须对市场有更多的了解。在市场经济体制下,公司的经营绩效与自己的经济利益直接相关,而要提高公司的经营绩效,就必须更加主动地设法收集更多、更准确的市场信息。管理人员以往从事的市场调研大多是为了"装点门面或为对付上级的检查",现在他们更加积极主动地收集市场信息。由"领导要我做"变成"我要这样做",这对于提高市场调研活动的效果将会有积极的意义。

4)由依靠别人,到依靠别人加自己开展市场调研

一开始公司往往由于缺乏开展市场调研的经验和完成此项任务所必需的人员,因此会选择依靠专业市场调研机构来完成各项市场调研活动策划与具体实施的工作。随着时间的推移,公司逐渐获得更多的从事市场调研活动的经验,逐步组建一支能够独立完成市场调研任务的队伍。日常的、普通的市场信息的收集就可以自己完成,只是在重大战略性设计的市场信息收集时,为稳妥起见,与专业市场调研公司联手开展市场调研,这样,可以防止更多的公司机密的外泄。

5)由随意扔弃到系统分类保管市场调研结果

管理人员过去由于受条件的限制而无法长期、系统的收集、保管好每次的市场调研结果,这导致不同时期为获得同一种信息而重复进行相同的市场调研活动。保管好历次市场调研的结果,对管理人员制定未来的战略有重要意义。例如,过去市场调研获得的各种信息,可以建立相关的时间数量模型,利用这一数量模型可以准确预测未来将会发生什么。

6)由单一调研方法到多种调研方法并用

原先为按时向管理者提供正确决策所需信息只运用一种市场调研方法即可,而现在制定一项决策需要市场调研机构提供更多的信息,而获取这些信息往往需要市场调研机构运用几种调研方法。作为一家市场调研公司,同样也应该掌握更多的市场调研方法,这是赢得竞争胜利的法宝。

1.3.3 现代市场调研的特点

现代市场调研有很多特点,这里从调研过程和调研结果的应用方面介绍其中的主要特

点,以便在对现代市场调研进行评价时应用。

1) 系统性

市场调研贯穿对研究问题的确认到提出研究报告的一系列过程中,这一过程的每一环节密切联系,并形成一个有机系统。在市场调研过程中,如果不按照这一系统的要求开展工作,就难以得出正确的调研结果。如在20世纪90年代中期,我国很多地区、很多企业发现国际市场上维生素C的售价12美元/千克,这一现象使很多企业认为进入维生素C领域将是一个很好的市场机会,从而纷纷上马建维生素C生产项目。但时隔一年多,国际市场维生素C的售价降到了6.5美元/千克以下,甚至最低达到3.6美元/千克。这时,国内上马的十多个年生产能力1万吨以上的项目还没有正式投产。如果按照当时6.5美元/千克的价格,这些企业都难以获利,因此这些已建成和未建成的项目就搁置下来,给国家造成了几十亿元的损失。因此,企业在进行决策时,一定要系统地进行市场调研,否则会给企业带来难以挽回的损失。

2) 科学性

企业在进行市场调研时,必须以科学的方法为指导。即在调研过程的设计中,必须按照科学的程序进行;在研究方法的选择中,必须根据科学的原理,选择最恰当的分析问题和解决问题的方法;在研究结果的报告中,必须排除研究人员的主观偏见,排除其他人员的干扰,以科学的态度向企业的决策人员提供研究报告。如果研究方法选择不当,或为了迎合某些领导人的意见而提供研究报告,其结果都会给企业带来不利的影响。

3) 创造性

市场调研工作虽有一定的程序可循,也有可供选择的研究方法,但是,针对具体的调研问题,调研人员必须发挥创造性,设计出科学合理的调研方案,运用科学的研究方法,有时甚至还要针对调研的问题的特殊性,创造出新的调研方法。在市场调研中,一定要根据每个调研项目的特点,创造性地开展市场调研活动,切忌将一个项目上的调研方法照搬到另一个调研项目上。

4) 应用性

市场调研可以分为基础性调研和应用性调研。基础性调研是用于对现有的理论和方法进行验证,以说明现有的理论和方法的科学性的调研。应用性调研是用于解决企业所面临的特定问题的调研。作为企业的市场调研,其中心是为企业解决问题,因此,在调研项目的选择、调研工作的安排等方面,必须紧密结合企业实际,服务于企业的市场决策。

需要注意的是,市场调研虽然要求必须具有以上特点,以使调研结果尽量达到准确可靠。但是,由于市场调研中所调研的问题往往与人们的心理或行为有直接关系,而这些方面又是随着环境的变化而变化的。另外,在调研过程中,各种各样的干扰也不可避免,因此使得调研结果很难达到完全正确。对于调研过程中出现的不准确问题,一是这种不准确应控制在一定的范围内;二是企业可以通过经营管理工作的执行和控制过程的调研对相应的决策进行调整。

1.4 市场调研的种类

1.4.1 按调研功能分类

根据市场调研手段的不同,可以将市场调研分为探索性市场调研、描述性市场调研、因果性市场调研和预测性市场调研4种类型。

1) 探索性市场调研

探索性市场调研是指当研究的问题或范围不明确时所采用的一种调研,主要是用来发现问题,收集一些有关资料,以确定经营管理需要研究的问题的症结所在。例如,某企业近几个月来销售量持续下降,但企业弄不明白是什么原因所致。要找出问题的原因就应该采取探索性调查,如从中间商或从用户那里收集资料,找出主要原因,为解决问题打下基础。

2) 描述性市场调研

描述性市场调研是进行事实资料的收集、整理,把市场的客观情况如实地加以描述和反映。描述性市场调研用来解决诸如"是什么"的问题,它比探索性调研更深入、更细致。它假定调研者事先已对问题有相当的了解,是为进一步研究问题症结的事实而收集必要的资料,以说明其"是什么"、"何时"、"如何"等问题。例如,销售研究中,收集不同时间销售量、广告支出、广告效果的事实资料,经统计分析能说明广告支出什么时候增加了几个百分点,销售量有了多少个百分点的变化。至于二者哪一个为因,哪一个为果,可根据需要再做研究。

3) 因果性市场调研

因果性市场调研是收集研究对象在发展过程中的变化与影响因素的广泛资料,分清原因和结果,并指明何者为决定性的变量。例如,销售研究中,收集不同时期说明销售水平的销售量、市场份额、利润等因变量资料,收集影响销售水平的不同时期本企业的价格和广告支出、竞争者的价格和广告支出、消费者的收入与偏好等自变量资料,在这些资料的基础上就可以了解这些自变量对某对因变量(如销售量)的关系,确定其中哪一个为决定性自变量。

4) 预测性市场调研

预测性市场调研是收集研究对象过去和现在的各种市场情报资料,掌握其发展变化的规律,运用一定方法估计未来一定时期内市场对某种商品的需求量及其变化趋势。

由于市场情况复杂多变,经营管理问题多种多样,因而决策过程、决策主体对信息需要的目的也会不同。上述4类市场调研就是为满足决策主体不同信息需要而进行的调查。它们之间的关系是后者包含前者,后者总是在前者基础上提供更多的信息。

1.4.2 按调研主体分类

根据市场调研的主体的不同,可以将其分为企业的市场调研、政府管理部门的市场调研、社会团体组织的市场调研和个人的市场调研4种类型。

(1) 企业的市场调研　企业是市场调研的主体,企业经常要根据市场变化对各种问题进行判断和决策,不失时机地采取有效的对策。企业的市场调研主要由企业的市场营销部门承担。但实际上,并不是所有的企业都是自己开展市场调研的,有很多企业依赖专业的调研公司进行(从他们那里购买所需的信息和研究报告)。所以,广义的企业市场调研的主体还应该包括专门的市场调研公司、广告公司等。本书主要介绍以企业为主体开展的市场调研。

(2) 政府管理部门的市场调研　政府管理部门对地方经济的发展起着至关重要的作用。为了促进本地区经济的发展,加强对外交流,招商引资,政府管理部门通常要从整体上统筹安排、全面部署,对经济的发展进行宏观的调节和管理。要开展市场调研,掌握第一手资料。一般而言,政府管理部门从事的市场调研所涉及的范围较大。

(3) 社会团体组织的市场调研　各种社会组织和社会团体为达到某些特殊的目的,也会开展某些市场调研活动,如消费者组织对某个地区的或某个市场的某种产品质量的调研。

(4) 个人的市场调研　个人由于种种原因有时也会进行一些市场调研。例如,大学教师为开展教学所进行的市场调研,研究机构的研究人员为了研究某个项目所进行的市场调研,消费者为一次复杂的购买所进行的相关市场信息的收集等等,也可以看做某种市场调研。个人的市场调研一般范围较小,调研活动灵活性强。

1.4.3 按调研内容分类

根据市场调研内容的不同,可以将市场调研分为专题性市场调研和综合性市场调研两种类型。

1) 专题性市场调研

专题性市场调研是指市场调研主体为解决某个具体问题而进行的对市场的某个方面进行的调研。这种市场调研具有组织实施灵活方便、所需人力物力有限、对调研人员的要求相对较低等优点。但是,它也存在提供信息具有某种局限性,市场调研主体无法仅凭此种调研对市场全面了解的不足。在许多情况下,当企业或其他市场调研主体面临某些涉及面有限的具体问题需要作出决策,只要所提供的信息能保证满足决策所需时,专题性调研就是进行合理的选择。事实上,大多数市场调研为专题性调研。

2) 综合性市场调研

综合性市场调研是指市场调研主体为全面了解市场的状况而对市场的各个方面进行的全面调研。相对于专题性调研而言,综合性调研涉及市场的各个方面,提供的信息能全面地反映市场的全貌,有助于市场调研主体正确了解和把握市场的基本状况。但是,由于这种市场调研涉及的面广,组织实施比较困难,不但需要投入相当多的人力物力,费时费钱,对调研人员的要求也相对要高。一般而言,这种市场调研只有在必要时才组织实施,在实践中用得比较少。

【本章小结】

本章内容包括调研概念、目的和意义、产生和发展以及市场调研的种类等,具体内容有详有略。市场调研是指运用科学的方法和合适的手段,系统地收集、整理、分析和报告有关信息,以帮助企业、政府和其他机构及时、准确地了解市场机遇,发现经营管理过程中的问题,正确制定、实施和评估策略和计划的活动。

详细介绍了企业市场调研的种类,并根据市场调研手段的不同,将其分为探索性市场调研、描述性市场调研、因果性市场调研和预测性市场调研四种类型。根据市场调研的目的,将其分为应用性市场调研和基础性市场调研两种类型。根据市场调研的内容不同,可以分为企业的市场调研、政府管理部门的市场调研、社会团体组织的市场调研和个人的市场调研四种类型。

关键概念

市场调研　　探索性市场调研　　描述性市场调研　　因果性市场调研　　预测性市场调研

思考题

1. 什么是市场调研? 它的特点是什么?
2. 市场调研的研究内容是什么?
3. 市场调研在企业经营管理中的作用是什么?

2　企业市场调研体系

【学习目标】
◎ 从企业调研内容、调研方法、调研组织体系及调研规划等方面对企业的市场调研工作形成整体认识；
◎ 了解企业环境调研、专题调研所包括的具体内容；
◎ 了解企业调研方法的类型；
◎ 掌握企业调研组织体系及各子系统的构成、功能；
◎ 掌握企业调研规划的方法、步骤；
◎ 掌握适当市场调研机构选择的要领。

要做好一个企业的市场调研工作，就不仅仅是简单地会做调研或者把一次调研工作做好，一个优秀的企业、一个合格的决策者、一个优秀的市场调研人员必须对企业市场调研工作有一个整体的理解和全面的把握。这种理解和把握包括：有哪些问题需要进行市场调研？有哪些市场调研方法以及这些方法各自有哪些特点？企业应建立怎样的市场调研机构以及如何组织好企业的市场调研工作？如何规划并实施企业的市场调研工作？

【导入案例】　　石油危机能否带来自行车的发展机会

20世纪70年代初，石油危机给美国等发达国家的经济和日常生活所带来的影响日益明显，石油及石油制品的价格不断上涨，汽车工业也由于汽油价格的上涨而面临很大的压力，传统的美国汽车由于排量大、油耗高受到消费者冷落，而日本汽车以其低油耗的特点受到了美国消费者的欢迎，在美国市场迅速扎根，并不断占领越来越多的市场份额。受此启发，我国外贸部门在当时提出：抓住大好时机，大力促进我国自行车产品对美国等发达国家的出口。理由是自行车不需要用汽油，理应更受欢迎。我国外贸部门和自行车厂家为此也做了足够准备，争取在国际市场上大展身手。然而事与愿违，我国的自行车产品在国际市场特别是美国市场并没有取得任何明显进展。

这是什么原因呢？石油价格上涨没错，人们开始介意汽油的消耗没错，那错在哪里呢？通过本章的学习，你会找到答案：市场调研所需掌握的信息是多方面的，只知其一不知其二是市场调研者的悲哀。我们的决策者没有了解到或忽略了这样一条重要信息：在美国，汽车是生活、工作必备的交通工具，而自行车无论如何只是健身工具而已，无论汽油价格上涨多少，美国人都不会骑自行车上班。

2.1　企业市场调研内容体系

市场调研所涉及的内容很广泛，凡是企业市场预测、经营决策所涉及的领域都是市场调研所要研究的对象。由于调研目的的不同,市场调研的内容也各有侧重点,归纳起来市场调研的内容可分为两个方面:一是关于宏观市场环境的调研;二是为具体决策服务的专题调研。

2.1.1 环境调研内容

1) 经济环境

经济环境主要是指对市场所在地的经济发展水平、经济和产业分布状况、国民生产总值、个人收入、可支配个人收入、可任意支配个人收入等。经济环境对市场容量、市场分布、产品需求、消费水平等均有重要影响,有重要的调研意义。

(1) 经济的发展水平　了解一个国家或地区市场的经济发展水平,有助于企业确定该市场的需求规模和基本需求水平。经济发展水平一般可分为传统社会阶段、"起飞"前准备阶段、"起飞"阶段、成熟阶段、高额消费阶段。可以通过收集三大产业结构状况、居民收入和消费状况来分析判断经济发展水平。

(2) 经济分布状况和产业特色　由于资源分布和传统的原因,一个国家和地区的经济及产业分布也会各有特点,如我国的经济分布就存在由东向西递减的3个梯次。不同地区的产业特色也各有千秋,如东北的重工业、长江三角洲的纺织工业、珠江三角洲的电子工业等。对经济分布状况的调研可以查阅当地或国家的经济统计年鉴、研究机构的研究成果等内容。

(3) 消费者收入　消费者收入决定市场的规模和消费需求层次,企业需要通过市场调研了解消费者个人收入、可支配个人收入、可任意支配个人收入、货币收入与实际收入关系等。消费者收入的信息可通过收集当地经济资料的方式获得,通过对消费者个人或家庭实地调查等形式验证。

(4) 消费者支出　消费者支出是指消费者收入的消费投向、支出结构(即消费结构)。了解了消费者支出结构即把握了消费者需求构成、消费投向特点(即需求特点),对企业经营决策有指导意义。根据德国统计学家恩格尔提出的消费需求结构理论——恩格尔定律,消费者支出结构是不断变化的:当收入提高时,用于食品方面的支出占家庭总支出的比例会不断下降,而用于文化、教育等精神方面的支出会迅速增加。通过市场调研也要了解消费者支出的大致变化趋势。

2) 政法环境

政法环境是指对企业有影响的政治、法律等因素,属于上层建筑的范畴,具体包括政治环境和法律环境两部分。

(1) 政治环境　政治环境包括政体、政党、政策、政局等因素,这些因素是企业市场开拓、营销策划时必须考虑和适应的因素,需要深入调研、认真分析,从中可以找到企业的发展机会,也可以发现潜在的危险。对政治环境的调研可以通过公开途径,也可以通过公关、人际的途径加以了解,特别是请教一些专家、政府人士或与政府有密切关系的人士。

(2) 法律环境　法律环境主要是指企业或市场所在地的立法、执法状况,法制水平,法律对企业经营的具体要求等。调研一个市场的法律环境时,可借用一句曾在我国比较流行的话:"有法可依,有法必依,执法必严,违法必究。"即调研法律环境就是要了解:该市场是否"有法可依",是否"有法必依",是否"执法必严",是否"违法必究"。了解了以上四个方面的状况也就掌握了当地的法律环境,或者说对当地法制状况有了全面的认识了。

3) 人口环境

人口是市场的主体,是企业经营最终的服务对象。收集这个对象的信息可以加强对一个市场的认识,提高企业经营的针对性。调研人口环境主要是要了解市场所在地的人口规模、人口构成、人口分布、人口的流动等方面的特征,掌握这些特征有助于企业确定正确的目标市场和策略。通过公开途径和政府统计资料,企业可以较方便地得到人口环境的有关信息。

4) 文化环境

文化环境主要是指文化特征、风俗习惯、宗教禁忌、教育水平等。文化环境具有长期稳定性,对需求的影响一般具有刚性的特征,加强对文化环境的调研,可以使企业的产品开发、经营策略更贴近市场所在地消费者的心理和文化要求。我国天津一鞋厂曾为某中东国家的订货商生产了一批拖鞋,在交货时对方发现鞋底的花纹印在地上是伊斯兰教真主"安拉"的字样,因而以此为由,坚决拒绝收货,从而导致该鞋厂损失惨重。试想,如果该鞋厂对中东文化有所了解或进行适当调研的话,应该不会犯这种明显的错误。

5) 地理环境

地理环境包括地理位置、区域位置、地形地貌、气候条件、交通条件等,不同市场的地理环境千差万别,需要不同的产品、销售渠道、经营策略,企业必须加强对地理环境诸因素的认识,并落实到企业的实践中去。

2.1.2 专题调研内容

专题调研是针对企业经营中的特定课题所做的深入调查研究,一般根据企业实际需要设定,往往比较具体,时效性也较强。

1) 市场需求调研

企业活动以研究市场需求为起点,以满足市场需求为终点,对市场需求状况和趋势的研究是否准确、及时,关系到企业的生存和发展,所以市场需求可看做是企业市场调研要了解的核心内容之一。

市场需求调研的内容主要包括市场需求总量及其构成,各种商品的需求数量、品种、规格、款式和包装,各种商品需求的地域分布和时间分布,市场需求的满足度及发展趋势。

2) 产品调研

产品调研侧重于了解与企业产品策略有关的各种信息,包括用户对企业产品的功能、质量的评价,用户对企业产品包装、品牌、款式、规格、花色的评价,用户对企业改变产品属性、价格等因素的反映,产品生命周期阶段状况,新产品的评价,本企业产品市场占有率及销售潜力等。

3) 分销调研

分销渠道调研侧重于企业销售渠道现状的检查与分析,中间商销售情况,中间商资信与经营能力状况,用户对各类中间商(批发商、零售商、代理商)的印象及评价,各类中间商的发展变化趋势,商品的储存、运输与养护情况,销售渠道策略的实施、评估、控制与调整等。

4) 促销调研

促销调研主要考察的是营销人员的业务状况、业务能力、销售业绩,营业推广措施对用户产生的影响及促销效果,用户对各种广告媒体及广告形式的反映和评价,广告的沟通效果和促销效果,公共关系活动和宣传措施对企业形象塑造和产品销售的影响。

5）竞争者调研

任何产品、任何企业都会面对各种各样的竞争者。美国管理学家波特将与企业有利益之争的竞争者分为同行竞争者、潜在竞争者、替代品竞争者、供应方竞争者、买方竞争者五类。不同类别的竞争者会对企业的经营或利益构成威胁，为在竞争中占据主动，企业必须"知己知彼"。对竞争者的调研包括：本企业竞争者是谁？主要竞争者的市场地位和市场份额如何？主要竞争者的竞争优势和劣势分别是什么？竞争对手的竞争战略与策略是什么？本企业的市场地位如何？本企业的竞争优势和劣势分别是什么？

6）企业形象调研

企业形象已成为现代企业竞争的重要手段，及时、准确地了解企业在社会公众、消费者、合作者心目中的形象，不断提升企业的正面形象，克服负面形象，提高企业的知名度、美誉度，是现代企业的一项重要工作。而企业形象是一个多方面、多角度的形象认知，企业形象的实态究竟如何？企业形象的愿景究竟如何确定？这需要综合了解各方面的信息。企业形象调研主要是了解企业总体形象、企业正面形象、企业负面形象、企业领导人形象、企业员工形象、企业理念形象、企业视觉形象等等。

2.2 企业市场调研方法体系

能否及时、准确、经济地收集到所需的各种信息，市场调研方法的选择是一个关键。一般依据所收集到的信息资料是原始资料还是加工资料，将市场调研的方法分为两种：直接调研和间接调研。直接调研是直接从调研对象那里获得信息，这种信息称之为原始信息、一手资料，这样的调研也被称为实地调研。间接调研是企业从各种信息来源获得现成的数据或资料，这种数据或资料称之为加工信息、二手资料，这样的调研也称之为案头调研。

2.2.1 直接调研

直接调研（实地调研）主要有 3 种方法：询问法、观察法、实验法，即通过实地的去"问"（询问法）、"看"（观察法）、"做"（实验法）获得所需信息。直接调研可以准确、客观地获得大量的一手资料，并对调研对象有更多的感性认识。

2.2.2 间接调研

间接调研（案头调研）通过引用政府部门、社会组织、科研机构等提供的数据和结论，获得所需信息。间接调研的主要方法有订阅、委托收集、交换、网上搜索等。

2.2.3 市场调研方法的运用

一般认为，间接调研的运用要更加普遍一些，直接调研可以看做是一种验证、补充或用在一些专门的调研课题上，直接市场调研需要投入的人、财、时间等资源都较多。因此人们比较倾向于多做些间接的市场调研，因为在很多情况下，企业需要的各种信息在政府部门、研究机构、行业组织或企业内部可能就有现成的成果或资料在那里，这些信息往往既翔实准确，又客观全面，通过这些渠道，可以很便捷、很经济地取得所需的信息。

例如，某职业学校在设置专业时，可以向当地的劳动部门调查了解劳动力市场的供需情况，以作为专业设置的依据。表 2.2.1 为 2018 年第二季度该市企业对各类人员的需求情况。

表 2.2.1　2018 年第二季度某市企业对各类人员的需求情况汇总

工　种	需求人数	需求排名
推销员	4 745	1
营业员	2 394	2
饭店服务员	2 310	3
车工	1 696	4
保险业务员	1 405	5
物业管理人员	1 083	6

在 6 个需求较大的工种中，属于营销人员范畴的推销员、营业员、保险业务员位居需求排名的第 1、2、5 位，合计需求达 8 544 人，占当季需求 23 570 人的 36.25%。因此可以形成这样的初步结论：企业对营销人员的需求相当旺盛，开设营销专业应该是很有市场需求的，这样的调研既节省资源又科学准确。

举这样的例子不是说间接调研可以解决所有问题，但如果已有收集整理好的信息，不利用是不明智的，也是一种资源浪费。当然，经过间接调研后，再采用座谈会、走访等形式对用人单位进行直接调研也是一种有益的补充。

第 3 章、第 4 章将分别具体分析案头调研法和实地调研法，在此不再赘述。

2.3　企业市场调研组织体系

在现代企业经营和市场竞争中，市场信息的收集具有重要意义。美国社会预测学家约翰·奈斯特在 1982 年出版的《大趋势——改变我们生活的十个新方向》一书中指出："世界正在发生的变化中，没有一种变化能比从工业社会向信息社会的转变更为微妙，也更具有爆炸性。"在工业社会里，战略资源主要是资本，而在现代社会里，信息成了主要的战略资源。因此，及时掌握信息是一切科学经营管理的第一要务。

市场调研是收集市场信息的主要手段，但作为企业应该建立怎样的市场调研系统来收集必要信息呢？

2.3.1　市场调研组织体系的概念

市场调研组织体系是由人、机器和程序所构成的持续与相互作用的结构，其任务是准确及时地对有关信息进行收集、加工、传递、存放、提供，以利于企业决策者的经营计划的制定、改进、执行和控制。

这个概念反映出三层意思：第一，它是人、机器和计算机程序的复合体；第二，它提供恰当、及时和准确的信息；第三，它主要为经营决策者服务。

如果说人体各器官是在中枢神经的统一调节下完成不同的功能，使人体在内外环境的变化中不断适应的话，那么，市场调研系统就是现代企业中的中枢神经，它使企业与外界保持紧密的联系，并综合各种内外信息，对企业的各项决策起着引导作用，并监督协调企业各部门的计划和执行。

2.3.2 市场调研系统构成

一个设计优良的市场调研系统由4个子系统构成——内部报告系统、市场情报系统、市场研究系统和市场决策支持系统。

市场调研系统对企业经营环境、经营状况及各相关要素进行监视和分析,并把信息传递给经营决策者,由他们运用这些信息从事企业经营的规划、实施和控制,最后,他们的经营决策和计划再流回市场,与经营环境相沟通,如图 2.3.1 所示。

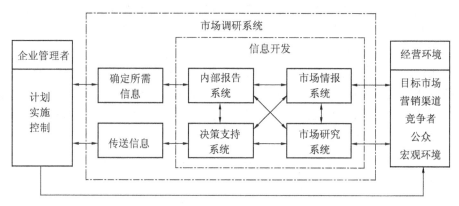

图 2.3.1 市场调研系统构成示意图

1) 内部报告系统

内部报告系统(Internal Reports System)是市场调研系统中最基本的子系统,有些企业把它称为内部会计系统或订货处理系统。这是一个处理订单、销售、存货水平、应收账款、应付账款等信息以及打印这些信息的报告系统。该系统具有以下特点:

(1) 以订单—发货—账务处理的不断循环为核心。

(2) 该系统的信息,一般有标准的应用软件和报表格式。

(3) 该系统信息的时效性强,需要及时处理和传递。

2) 市场情报系统

与内部报告系统提供内部实际材料不同,市场情报系统(Marketing Intelligence System)提供的是外部事件的资料,它是指使公司营销管理人员获得日常的关于营销环境发展的恰当信息的一整套程序和来源。市场情报系统具体包括:

(1) 销售人员　公司的销售人员在收集市场信息上处于有利的地位。公司的营销经理必须对销售人员说明情报收集的重要性,并要求定期填写情况汇报表,提供企业需要的信息或发现的新情况。

(2) 经销商、代理商、零售商和其他中间商　中间商处于供应商和消费者之间,对产销信息均有着充分的了解,企业通过建立与中间商的伙伴关系和信息通路,可得到有关产品、消费、竞争等方面的重要情报。

(3) 专门调研人员　如派出企业营销人员假扮购买者监听零售业务员对顾客的产品介绍,考察中间商的合作状况;购买竞争者产品,收集其有关信息等。

(4) 市场研究机构　企业还可以从市场购买信息,如市场研究公司出售的关于品牌市场占有率、市场规模、价格和交易动向的报告等。

国外一些大公司的情报网几乎遍及全球,如日本丰田的情报系统渗透到美国的每个小城镇,丰田汽车无论在哪条公路上发生问题,公司总部当天就能得到情报并及时做出反应。

3) 市场研究系统

市场研究系统(Marketing Research System)是企业就特定问题和机会进行调研分析的信息系统。它研究企业的外部环境和在经营管理过程中所遇到的各种情况和问题,对企业经营过程中所需要的专门信息进行调查、收集、整理、分析和研究,并作出各种专门报告。例如市场调研报告、产品偏好报告、广告效果报告和销售预测报告等。与前两个信息管理系统不同,市场研究系统一般具有针对性,围绕特定课题展开。

一般情况下,小型公司可请企业外部的专门机构和人员来设计及执行专题调研项目;大型公司则需要设立自己的市场研究部门从事专题调研活动。

4) 市场决策支持系统(Marketing Decision Support System)

在现代化的企业内部,管理科学家和技术经济学家发挥的作用越来越大,他们在收集企业内外信息和数据库的基础上,建立了市场调研信息系统的第四个子系统——决策支持系统,即信息分析系统。该系统包括数据库、统计库、模型库、终端等4个部分,其总体结构如图2.3.2所示。

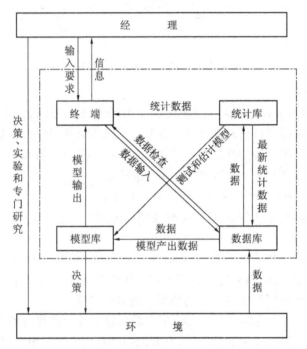

图 2.3.2 决策支持系统示意图

该系统的终端是系统的输入、输出机构,它输入、显示和打印有关信息;数据库存储数据,对市场信息进行整理、加工和保管;统计库开展资料统计和分析活动;模型库对各类统计数据进行处理,为经营决策和经营活动提供各种方案。这样,源源不断的信息经过计算机的处理得到及时应用。

随着世界经济的一体化、社会生产力的发展和科学技术的进步,国家、地区、部门、企业之间不可避免地会出现对信息的竞争。市场调研系统的建立和应用,既可大大缩小空间范围,又能有效地节约时间和缩短经济技术差距,帮助企业迈入国内和国际大市场,取得更好的经济效益。

2.4　企业市场调研规划

在前三节中分别讨论了市场调研的内容、方法和执行系统,那么企业究竟如何确定需调研的内容、选择合适的方法和执行机构呢？企业调研规划就是解决这些问题的,它是企业调研一段较长时间(一般为1年)内的工作纲领和指针。

2.4.1　企业市场调研规划的制定

企业市场调研规划是对企业整个市场调研工作的事先策划、设计和安排,它是市场调研工作的开始,调研规划工作是否充分、周到对于今后实际调查工作的开展、调查的效率和质量影响很大。市场调研规划的一般步骤如图2.4.1所示。

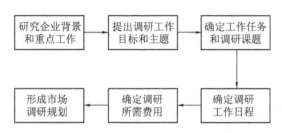

图2.4.1　市场调研规划流程示意图

1) 研究企业背景和重点工作

市场调研要为企业经营服务,因此企业市场调研规划的起点应该是企业的各项经营工作,特别是企业经营中的重点和难点工作。要通过了解企业经营的市场背景、企业自身的经营状况,了解和确定企业经营工作的重点和难点,并以此作为企业市场调研工作服务的中心和工作重点。

(1) 要掌握与企业和所属行业相关的各种历史资料和发展趋势。这些资料包括销售额、市场份额、盈利性、技术、人口、生活方式等,对历史和发展趋势的分析应分别在行业层面和企业层面进行。当一个企业的销售额与整个行业的销售额同时下降,比之企业的销售额下降而行业的销售额上升的情况,所反映的情况是完全不同的,反之亦然。

(2) 要掌握企业的资源状况和面临的制约因素。例如,资金、市场调研能力、时间等。了解这些情况有助于对下一步调研工作的目标和主题作出适当的界定。例如某企业资金紧张,只能提供10万元的调研费用,则10万元以上调研项目的运作就存在一定的困难。

(3) 要分析决策者的目标,包括决策者的组织目标和决策者的个人目标。要使一个市场调研项目获得成功,同时满足上述两个目标是很重要的,但要做到这一点往往并不容易。决策者对组织目标的阐述通常并不十分清楚,且过于原则,如改善公司的形象、提高经营效益等。市场调研人员应注意并善于使组织目标具体化和清晰化。

此外,还要了解消费者或顾客的购买行为,企业的法律环境、经济环境、文化环境,以及企业开展市场经营活动的特征和能力等因素。

2) 提出市场调研工作目标和主题

在了解企业以上各方面情况的基础上,还要进行一定的调查工作,并提出调研工作目标和主题。

(1) 与决策者交谈和讨论　这是一个非常重要的步骤。市场调研是为经营管理决策提供依据的,决策者需要了解市场调研的功能和作用,市场调研人员需要了解决策者所面临的问题,了解决策者和组织的目标,此外,决策者也是全面情况的掌握者。所有这些都决定了市场调研人员在确定调研目标和主题时接触决策人员并与他们交谈、讨论的重要性和必要性。

(2) 访问专家　选择一些熟悉市场调研与企业、行业背景的专家,与之交流讨论也有助于确认企业调研工作的目标和主题。有时,寻找那些既了解情况又愿意合作的专家并非易事,调研人员应通过多种渠道,从企业内部和外部选择合适的专家。会见专家之前应做好准备,但通常并不以正规的询问表形式进行,灵活、轻松的会见形式和气氛有助于专家充分发表自己的见解。

(3) 分析有关的二手资料　在确定市场调研与预测问题的过程中,对二手资料的分析是必要和有益的。事实上,尽管正式的调研并未开始,但调研人员都或多或少积累有一定的二手资料,而且在一定范围内收集一些二手资料并非难事,这里要特别注意收集企业内部的有关报告和资料。通过对二手资料的分析,对确定企业市场调研工作的目标和主题大有裨益。

(4) 开展定性调查　有时,从决策者、专家、二手资料获得的信息仍不足以确定调研目标和主题,此时,有必要开展一些定性调查工作,补充信息来源。这种定性调查通常只在不大的样本范围内进行,具体调查方法包括个人访谈、小组座谈会等。

3) 确定工作任务和调研课题

在了解企业经营管理工作的重点和难点、决策者个人和组织目标,确定调研工作目标和主题后,调研人员就需要把经营管理工作的重点特别是难点转换为具体的工作任务和调研课题。可以用表2.4.1说明经营决策难点与市场调研工作任务和调研课题间的关系。

表2.4.1　经营管理决策难点与市场调研工作任务、调研课题间的关系

经营管理决策难点	市场调研工作任务与调研课题
一个新产品是否应向市场推出	确定消费者对此新产品的偏好程度以及购买意向
是否应改变广告活动	确定现行广告活动的效果
是否应提高某牌号产品的价格	确定价格的需求弹性、不同价格水平对销售和盈利的影响

确定市场调研工作任务和调研课题必须遵循两条原则:一是能使决策者获得经营管理决策所需的全部信息;二是能指导调研人员开展调研活动。在实践中,要防止确定的市场调研问题过于宽泛,也要防止其反面,即确定的问题过于狭窄。

4) 确定调研工作日程

确定调研工作日程是将调研过程每一阶段需完成的任务做出具体的时间规定,以避免拖延时间。确定调研日程,一方面可以指导和把握计划的完成进度;另一方面可以控制调研成本,以达到用有限的经费获得最佳效果的目的。调研工作日程一般通过调研工作日程表的形式确定,一般分为若干阶段,并说明各阶段应完成的任务、时间以及人员安排等。市场调研的进度一般可分为以下几个阶段:确定调研的具体内容;查寻文字资料;制定调研问卷;进行实地调研;资料汇总、核对、整理、分析;完成市场调研报告初稿并征求意见;修改、确定市场调研报告;提交调研报告并交流。

5) 确定调研所需费用

调研费用因调研任务和种类的不同而异,应遵循节约的原则,在有限的预算条件下达到

最大目标,或在某一目标之下求得最小消费的费用消耗。在实际中,有关市场调研费用的预算大都是提交经费报价单,包括花费的项目、数量、单价、金额及备注说明等。根据一般市场调研案例的经验,市场调研的经费预算一般比例是:策划费占30%、访问费占40%、统计费占10%、报告费占20%。若是委托企业外部的调研机构,则还需要增加全部预算的30%左右作为税款及利润。

6) 形成市场调研规划

在确定了调研工作主题、任务、日程、经费后,企业就可以制定其市场调研规划了,这个规划是在较长时期内的企业市场调研工作计划。需要列出企业背景,企业目标和工作重点,市场调研工作目标、工作任务、工作日程、所需费用等,以计划书的形式予以确认。

2.4.2 选择合适的市场调研执行者

企业市场调研项目的执行者一般有两种选择:企业自设的调研机构和企业外部的市场调研机构。

1) 企业自设的调研机构

企业自设的调研机构一般由营销副总裁直接控制,如美国消费资料制造商中有46%的企业设置有市场调研部,生产资料制造商中也有10%的企业设置市场调研部。更多的企业在市场营销部中设立市场调研组或直接由营销部根据任务需要抽调人手设立临时调研小组。

自设调研机构的优点是:可以更准确地领会调研目标和要求;更好、更及时地为企业经营决策服务;调研成本一般较低。

自设调研机构的缺点是:对具有全局性、长期性的宏观调研课题往往缺乏足够的知识积累和研判能力,设置专门的机构和人员也可能形成冗员和增加企业运营成本。

2) 企业外部的市场调研机构

企业外部的市场调研机构包括专业的市场调研公司、广告公司的市场调研部门、管理咨询公司、政府机构和学术团体的调研部门等。

企业外部市场调研机构的优点是:具有更专业、更高水平的调研人员;具有更多的调研实践经验;对社会、经济有着更广泛的了解和更深入的研究,特别是管理咨询公司和学术团体的调研部门在这方面有更多的优势。

企业外部市场调研机构的缺点是:需要投入的成本较高;企业经营管理的机密资料和信息可能外传;外部调研机构并不熟悉企业和行业的一些具体知识和特点,从而影响调研质量。

3) 市场调研执行者的选择

那么究竟是由企业自设的调研机构还是由企业外部的市场调研机构来执行市场调研项目呢?这种选择不可一概而论。一般情况下,关于企业经营的具体领域的调研、短期经营状况和经营问题的调研、需要特别保密的调研由企业自设的调研机构执行,而关于企业经营的宏观因素的调研、涉及较长时期经营状况和经营问题的调研、无须特别保密的调研则可由企业外部的市场调研机构去调研。比如关于企业竞争者调研可以由企业自设的调研机构执行,而关于行业发展趋势的调研则由外部的市场调研机构去做更合适;关于企业将上市的新产品的调研可以由企业自设的调研机构调研,而关于企业形象的调研则可以交给专业的调研公司去做,而且也更合适、更可靠些。

在选择外部的市场调研机构时,一般应考虑以下几方面的因素:调研机构的信誉、调研机构的业务能力、调研机构的历史和经验、调研机构的设备条件、调研机构的收费情况等。

【本章小结】

本章从企业市场调研工作的总体构思和规划上进行说明分析，内容包括调研内容、调研方法、调研体系、调研规划等，具体内容有详有略。

本章简要介绍了市场调研的内容架框，其中环境调研包括经济环境、政法环境、人口环境、文化环境、地理环境等；专题调研包括市场需求调研、产品调研、分销调研、促销调研、竞争调研、企业形象调研。简要介绍了市场调研的方法体系，直接调研法又称实地调研法，包括询问法、观察法、实验法；间接调研法又称案头调研法，包括订阅、索取、交换、委托收集、网上收集等。

本章详细介绍了企业市场调研系统的构成，即内部报告系统、市场情报系统、市场研究系统、决策支持系统等4个子系统，并对各个子系统的内容、特点、分工进行了阐述，其中内部报告系统是重要基础信息系统。市场调研规划是指导企业市场调研实践的纲领性文件，具有重要的计划和指导作用。制定市场调研规划包括分析企业背景和重点工作、提出调研工作目标和主题、确定工作任务和调研课题、确定调研工作日程、确定所需费用、形成市场调研规划等6个步骤。市场调研执行者的选择也是市场调研成功的关键环节。

关键概念

直接调研   间接调研   企业市场调研组织体系   内部报告系统   市场情报系统   市场研究系统   决策支持系统   市场调研规划

思考题

1. 20世纪70年代初，我国自行车没能畅销美国市场，说明市场调研需要注意什么问题？
2. 专题调研与环境调研有何区别？
3. 为什么说市场需求是企业经营的起点和归宿？
4. 直接调研与间接调研分别有何特点？在调研中如何配合使用？
5. 为什么说信息是企业的一种主要的战略资源？
6. 企业可通过怎样的组织体系获得所需的信息？
7. 企业的市场调研规划是针对一个调研项目的还是针对一段时期企业的市场调研工作的？为什么？
8. 如何制定企业的市场调研规划？

实训题

请您为我国一家空调器生产厂家设计其进入中东市场所需调研的信息内容、最主要的调研方法和信息获取途径。

3 案头调研法

【学习目标】
◎ 掌握案头调研法信息的来源；
◎ 理解案头调研法的概念和特点；
◎ 熟悉并能够选择案头调研信息获取方式；
◎ 能够进行案头调研设计和组织。

收集市场信息对企业决策、企业发展具有重要意义，但通过怎样的方法才能既准确及时、又经济地收集市场信息呢？当企业确定了目标并制定了方案后，能否将工作做好并实现目标，方法的选择是个关键。选择对了，事半功倍；选择错了，事倍功半。本章以及第4章要分析的就是市场调研方法。本章介绍的是经济快速、行之有效的案头调研法。

【导入案例】　　　　日本人对大庆油田的案头调研

日本人在20世纪60年代通过案头调研获取了大庆油田的位置、产量等情报，在国际炼油设备招标会上，几乎拿下了所有的合同，让其他国家的企业大为震惊。那么，日本人是怎么获得有关信息的呢？原来，日本人在中国的公开刊物《中国画报》上看到铁人王进喜的照片，从照片上王进喜的穿着和背景，判断出大庆油田在东北地区，并根据《人民日报》关于工人从火车站将设备人拉肩扛运到钻井现场和王进喜在马家窑的言论报道，弄清了大庆油田的确切位置——东北平原一个人迹罕见的小地方；从王进喜出席全国人民代表大会，北京公共汽车上不带煤气包，判定大庆肯定出油了；之后又根据《人民日报》上一幅王进喜和钻塔的照片，估算出了油田的油井直径和产油量。在此基础上，日本人又分析出我国将在随后的几年中急需进口大量炼油设备，中国肯定会向国际招标。因此，日本石油化工设备公司立即组织人力、物力，并按照中国油井的特点设计了有关设备，并做好了投标的一切准备，从而在谈判中一举击败了技术力量雄厚的欧美各国的竞争对手，使其设备顺利打入中国市场，因为他们的设备都是针对中国需要而设计的。

从这个案例中可以得到很多启示，案头调研法用得好，可以进行准确的市场调研和预测，而且经费节省、内容可靠，资料来源也极广泛，获取方便。

那么，什么是案头调研法呢？它有何特点？其信息来源有哪些？可以用何种方式取得？怎样进行案头调研呢？

3.1 案头调研法概述

3.1.1 案头调研法的概念

案头调研法又称间接调查法、资料调研法、二手资料调查法。它是指调研人员围绕一定的调研目的,通过各种非实地渠道(如文献、报刊、网络等)收集已知资料,并进行整理、分析、研究、应用的行为活动。案头调研法主要是收集已形成并以某种形式存在的信息(或资料),并将这些信息为我所用,一般不直接与调研对象接触,甚至可以在办公室内完成,所以称为案头调研法。

一般市场调研人员在开展实地调研活动之前,首先要对企业内部和外部、公开和未公开的各种现成的资料和信息进行系统的收集、判断、分析,如果经过这些调研活动已经取得足够的信息资料,则无需进行实地调研活动,以节省时间和提高调研活动的效率,达到事半功倍的效果;如果所需资料还不足够,则再有的放矢地进行后续的实地调研。

案头调研也可以用来收集有关调研主题的"背景"资料;取得实地调研无法获取的某些资料;为实地调研的开展提供可信的依据,并鉴定和证明实地调研资料的可信度。总体而言,案头调研也可以看做是实地调研法的基础,它能使实地调研更富有效率和效益。

案头调研的关键是获取有价值的二手资料,并采用适当的方法验证这类资料。因此,案头调研需要调研人员具备丰富的专业知识和较强的分析能力,并有一定的实践经验和技巧。

3.1.2 案头调研法的特点

1) 案头调研法的优点

(1) 适用范围广,资料数量多　案头调研法可以超越时空条件的限制,搜寻古今中外有关的信息资料,获得广泛的市场信息。有人做过统计,在企业进行决策所需的信息资料总量中,有80%的信息资源是通过案头调研获得的,只有不足20%的信息是通过实地调研获取的。管理者要求市场调研部门提供的信息,很多情况是已经有人研究过相同或近似的问题,调研部门只要通过案头调研就可获取,加以分析、筛选就可采用。有不少人认为外国情报机构的信息资料是用间谍方法获取的,但实际上他们所掌握的信息资料大多是从公开的大众媒体上获得的。

(2) 经济快捷,降低调研成本　与实地调研法相比,案头调研法是一种经济快捷的调研方法。首先,只要付出较少的人力、财力和物力,就能获得大量所需的信息资料。其次,与实地调研法相比,案头调研法直接而简捷、组织工作较少,因此时间周期也较短。最后,对不熟悉的调研课题,先采用案头调研法进行资料收集、分析,进行初步调研,能为设计实地调研方案提供大量的背景资料,为后续调研活动提供必要的便利,为拟定实地调研计划提供依据,并提示调研人员在调研过程中可能存在的困难和障碍,避免了时间、人力、经费上的浪费,可以大大降低实地调研的成本。所以案头调研也可以看做是整个市场调研工作的基础。

(3) 受控因素少,获取方式灵活　与实地调研法相比,案头调研法的实施更为方便、自由,调研过程具有更大的机动性和灵活性,受外界干扰少。在目前市场经济比较发达、知识经济明显的时代背景下,信息的收集、传播、利用已经成为一个产业,并纳入市场交换的范畴,且形成了比较规范的市场规则,因此,可以按照市场交换的各种方式获取信息资料,获取方式灵活、方便、快捷，尤其是互联网的发展，为信息资料的收集和利用提供了更广阔的空间。

(4) 相对可靠，比较实用　案头调研所获取的是第二手资料，尤其是政府机构发布的资料更为可靠。一些二手资料经过科学整理，一些虚假、无用的资料已经过了一轮检验而被淘汰；很多信息资料是企业和机构为了自身的业务和利益正式对外发布的，机构的信誉和责任，增加了信息的可靠性，因此，可以避免调查人员走弯路。而且，由于信息资料来源广泛，渠道不同，获取方式不同，可以相互比较、印证，提高信息资料的可信度。此外，可以利用别人的研究成果，即使是反面的、失败的信息，也可以从中得到启示。

从实际的市场调研情况看，案头调研更加实用。这是因为，对调研人员而言，大多数调研问题并不是全新的，利用案头调研可以充分利用、借鉴别人的研究成果；可以获取正、反两方面的信息，防止潜在的、没有意识到的危险和问题。对于与调研课题相适应的信息资料，获取后可直接利用，具有相当的实用性。

2) 案头调研法的缺点

(1) 信息筛选工作量大　在信息时代，信息资料的增长速度以几何级数递增，信息资料的数量已超出调研人员的处理能力，信息资料内容良莠不齐，企业不仅需要进行长期的信息资料收集工作，而且信息资料的筛选工作要求高、工作量大，令企业难以承担。因此采用案头调研法时，一定要做好信息资料真实性和可用性的鉴定工作，信息筛选的结果要保证信息资料真、准、新、全。

(2) 缺乏专业技术人员　企业往往缺乏合适的信息资料处理技术人员，案头调研需要调研人员有丰富的专业知识背景、一定的实践经验和技巧、熟练的信息资料处理能力，这样才能胜任工作，否则必将影响案头调研工作的效率和效果。如调研人员应清楚哪里有他们需要的信息，可以通过什么渠道和方式取得，获得的信息如何鉴别，怎样进行分类、分析、处理和利用等。一般有经验的案头调研人员会对市场信息采用2~3种来源作交叉检验，以判断资料的正确性，另外，如何利用互联网，寻找相关信息的网站，进行网上资料的下载、分类存贮、信息鉴别、资料打印等，都需要有专业的技术人员。

(3) 缺乏相关性和准确性　由于调研目的、信息的收集者、信息收集时间及方式不一样，许多信息不能直接为调研者所用，原调研主题、内容与现调研主题、内容之间缺乏密切的相关性，所以在资料的使用和取舍上要经过一定的加工处理。由于二手资料的市场信息来源广泛，渠道复杂，令一些信息缺乏准确性，使人感到真假难辨；调研人员在收集、整理、分析和提交资料的过程中，也可能会有一些潜在的错误。例如，某地要在市区建一个购物中心，可以利用与之相邻的已经建好的大型超市的调研资料，但要注意对现成的资料要有所取舍，因为时间延后了，市场也发展变化了。因此，在使用二手资料前，要评估资料的准确性，并有所取舍。

评估资料的准确性，主要了解以下几个方面：

① 资料来源：这是判断资料准确性的关键，一般来自政府机构、大型市场调研机构、权威研究机构的信息是可以信赖的。

② 调研目的：了解二手资料的调研目的可以提供一些评估资料质量的线索。

③ 资料收集的时间和途径：这两个方面不同，资料反映的问题和内涵就会有所区别。

④ 资料内容：资料反映的问题是否准确，还要看所获信息的内容。

⑤ 资料与其他信息是否相一致：资料之间相互矛盾，肯定说明某一资料有问题，应作

分析评价。

对案头调研获得的信息,应作深入分析、准确鉴定,取其精华,结合需要,创造性地加工和利用。

(4) 时效性和可得性较差　案头调研最大的困惑是很难获得最新的信息资料,缺乏时效性的信息资料,价值较低,其准确程度和可利用性也随之下降。另外,由于受各种客观条件限制,很难获得所需要的全部信息资料,会有信息资源可得性较差的遗憾。如一家方便面公司想了解即将推出3种新调料的方便面,消费者会如何反应,就没有现成的二手资料可以借鉴了,它必须通过消费者多次品尝测试才能得到准确评判。

总之,案头调研是市场调研的一项基础性工作,是先期获得初步市场信息的一种重要调研方法,持续的案头调研可以加强对企业经营管理活动的检查、分析和控制,是提高企业经营管理水平的有效工具。案头调研的内容十分广泛,包括与企业经营有关的经济、社会、政治和日常活动范围内的行为、需要、态度、动机等的调研,从各企业的具体情况出发,其调研活动的侧重点也会有所不同。

3.2　案头调研的信息来源

3.2.1　案头调研信息来源

1) 企业内部资料

案头调研中首先要收集、使用的资料是企业的内部资料。企业内部资料的来源包括企业的所有机构和部门。其中主要部门有以下一些:

(1) 业务经营部门　企业中的各种业务经营部门承担着企业的经营业务,其在业务经营活动中所积累的销售资料、发票、购销合同、送货或退货单、订购单、客户名录、促销资料、修理单、往来函电等,是重要的二手资料。通过对各种业务资料的收集和分析,可以了解本企业主要活动的内容、顾客或用户对企业商品的需求状况及变化动向等,有利于企业销售活动的开展。

(2) 财会部门　财会部门承担着对企业经营活动的数量关系进行记录、核算的职能,还承担着资金的筹措、使用、成本、利润的核算等职能。其在管理活动中形成和保存的各种财会资料,有利于对活动从经济上进行考核。

(3) 计划统计部门　计划统计部门承担着整个企业经营活动的规划,各种资料汇总、分析等职能,其在业务中形成和保存的各种计划、日报、月报、季报、年报等统计报表是十分重要的二手资料,其中许多可以直接用于市场调研。

(4) 生产技术部门　生产技术部门承担着产品的开发、设计、生产、新技术开发等职能,其在活动过程中积累的各种台账、设计及开发方案、总结、报告等,是研究分析企业生产状况、产品状况、科技进步状况、库存情况、工艺设备情况的二手资料。

(5) 档案部门　档案部门承担着保管企业各类重要资料的职能。其保管的规章制度、重要文件、计划、总结、合同文本等资料,通常全面地反映了企业的概貌,是不可忽视的二手资料来源。

2) 政府统计资料

每个国家都有统计部门。政府统计部门是专门收集和整理各种国民经济综合信息的部门,它们定期发布有关国家和地区国民经济的统计报告、统计公报,内容涵盖人口总数、人口结构及增长率、国内生产总值及其增长率、就业水平、经济增长水平、地区消费者的收入、消费水平、消费结构、产业结构等。商务主管部门也设有专门的市场研究机构,由它们主办的各类全国性和地区性的信息网络遍布全国各地。市场调研人员可以利用其设立的各类经济信息中心、市场研究中心、网络中心查询各种市场信息。此外,各级政府的财政部门、金融部门、企业的主管部门、市场监督部门、物价部门、税务部门、各大银行等,都是各种重要信息的重要来源。

政府统计资料可以从大型综合性图书馆或在线数据库中获取,如《中华人民共和国统计年鉴》、统计部门定期发布的统计公报等,通过登陆政府机构的网站也可以直接获取一些公开的信息资料。

3) 行业统计资料

行业协会代表某一特定行业,往往拥有关于特定行业比较权威的综合信息。相当一部分行业都会自办行业内部刊物或网站,定期公布业内信息以及业内统计数据报告,资料相对全面、准确、细致,以满足行业内成员的需要,这些出版物成为这一领域的宝贵资料的来源。在我国,一些行业主管部门下设的行业报刊,如金融报、土地报、电子报、计算机报、中国食品报等,银行的经济调查、商业评论期刊、消费者组织、质量监督机构、股票交易所等专业组织发布的统计资料和分析报告等提供了大量有用的行业信息。这些信息对市场调研人员了解业内基本概况及其结构,具有重要的参考价值。

调研者不仅可以找到有关行业的出版物,而且可以直接与业内人员接触、沟通,获得某些未公开的信息。

4) 咨询公司的情报

目前专业的调研、咨询公司越来越多,这些咨询公司有专业人员和特定的渠道、方式获取相关的信息。他们的信息系统资料齐全、信息灵敏度高,他们提供资料的代购、咨询、检索和定向服务,是获取资料的重要来源。尤其是对竞争对手的调研,对于一些企业自己调研人员无法获取的信息资料,可以委托咨询公司,咨询公司所做的同类型调研活动将在多方面产生作用。有些咨询公司公布的行业、产品调研报告中含有丰富的信息资源,如《中国经营报》、《中国经济时报》《精品购物指南》等经济类报刊及其网站经常发布有关信息。

5) 学术研究成果

科研单位、大专院校、群众组织、学术团体能提供某一领域的最新研究成果。可以通过学术性会议、成果鉴定会等获得相关的文件和资料,也可以直接与有关组织和个人接触,取得相关信息,常见的资料有学术论文、市场报告、行业研究报告、调研报告等。

6) 国家法律、法规、政策文件

国家法律、法规、政策文件是企业经营管理必须依据的准则,是国家对企业经营管理的规范和要求,往往也体现政府对经济发展的一种引导。企业必须及时获取、妥善保存、积极适应国家的相关法律法规和政策文件。

例如,某日本公司的产品要进入美国市场,在查阅美国的有关法律和美国进出口贸易法律条款后获知,美国为了限制进口、保护本国工业,在进出口贸易条款中规定,美国政府收到外国公司商品报价单,一律无条件地提高。而美国法律中对本国商品的定义是:"一件商品,美国制造的零件所含的价值,必须在这一商品总价值中占50%以上。"日本公司针对这些规定,谋划出一条对策:生产一种具有20种零件的商品,在日本生产19种零件,在美国市场购买1种零件,这一零件价值最高,其价值比率在50%以上,在日本组装后再送到美国销售,这就成了美国国内的商品,不再是进口商品,无须提价,就可以直接和美国本土生产的商品竞争。这家日本公司就是利用案头调研法,成功收集、适应和利用相关法律,及时调整经营策略,提高了出口产品的国际竞争力。

3.2.2 案头调研信息的获取方式

1)订阅

主要是针对公开出版刊物,订阅有关的信息杂志、报纸,这是一项经常性的工作,订阅的报纸、杂志要尽量避免雷同,国内公开发行的书刊文献向邮局或新华书店订购,内部发行物一般直接订购。

2)索取

这是向占有信息资料的机构或个人无代价的直接索取。由于索取是不付代价的,这种方法的效果取决于对方的态度,一般向已有一定联系的机构或个人索讨,或由熟人介绍向尚没有联系的机构或单位索取,效果较好。此外,应了解可以从哪些途径获得免费的信息资料。如政府部门的部分信息是免费提供的;专家学者、企业为促销或宣传自身的某些信息资料,产品展览会上提供的各种信息如广告、宣传材料、产品说明书等都可以直接索取。一些外国驻我国的商务机构也会免费提供一些所在国的资料,需要时可直接索取。企业可以通过书信索取、询问、现场收集、接受赠阅等获得这些资料。一般交流会、洽谈会、展销会、参观访问等场合是无偿索取资料的有利时机,企业要善于利用。

3)交换

企业通过有友好关系的机构或个人,相互交换各自掌握的信息,这是一种对等的信息交流,是一种信息共享的协作关系。例如,股东之间的交流,以学术机构的名义进行的交流,各个大专院校之间的交流,这些都属于"交换"的方法。一般收集限制发行或内部使用、内部整理的资料时采用交换形式。

4)委托收集

企业对于自己无法获取或不知从何种渠道获取的信息资料可采用委托收集的方法,可委托市场调查公司、广告公司、咨询公司等,进行有针对性的信息资料的收集。委托收集一般采用付费的方式,属于间接购买。

5)查阅企业内部资料

这是来自企业内部的各种相关信息资料。企业的档案、内部报表、情况通报和文件都属于企业内部资料,这些信息资料对其他企业尤其是竞争对手都属于机密资料。对于企业内的信息资料,应加强内部管理,建立一整套的报表管理制度,并作为日常工作来做。只要信息基础工作做得好,从企业内部可以获得大量反映企业本身状况的信息,也可以获得有关客户、市场等方面的资料。这种信息获取方式最为快速方便。它通常包括以前的相关调研与预测报告和企业档案,即企业内部各种有关的记录、报表、账册、总结、用户来函、订货单、合同、客户名录、商品介绍、宣传材料等。企业内部资料是开展调研首先加以考虑的,内部资料具有可控制、收集方便、成本低和可靠的优点。

6)网上搜索

这是通过互联网、在线数据库、商业数据服务系统获取国内外市场有价值信息的方式。互联网是一个全球性的电信网络,它使得计算机使用者无论其实际位置在哪里都能获得全球的数据、图像、声音和文件。

对市场调研人员来说，互联网有两个重要信息源：一是公司、组织机构、个人创设的推销或宣传其产品、服务或观点的网址；另一个是由对某特殊主题感兴趣的人们组成的用户群组。

搜索在线数据库是获得有针对性信息的好方式。网上信息搜寻有两种基本方法：一是知道所需二手资料的特定网站的地址，直接输入网址进入相关网站；二是在情况不太清楚时，通过搜索引擎查找载有所需信息的网站。如搜狐、雅虎、百度、google 等是较为流行的用户查询信息的网站，它们都提供称为搜索引擎的服务项目。每一个搜索引擎都包含有世界范围内的文档链接集合，以各自的索引系统为用户查询所需的信息。每一个搜索引擎都允许用户输入一个或几个关键词，并在其网站数据库中找出所有关键词出现的地方，然后，逐一列出清单，用户可以通过点击直接进入所列的网址。在网上查询信息很简单，但花费时间较多，对于不经常使用在线数据库的调研人员，请专业人员来做数据库搜索更合算。一般来说，大型图书馆或信息中心都有可能提供搜索数据库的服务。

例如，要查询人口预测数字的信息，可以进行以下操作：

（1）用万维网浏览器进入网上的一个搜索引擎。在浏览器的查询窗口中键入所选搜索引擎的地址名，就可以访问该引擎了。如果访问百度（Baidu），就输入它的网址：http://www.baidu.com。

（2）进入百度网站后，在查询框中键入查询要求"人口统计"。

（3）单击"查询"按钮，搜索引擎开始搜索，找到载有人口要求的网站。

（4）界面上出现列有人口的网站清单。

（5）查看所选网站的数量，如果范围太大，缩小查询范围，例如，键入"北京市人口数字"，用户会发现，所得清单地址为数不多。

互联网为人们提供了令人难以想象的大量数据库和其他信息资源，其中很多是免费的。商业网站会收取一定的信息费，而几乎所有的政府机构、商业出版社、新闻媒体、行业协会都提供免费信息，只要找到它们的网址就行了，而找到正确的网址就相当于找到了一个新的信息源。值得一提的是，随着智能手机等移动终端的普及，连接进入互联网获取信息已经越来越便利。

3.3 案头调研的组织

案头调研组织就是根据调研的目的和内容，在进行实际调研之前，对调研工作的各个方面进行通盘考虑和安排，制定出合理的工作程序、可行的工作计划和组织措施，使所有参加调研的人员都依此执行。案头调研组织是否科学、可行，是整个调研成败的关键。案头调研的组织主要包括以下步骤。

3.3.1 确定调研的目的和内容

确定调研的目的是案头调研组织的首要问题，只有确定了调研目的，才能确定调研的范围、内容，否则会列入一些无关紧要的调研项目，而漏掉一些重要的调研项目，无法满足调研的要求。确定调研目的，就是明确在调研中要解决哪些问题，需要取得哪些资料，这些资料有什么用途等。

企业经理和调研人员必须密切合作，仔细确定问题，并在调研目标上达成一致。经理们最了解决策所需要的信息,而调研人员掌握市场调研获得信息的方法。

确定调研目的和调研内容是较为困难的。例如,一家房地产开发商新推出的楼盘销售状况不佳,销售经理仓促地认为是广告宣传不力,并要求对公司的广告做调查。当调查显示现在的广告已向目标消费群提供正确的信息时,经理感到困惑不解,而真正的问题可能在于楼盘的价格、周边环境、物业管理等,并非广告宣传不力。因此,认真仔细地确定要调研的内容可以节省调查的时间和费用。

3.3.2 拟订调研计划

在明确调研目的和内容后,第二步要着手拟订调研计划去收集信息,并上报调研管理机构批准。在调查计划里要写明调研资料的来源,查找资料的顺序,取得信息资料的手段(方式),查找资料的时间表,所需的经费、人员等。

3.3.3 查明资料来源

在明确了调研主题和根据调研主题所拟订的调研内容后,就必须弄清楚到哪里寻找所需信息资料。案头调研资料来源有二:一是企业自身的内部数据库;二是企业外部数据库。

企业内部数据库资料主要是指来自企业内部的各种相关的信息资料。包括经营资料(订货单、发货单、发票)、统计资料(各类统计报表)、企业积累的其他资料(调研报告、经验总结、顾客意见等)。这些二手资料来源于下列部门:

① 业务经营部门;
② 财会部门;
③ 计划统计部门;
④ 生产技术部门;
⑤ 档案部门;
⑥ 企业内部调研部门。

企业外部数据库资料存放地点主要是图书馆、档案馆、国际互联网、在线数据库、商业数据服务机构、刊物等,主要来源有政府机构、行业协会、新闻出版部门、科研单位、大专院校、学术团体、专业调研和咨询机构、信息中心、消费者组织、一些国际组织、驻外使馆、会馆、外国驻华机构、商会、业内企业等。外部资料包括统计公报、年鉴、报纸、杂志、会议资料、学术论文、行业报告、广告、工商企业名录、综合性工具书、在线数据库、网上资料、招股说明书、发行债券说明书等等。

外部资料来源是案头调研所需的主体部分,因为企业的经营活动是在社会大环境条件下进行的,涉及的大多是企业外部的事物,决策需要的也主要是外部信息。因此,外部资料的收集是重点。但外部资料的收集比内部资料收集困难,花费时间多、经费多,内容的可信度需要鉴别,信息来源难控制。而且,公开发表的外部资料只是调研所需全部资料的一部分,很多商业秘密在公开媒体、公开渠道是无法取得的,必须通过其他途径才能获得。

3.3.4 选择调研人员

调研人员是调研工作的主体,其数量和质量直接影响调研的结果,因此,必须根据调研项目的性质、工作量的大小、工作的难易程度,配备一定数量的调研人员。他们必须具备较丰富的专业知识、较强的分析能力,并具有敬业精神,在选择调研人员时还要注意专业、特长的搭配。

3.3.5 展开资料收集

在确定调研的项目和内容,明确资料来源,进行调查分工后,调研人员就可以展开资料的收集工作了。资料收集工作的面要广,要符合调研主题的基本要求,有明确的针对性,保证资料的时效性。调研人员在收集二手资料时,其基本顺序应是先易后难、由近至远、由内到外、由一般到具体。资料的收集要从一般线索到特殊线索,即从提供总体市场概况的那部分资料入手,开始调研工作。资料收集尽可能做到齐全、完整、及时。

例如,海尔集团就在美国设厂拓展国际市场进行可行性调研,从二手资料收集的程序上,首先考虑企业内部的现成资料,再去收集企业外部的二手资料。从内容上,市场调研人员首先收集美国市场的一般资料情况,如美国的政法环境、经济环境、社会文化环境、科技环境、自然环境等;其次,查找行业竞争结构、美国市场基本特征、企业产品定位等较为具体的问题;最后,查找有关市场研究主体方向的资料,如美国市场消费者需求、产品定价、销售渠道、品牌知名度、广告文案等反映调研主题的资料。

注意,对于收集到的信息资料,一定要将其出处记录下来,以便评价它的准确性,必要时还可以重新追查;原始来源也要做记录,以确定它们的所属,在线搜索时要下载到文件夹中。

3.3.6 资料整理与分析

由于案头调研涉及的资料种类、格式较多,所以,资料整理与分析是一项核心工作。整理与分析的基本要求是围绕调研内容,依据事先制定的统计清单或分析计划,选择正确的统计方法和统计指标,这与其他调查方式获得的资料分析方法基本一致。但要注意的是,由于二手资料的局限性,在整理资料时,要注意对查找到的二手资料的鉴定,确认资料是否全面、精确地包括调研主题的要求;确认资料的专门程度是否达到调研要求;确认重点资料是否针对本调研课题的各个方面;确认资料所涉及时期是否适当,有没有时过境迁;确认资料是否可信,与第一手资料的接近程度如何。在对资料进行评估后,调查人员应根据课题要求,将无关资料、虚假资料、残缺资料及时剔除。

3.3.7 调研报告的制作

调研报告是体现调研成果的工具,是调研活动的产出,当一个调研项目完成后,调研报告就成为该项目的少数历史记录和论据之一。调研报告的制作应注意以下几点:

(1) 将资料编成统计图表,用文字简要说明调研过程和调研结果。
(2) 以醒目的标题增加吸引力,以引起阅读者的注意力和兴趣。
(3) 结论明确。

3.3.8 报告递送与反馈

调研人员将得出结论的调研报告递送给管理部门,帮助管理部门决策。

调研人员是调查设计和统计的专家,仅他们得出的调查结果是不行的,相关部门还要了解问题及所要做的决策。有时调研结果会有多种解释,调研人员与管理人员一起讨论会使问题更清楚,管理人员也需要了解调查计划执行的是否正确,是否做了必要的分析,要会根据调研数据、调查结果提出自己的看法。因此,管理人员和调研人员必须一起探讨调研结果,双方对调研过程和相应的决策共同负责。

【本章小结】

案头调研是获取二手资料的间接市场调研方法,具有适用范围广、资料数量多、经济快捷、调研成本低、受控因素少、获取方式灵活、相对可靠、比较实用等优点,同时又有信息筛选工作量大、缺乏专业技术人员、缺乏相关性和准确性、时效性和可得性较差的缺点。

案头调研的信息来源包括企业内部资料、政府统计资料、行业统计资料、咨询公司的情报、学术研究成果、政府法律法规和政策文件等,调研人员可以采用订阅、索取、交换、委托搜集、查阅企业内部报告、网上搜索等多种方式取得所需信息。

组织案头调研的程序包括:确定调研目的和内容、拟订调研计划、查明资料来源、选择调研人员、展开资料收集、进行资料整理与分析、制作调研报告、完成调研报告递送与反馈等。

关键概念

案头调研法　　企业内部资料　　搜索引擎

思考题

1. 案头调研的一般资料来源于哪些方面?
2. 案头调研法的主要优缺点有哪些?
3. 在进行资料收集的过程中应注意什么问题?
4. 哪些资料适宜采用索取的方式获得?什么资料能够通过交换取得?在索取和交换中要注意哪些事项?
5. 互联网对查找二手资料有什么意义?
6. 互联网上的两个重要信息源是什么?如何利用网上资料?

实训题

1. 假设你是某汽车经销公司的市场调研人员,该公司准备重点开拓江苏市场,请问你应该查找哪些资料?从何处获取?将你查找到的资料及来源写成书面报告(以小组为单位完成该题)。
2. 了解你所在的城市居民收入状况和恩格尔系数的变化信息,说明它对当地房地产业、汽车业的影响,为什么?(要求说明资料的来源、时间、出处、可信度分析)
3. 上网找到一个市场调研数据库,浏览数据库并评估它所提供的服务,说明该数据库是免费还是收费的?

4 实地调研法

【学习目标】
◎ 掌握实地调研法的概念、类型及特点；
◎ 理解访问法的含义、具体方式及实际应用；
◎ 理解观察法的含义、具体方式及实际应用；
◎ 理解实验法的含义、基本类型及具体应用；
◎ 能够综合运用所学的调研方法获得可靠的信息资料。

"实践出真知"，这句话可以说明实地调研的重要性和必要性。实地调研直接与调研对象接触，获得的是一手资料，往往更为客观，而且时有意想不到的收获。当然，对"实践"要全面理解，不是唯有实地调研的信息才可信，也不是说只要是实地调研得来的信息就一定准确。很多案头调研所收集的资料是在各种各样、大量的实地调研基础上总结出来的，有着相当的客观基础；有些实地调研由于设计、抽样、实施等原因，也会存在片面和主观的状况。事实上，由于实地调研的资源消耗大以及案头调研的经济性，实地调研更多的是作为案头调研的补充和后续环节。

【导入案例】   **肯德基的实地调研**

美国肯德基在开拓中国市场时，在公园和其他公共旅游景点，向旅游者提供休息场所。一边免费向潜在的消费者提供已经烹调好的炸鸡鸡块，一边征询消费者的意见，以便对肯德基炸鸡的口味进行调整。他们会在消费者做了初步品尝后，与调查对象坐在一起，亲切地询问"味道是否合适？盐放得多还是少？烤制得是否过火？皮是否够脆？肉是否够嫩？"等问题，内容详细周到。消费者在感谢的同时，并不觉得他们已成为被调查的对象，会将自己的真实意见毫无保留地说出来。肯德基由此找到了符合中国消费者口味的生鸡来源、炸鸡配方，为肯德基连锁店在中国的迅速发展奠定了基础。

上则案例是一个运用实地调研法获取信息的典型案例，通过这种方法肯德基获得了大量准确可靠而又有用的反馈信息。那么，什么是实地调研法？它的具体形式有哪些？如何根据调研的目的和需要，进行选择和运用呢？

4.1 实地调研法的概念与特点

4.1.1 实地调研法的概念

实地调研法又称直接调查法，是指在周密的设计和组织下，由调研人员依照调研方案直接向被调查者收集原始资料的调研方法。例如,直接向产品的最终消费者或购买者进行消费感受的询问;化妆品制造商向人们展示广告,并测量观众眼睛转动、脉搏跳动和其他机能反应等。由于实地调研法是从调研对象那里获得的第一手资料,故又称为原始资料收集法。

实地调研法有访问法、观察法、实验法等三种具体方法。

4.1.2 实地调研法的特点

1) 实地调研法的优点

实地调研法是调研者根据需要直接收集原始信息,故针对性、实用性、真实性较强,且由于信息来源可知、收集方法可控、调研方法可选,故信息资料也更具可靠性、准确性和适应性。

2) 实地调研法的缺点

实地调研法的实施需要较多的人力、时间、经费;对调研机构的能力要求较高,往往许多实地调研项目难以依靠企业自身力量来完成,必须借助于专业的调研机构;实地调研中由于被调查者的心理因素变化,会产生一些反应性误差;某些项目的调研受时空条件、设备条件等的限制,往往难以实施实地调研。

因此,实地调研一般被看做案头调研的补充或后续,往往是在案头调研不能获取足够信息时,进一步确定实地调研的主题、内容和目标,通过实地调研的方法获得所需的信息资料(也称为一手资料或原始信息),并以此对案头调研获取的信息资料(也称为二手资料或加工信息)加以验证,在分析的基础上进行综合利用,为企业经营决策提供准确的信息资料和研究报告。

4.2 访问法

4.2.1 访问法概述

1) 访问法的含义

访问法也称访谈法,它是调研人员通过直接或间接的问答方式向被调查者收集市场信息的一种实地调研法。访问法一般利用问卷收集事实、意见、态度、偏好、购买动机等描述性的原始数据。

2) 访问法的优缺点

访问法是原始资料收集中最常用、最基本的一种方法。例如,在美国,大约有1.26亿美国人在他们的生活中接受过访谈,每年约有7 000万人被访问,每位成年人一年大致要接受超过15分钟的访谈,可见其使用频率之高。

访问法的主要优点是比较灵活,可以得到在不同情况下的各种信息。由于采用事先设计的问卷,访谈人员可以灵活提出各种问题,使资料的收集过程富有弹性;通过倾听且观察被调查对象的表情,有利于及时辨别回答的真伪;还可能发现意想不到的有用信息;与观察法和实验法相比,获得信息的速度快,成本也较低。

访问法也会带来一些问题,被调查者不配合,不愿意、不能或回避某些问题的回答,有时被调查者又提供一些自己并不了解的情况;花费的时间长、费用高、人工多,难以管理和控制等等。因此,访问法要求访谈员有较高的素质、熟练的访谈技巧,有设计合理的问卷,使用适当的询问方式,这样才能降低拒访率,保证调查结果的准确性。

3) 访问法的基本类型

访问法根据访问过程中调查员与被调查者(访问对象)接触方式的不同,分为面谈访问法、电话访问法、邮寄访问法、留置问卷法等。

4.2.2 面谈访问法

1) 面谈访问法的含义

面谈访问法是由调研人员直接与被调查者接触,通过当面交谈获取信息的一种方法,是访问法中最通用、最灵活的一种调研方法。

通常,调研人员根据事先拟好的问卷或调研提纲上问题的顺序,依次进行提问并记录回答,亦可按预定的调研范围或简单的提纲,采用自由交谈的方式进行。

面谈访问法的具体形式多种多样,既可个别交谈,又可小组访谈(会议座谈);既可在家庭、单位,也可在购物场所、街头随机调查;既可事先约定,也可临时展开。在调查中,采用何种方式,要视具体调研项目的特点和需要来决定。

(1) 个人面谈调查(又称个人深度访谈法)　个人面谈调查是指调研人员分别与事先确定的个人访谈对象进行个别的面对面的询问调查。这种一对一的访谈方式,能排除外界和集体的干扰,保密性强,回收率高,灵活性大,使被访对象感到受到重视,回答内容真实性较高,也便于调研者观察被访者的反应和行为,并根据实际情况调整问话方式,解释一些较难理解的问题。但这种方法成本高,对访谈员的要求高,效率和成本较难控制。

在实际调研工作中采用得较多的面谈方式有上门(家庭、办公室)访谈、拦截访谈(在市场、街面上、展销现场等地)、经理访谈等。

(2) 小组访谈　小组访谈是市场调研人员一次召集若干名调研对象组成一个小组,由调研人员面对面地直接向被访者提出问题,收集信息资料的一种方法。小组访谈根据调研的要求,分为一般调研法和焦点调研法(或小组深度访谈法)。小组深度访谈法一般选择一个环境较好的地方,由主持人鼓励自由讨论,通过群体的力量,使参与者融入群体,开展对某个问题的讨论,表达被访者的真实情感和想法。主持人要使讨论紧扣主题,将谈话内容记录在笔记本上或将访谈过程录像,随时准确了解座谈会情况,便于日后调查。小组深度访谈已成为了解消费者想法和感觉的主要的市场调研手段。

(3) 网上深度访谈　网上深度访谈是利用互联网,在数据库中抽出被访者,在网上聊天室中进行讨论,获得所需信息的一种方法。网上深度访谈的优势是:

① 所得信息真实:尤其是当调研主题涉及隐私话题或敏感问题时,它比其他访谈方式更有优势,所得信息更为真实、准确。

② 成本低:网上访谈省去了邮寄、电话、人工和印刷等费用,样本增加而成本不变。

③ 节省时间:对于在网上提供产品和服务的公司,很适合采用这种方式,尤其是对消费对象为年轻、单身、高学历者的调研,应用较为普遍。一般产品或服务的目标与网络使用者关系较为密切,也可以采用这种方式。一位专家预测,在今后几年中,大多数市场调研将在网上完成。

2) 面谈访问法的优缺点

(1) 面谈访问法的优点

① 调研有深度:调研者可以提出许多不宜在人多的场合讨论的问题,被调查者能充分

发表意见，还可互相启发，深入交换意见，把调查的问题引向深入，所得信息较为全面深刻，并富有启发性。

② 调研的灵活性较高：面谈访问的对象、时间、人数、形式可以由调研人员掌握，并能随时解释被访者的问题，可以根据被访者的性格特征，对访问的态度、心理变化及肢体语言，扩大或缩小提问范围，调整问题次序，具有较强的灵活性。

③ 回答率高：与其他方式相比较，回答率高是面谈询问法的最突出优点之一。回答率和有效回答率高可以提高调研结果的代表性和准确性，这是调研成功的首要前提。

④ 记录的真实性和可靠性可以得到当场检查，减少调查的误差。

⑤ 有观察的机会：可以观察被访者的反应、行为、态度，由此判断其回答的真实性，并获得更多的信息。

(2) 面谈访问法的缺点

① 对调研人员素质要求较高，调研费用高。面谈询问的质量与调研人员访谈技巧的熟练程度、工作态度的好坏、口音和语言表达能力、心理素质等关系很大，同时现场环境和被访者的情绪、被访者的合作态度也影响访谈质量。

② 调研的人力、经费、时间消耗较多，调研的面和范围有限，大规模、复杂的市场调研更是如此，不利于提高调查的时效性，故这种方法较适用于小范围内使用。

③ 调研的匿名保证较差，调研的项目范围受到一定的限制。

④ 对调研人员的管理比较困难，如果调研人员出于便利或急于完成任务的目的，随意破坏对样本选择的要求和其他质量要求，或自编调研结果，或擅自终止调研做出结论，比较难以控制和管理。

根据上述优缺点分析，面谈访问法适用于调研范围小，而且调研项目较复杂的情况。

4.2.3 电话访问法

1) 电话访问法的含义

电话访问法是由调研人员依据调研提纲或问卷，通过电话向被访者询问了解有关问题的一种调研方法。这是为解决带有普遍性的急需问题而采用的一种调研方法。

2) 电话访问法的优点

(1) 取得市场信息资料的速度更快。

(2) 节省调研时间和经费。

(3) 回答率高，且被调研者心理压力少，能畅所欲言。

(4) 覆盖面广，凡有电话的地区、单位和个人都可调查；如果采用恰当的抽样和回访程序，比群体访谈形式更有可能获得高质量的样本。

(5) 对不易见到面的被调查者，此法可能取得成功。

3) 电话访问法的缺点

(1) 电话提问受时间限制，内容不能复杂，项目要简单明确，故调研的内容与深度都有限。

(2) 电话访谈中，被访者看不到任何提示，调研过程无法显示照片、图表等背景资料，限制了各种调研工具的使用，也限制了对较复杂问题的抽样调查的功能。

(3) 电话访谈由于访问员不在现场，辨别回答真伪以及记录的准确性受到限制。

(4) 由于电话筛选装置(屏幕来电显示)使用率的提高，使电话拒访率升高，而对于挂断电话的拒访者,很难做进一步的规劝工作。

(5) 在电话普及率低的区域,调研范围受到限制,在一定程度上影响调研的完整性。

现在很多调研人员采用计算机辅助电话访谈(Computer Assisted Telephone Interviewing,CATI),即每一位专业访谈员坐在一台计算机终端或个人计算机面前,随机抽取号码,当被访者电话接通后,访谈员通过一个或几个键启动机器开始提问,问题和多选题的答案立刻出现在屏幕上。访谈员说出问题并键入回答者相应的答案,计算机会自动显示恰当的下一道问题。例如,要问被访者是不是有进口车,如果回答为"有",接下去会显示一系列有关"进口车与国产车比较"的问题。如果回答"没有",那么,这些问题就不恰当了。计算机会自动显示与汽车有关的问题或是直接跳过去选择其他合适的问题。计算机辅助访谈能自动帮助整理问卷,省略了数据的编辑及录入的步骤,同时,可以随时进行统计。还可以使用全自动电话调查(Completely Automated Telephone Survey,CATS),采用声音响应技术进行访谈。访谈员的提问采用录音播放,被访者按电话的数字键回答问题。

4.2.4 邮寄访问法

1) 邮寄访问法的含义

邮寄访问法是将设计印刷好的问卷或调查表格,邮寄给选定的被调查者,请他们根据要求填好后寄回来,以获得信息的方法。这种方法在国内外市场调研中经常使用。

邮寄调研有两种方式:单程邮寄调研和固定样本邮寄调研。

单程邮寄调研是将问卷直接寄给消费者或用户,附填表说明,要求被调查者自己填写问卷并寄回。

固定样本邮寄调研是事先与被调查者联系,将调研事宜预先告知,被调查者同意后将调查表格寄去。这种调研的参与者一般都有报酬,所以回答率较高。在国外一些大型调研公司都有大型的固定样本,可采用此法。

2) 邮寄访问法的优点

(1) 调研区域广泛,能增加调查样本数目,适合于全国性或较大区域的调研。

(2) 调研成本较低,只需花费少量邮资和印刷费用。

(3) 被调查者可充分表达自己的意见,提供经深思熟虑的答案。

(4) 减少偏差,避免被调查者受访谈者态度、形象、口音、情绪等因素的影响,采用匿名方式调查,并可对某些敏感或隐私情况进行调查。

(5) 无须对调研人员进行专门的培训和管理。

3) 邮寄访问法的缺点

(1) 回收率一般偏低,拒访率会影响样本的代表性。

(2) 信息反馈时间长,影响资料的时效性。

(3) 回收的问卷,有可能是他人代答,也有可能出现答非所问的情况,因此,无法评价回答的可靠程度,回收资料的质量难以保证。

(4) 对被调查者的文化程度有一定要求,不适合文化程度较低的人群。

根据邮寄调研的优缺点,必须注意三点以保证邮寄调研的成功。首先,注意调查表或问卷设计的科学性,内容要精简;其次,邮寄对象要确定;最后,采用有奖征询的方式,鼓励被调查者的积极性(收到问卷后即予寄赠)。同时附贴好邮票的回程信封,方便被调查者回复。

4.2.5 留置问卷法

广东一家化妆品公司聘用了一批放暑假的大学生做兼职调研人员,让他们将一瓶本公司新近生产的洗发水和一张调查表亲自送到北京某些居民家中。调查表的内容是:原来使用何种洗发水?该洗发水的各项品质如何(如头发的光泽程度、蓬松程度、去屑能力等)?试用新产品后,各项品质又如何?经过一段时间之后,由这些学生将调查表收回交给该化妆品公司。通过洗发水的试用,可以宣传公司的新产品,又能获得被调查者的配合。这种方法就是"留置问卷法"。通过留置的问卷调查,可以了解产品在消费者心目中的地位、改进的方向以及竞争对手的情况,可谓一举两得。

1)留置问卷法的含义

留置问卷法是指调研人员将调查表交给被调查者,并详细说明填答方法,将调查表留置在被调查者处,由其自行填写,然后在约好的时间,由调研人员取回问卷的调查方法。其优缺点介于访谈和邮寄访问法之间。

2)留置问卷法的优点

(1)回收率高,较好地结合了两方面的优势。
(2)被调查者不受调查人员的影响,时间上有保证。
(3)可以提高问卷的质量,调研人员在回收问卷时,可以初审,如有问题,可立即纠正。

3)缺点

(1)调研地域、范围受一定限制。
(2)调研费用相对较高。
(3)调研进度不易控制。
(4)如果采用集体的有组织的留置调查,会出现被调查者之间互相影响的情况,答案的真实性较难掌握。

为克服留置问卷法的不足,调研机构可采用亲子留置(让儿童将问卷带给父母填写并收回)、购买现场留置、会议留置、销售卡留置、媒体留置、集团问卷留置等,效果相对好些。

访问法 4 种主要形式的比较见表 4.2.1。

表 4.2.1 访问法 4 种主要形式优缺点对比

项目	面谈访问法	电话访问法	邮寄访问法	留置问卷法
调查范围	较窄	一般	广	较广
调查对象	可控制选择	可控制选择	难控制	较难控制和选择
灵活性	非常好	好	差	较差
样本控制	一般	非常好	一般	较好
数据收集速度	快	非常快	差	一般
答卷质量	非常好	好	一般	较好
回收率	高	较高	低	较高
费用	高	低	较低	一般
时间	长	较短	较长	较长

4.2.6 其他访问法

随着科学技术的进步,现代市场调研可以运用的方法越来越多样化,比如触摸屏调研、传真调研、互联网调研、E-mail 调研、自动语音调研等，如表 4.2.2 所示。

表 4.2.2 几种新型的访问调研方法

方　　法	含义及评价
互联网页调研	通过互联网投放的网页问卷，形式多样、不受时空限制、便于统计，适用于信息量大、受访者广的基础性调查。但是样本具有局限性、回答率不易控制、调查对象难以控制
触摸屏调研	信息终端配备了触摸屏系统，提供了一种新型的在商店、诊所、服务场所进行个人访谈的方法，但这种方法的使用量还很小，仍无法分析其利弊
传真调研	它的最大优点是从目标被访者中收集和传递信息的时间大大缩短。有证据表明，与距离类似的邮寄访问法相比，传真调研的回答率较高
自动语音调研	复杂 IVR 系统能够通过电话完成自动询问调研。受访者使用自己的按键电话拨打本地或 800 电话号码，就可以回应提示音。它可以使调研者在方便的任何时间进行调研
邮寄磁盘调研	这种方法具有典型邮寄访问法的所有优缺点，它便于问卷中的跳问。磁盘可以自动地完成这项任务。同时，磁盘调研有助于被访者使用自己的语言，易于显示各种与问题有关的图形。最后，磁盘调研无须进行数据录入。其缺点是被访者必须拥有且会使用计算机

4.3 观察法

Bose 公司是美国生产优质扩音器和其他音响设备的生产商，在美国市场拥有良好的声誉，这与 Bose 公司从 1995 年以来一直运用神秘购物的方法有关，神秘购物法使 Bose 公司一直保持着出色的销售环境。

Bose 公司在工厂的门市部、销售新产品的 Bose 新品展示商店、出售 Bose 公司产品的百货商场和大型电器超级市场都采用神秘购物法观察员工的活动。

Bose 商场的神秘购物法分为两部分：电话询问和亲身购物。首先，神秘购物者给商场打电话，针对具体产品提出问题。神秘购物者要指出该员工是否履行了责任，如明确地回答问题；同时也运用出色－满意－不满意的标准，对员工友善、提供帮助等方面的行为进行评估。然后，神秘购物者还要利用一些篇幅记录他们同员工的互动活动以及对员工所做评价的依据。

Bose 公司零售指导小组顾客服务部经理说："我们特别要问到购物者我们可以在哪些方面做出改进。我们提供许多是或非的问题，以便尽可能做到客观，但是我们也希望他们用自己的语言描述我们过去是怎样做的，以及应该怎样做才能使他们感觉更受欢迎。"

有关亲身的购物经历，购物者需要对以下各方面进行描述：购物者是否受到迎接以及受到了怎样的迎接；员工的销售技能和拉近关系的技能及探究顾客的需求（该员工是否用语言为你描绘了在你的家中拥有该公司产品的图景）；产品演示和知识介绍（该员工是否描述并演示了产品的优点）；全面印象（Bose 公司的代表是否使你觉得受到了重视并提供了舒适的环境）。在工厂门市部，神秘购买者还必须记下在他们访问期间，员工是否对工厂的改进产品进行了主动介绍。

每个商场都会收到展示员工全面工作情况的季度总结。"地区经理和商场经理也会得到神秘购物者的访问记录。商场把神秘购物所得到的数据作为工具,去认识他们在哪些方面做得好,而又有哪些机会便于他们做得更好……"

依据每个商场的整体工作业绩,包括经理在内的员工团队,优胜者将被授予顾客满意奖金。表明工作出色的神秘购物报告经常被贴在个别商场,以便于员工进行庆祝。个别员工只会因为服务出色而被特别提出表扬(他们不会因为表现拙劣而被提出批评),并可以在 Bose 公司员工赏识计划中赢得分数。

这个例子描述了观察调研法的一种形式——神秘购物观察调研法。什么是观察调研法?它有何特点?具体有哪些种类?常用的观察方法是什么?这是本节要学的内容。

4.3.1 观察法概述

1) 观察法的含义

观察法是由调研人员或仪器在调查现场,实地临场直接记录人、物体或事件的行为和变化过程,以获取所需信息的方法。观察法包括观察人和观察现象,可以由人观察也可以由机器观察。

使用观察法必须具备 3 个条件:

(1) 所需信息必须是能够观察到的,或者是能从观察到的行为中推断出来的。

(2) 所要观察的行为必须是重复性的、频繁的或某些方面是可预测的。

(3) 所要观察的行为一般是相对短期的。

因此,有些信息如消费者的感觉、态度、动机、情感、私下的行为、长期和偶尔的行为是很难观察到的,应采用访问法或其他方法收集。

与其他方法相比,观察法可以避免让被调查对象感觉到正在接受调查,处于自然状况,可提高调查结果的准确性。对于人们不能和不愿提供的信息,采用观察法是唯一能够获得所需信息的方法。因此,观察法特别适用于任何人均可接触的资料或可用肉眼观察获得的资料。例如,为调查研究某一特定商圈的商业价值,需要调查这一区域的车辆及行人流量或方向,采用观察法直接记录在一定时间内所通行的车辆数、行人数及方向即可。美国尼尔逊公司通过电子计算机系统,在全国各地上千家庭的电视机上装上了电子监视器,每 90 秒扫描一次,将每台电视机收视情况记录下来,以评估看不同电视节目的观众数量和人口组成。电视台利用这些信息判断节目的好坏,并调整不同时间播放广告的价格。这是使用行为记录法的一个最典型的例子。在现代市场调研中,观察法常用于顾客注意力的调查,以改进橱窗布置的宣传、广告媒体的选用;在商场观察消费者购买的品种、数量、价格等,掌握消费动向。

2) 观察法的优缺点

(1) 观察法的优点

① 客观真实,准确可靠:观察调研法最大的优点是信息的客观、真实、准确、可靠,因为,观察到的信息资料是在被调查对象的自然状态下获得,没有任何修饰的行为。与访问法相比,可以消除语言交流和人际交往中可能产生的误会与干扰,降低由于心理、意识层面等原因而导致的结果偏差。因此,观察法收集到的信息是最真实可靠的,具有最高的可信度。

② 时效性长,可作为其他调查方法的补充:无论是采用人还是仪器进行观测,并对所获资料进行记录,这些信息资料都可以长期保存、使用和处理,具有较长的时间效应;可以对访谈法和实验法中产生的误差进行补充,帮助调研人员对实际情况进行判断,从而提高调研结果的可信度。

③ 简便、易行、灵活性强：只要需要，可采用各种可靠的方法，随时随地进行调查，及时获得各种信息。

（2）观察法的缺点

① 调查成本较高、时间较长：使用观察法需要借助各种先进仪器设备，或者需要调查者在现场做长时间观察，调查费用较大；而且对调查人员的要求较高，必须经过专门培训，要求有敏锐的观察力、良好的记忆力，或者具备观测仪器设备的操作能力，否则无法胜任观察调研工作；如果观察的行为不是经常发生，观察调研就会很耗时。这一切决定其调研成本比较高。

② 趋于表面化：只有公开的行为和自然的特征才能被观察到，但人们的态度、动机、情感、心理活动、已经过去的活动、被调查者的历史背景等信息却无法获悉，这就给企业的经营决策带来困难。一般仅用数量就可以说明问题的市场调研，如店铺调查、客流量、广告效果、服务质量、顾客行为等采用观察法。

③ 易受阻碍：观察法具有一定的隐蔽性，尤其应避免被竞争对手察觉，有些观察一旦被被观察者察觉，易受到阻碍。如欲到超市了解商品品种、规模、价格等，常不受欢迎，甚至被驱逐，使调研受阻碍。有些观察缺乏必要的设备和技术手段，也会受阻。

3）观察法的基本类型

观察调研的方法很多，调研者可以从成本和数据质量的角度出发，选择一种最合适有效的观察方法。观察调研法可从不同角度进行分类。

（1）按观察人员观察方式的不同可分为结构观察和无结构观察。结构观察是事先根据调研的目的，对观察的内容、步骤做出规定，以此来实施观察。无结构通常只规定调研的目的和任务，调研人员可以按照调研目的和要求自主确定观察的内容。结构观察因为要事先列出观察的内容，调研人员的意见有时会不知不觉地参与进去，从而不可避免地对调研结果产生影响。无结构观察一般常用在调研人员对调研对象缺乏足够了解的情况，实施观察较为灵活，可作为进行进一步调研的基础。

（2）按调研人员在观察过程中是否公开身份可分为公开观察和非公开观察。公开观察是被调查者在知道调查员身份的情况下，目标明确，有针对性地为调研人员提供所需要的资料。公开观察会使被观察者表现不自然，或有意识地改变自己惯常的态度和做法，导致观察结果失真。

非公开观察即调研人员在观察过程中不暴露自己的身份，使被观察者在不受干扰的情况下真实表现自己。这种观察结果更真实可信。如调查酒店的服务质量，调查者以客人的身份入住酒店，观察酒店的总体服务水平、服务人员的工作态度。

（3）按调研人员是否对观察进行控制可分为实验观察和非实验观察。实验观察是在人为设计的环境中进行的观察。例如，要调查公司员工对客户的服务态度和服务质量，调研员可以以客户身份去购物，观察员工的言谈举止，并有意识地百般挑剔、制造麻烦、惹事找茬，观察员工的反应，以获得调研人员所想了解的情况。在新产品的模拟市场购买中，调研人员对购买者的观察也是一种典型的实验观察。非实验观察是在自然状况下进行调查，所有参与的人和物都不受控制，跟往常一样。例如，调研人员在自然状况下，观察公司员工接待顾客、提供服务的过程。

（4）按调研人员对所调查情景的介入程度可分为直接观察和间接观察。直接观察是调研人员直接加入到所调查的情景之中进行观察，观察结果准确性较高。市场调研中的大部分观察都是直接观察。间接观察是调研人员不直接介入所调查的场景，而是通过观察与调查对象直接关联的事物来推断调查对象的情况。如实际痕迹观察法,就可以通过观察调查对象广告形式、内容、重复频率等来了解调查对象的竞争策略和产品优势。

(5) 按观察中记录的主体可分为人工观察和机器观察。人工观察是由调研人员直接观察现场记录的有关内容,并根据观察现象作合理推断。人工观察较易受调研人员自身人为因素的影响,如主观偏见、情绪反应、心理变化等,从而影响调研结果。机器观察是借助一定的设备、技术,如录音、摄像、监测器、IC卡智能机等自动采集信息的一种调研方法,调研人员根据仪器观察所记内容进行分析。相对于人工观察,比较客观、准确,但成本较高,普及有困难,有实力的专业调研公司可以采用。在特定的环境下,机器比人更便宜、更精确、更容易完成任务。如前所举的尼尔森公司对美国家庭电视收视率的调查。很多零售商店使用电子扫描仪记录人们的行为,它们比观察员所能做到的更客观、更详细。

在市场调研实践中,观察法用得比较广泛,最常用的有直接观察法、机器观察法、实际痕迹观察法。

4.3.2 直接观察法

1) 直接观察法的含义

直接观察法就是调研人员直接加入到所调查的情景之中进行观察、记录的调查方法。调研者可直接到销售现场(商场、超市、展销会)、商品使用现场、供应厂家现场,进行实地观察,了解有关信息。在直接观察法中,用得较多的是神秘购物法。

采用直接观察法进行调研要确定是定期观察还是不定期观察,以及观察的次数。

2) 应用举例

神秘购物法是用来收集有关商店的观察数据,以及顾客和雇员间交谈的数据的一种调研方法。在后一种情况下,神秘购物者与雇员之间要进行交流,如"这款上装有黄色的吗?""有没有配套的裤子?""几天后能到货?"等,这种相互交流不是访谈,只是为了观察雇员的行动和回答。

例如:一家皮鞋厂派几名调研员分别到几家商场的皮鞋柜,直接察看顾客对哪些款式的皮鞋最喜欢,试穿最多的是什么款式、颜色,不同年龄层在款式选择上的差异等,并统计顾客的"购买成交率"。这是一种直接观察法。

日本某皮鞋制造商生产的皮鞋,各个方面不尽如人意,销路不畅。于是,他就每天到飞机场附近给外国旅行者擦皮鞋,在擦皮鞋的过程中,他仔细观察皮鞋的品牌、质地、皮革质量、性质、皮鞋的缝制技术。很快,他掌握了外国名牌皮鞋的制造技术和标准,改进了公司的产品质量,最终该皮鞋公司的产品成为日本市场的畅销品。皮鞋制造商应用的也是一种直接观察法。

直接观察法的具体应用形式很多,可以根据需要选择。

4.3.3 机器观察法

1) 机器观察法的含义

机器观察法是通过录音机、摄像机、监测器、扫描仪、IC卡智能机、计数器等设备进行观察调研的一种新方法。

机器观察法避免了调研人员自身人为因素的影响,节省人力,同时借助机器设备进行现场观察,记录效率较高,信息更真实、客观、细致、精确、全面,而且能为其他调研方法提供线索。但机器观察需要较大的一笔投资,且需要专业技术水平较高和分析能力较强的调研人员对观察记录内容作深入分析。

2) 应用举例

在商场的入口处和商场其他部位安装观察仪器,记录在一定时间内经过的人流量、高峰期、低谷期,消费者的线路、目光、行走、表情、购买等行为,用于调整商场的营业时间、进货量、货架摆放等,并确定商品需求的趋向。

交通流量计数器就是一种以机器为基础进行观察的最普遍、最流行的形式。将这种机器放置在特定的路段,用来测定交通流量、汽车流量、行人数,可以为店址选择、户外广告位置确定提供依据。

电疗皮肤反应(GSR)也叫电极反应,是测量与活化反应相联系的皮肤对电阻的变化,一小股连续的、具有一定强度的电流,通过附在手指内侧的电极棒传送到皮肤上,观察到的两个电极之间电压的变化表明了刺激的水平。因为这种设备是手提式的且价格不贵,所以,GSR是测量活化作用最流行的仪器。GSR通常用于测试人们对广告的刺激反应,也用于包装调查。

其他机器观察法还有很多,如扫描仪进行行为扫描分析,测瞳仪、脑电图、阅读器等都可以用于观察调研。

4.3.4 实际痕迹观察法

1) 实际痕迹观察法的含义

实际痕迹观察法是通过观察被调查对象使用后留下的实际痕迹进行统计、分析所得信息的一种方法。这是一种事后调研法。实际痕迹法观察比较隐蔽,保密性较好,不易为竞争对手了解调研目的,且可以获得真实的数据。实际痕迹观察分直接观察和间接观察两种。

2) 应用举例

美国一家汽车经销商同时经营汽车修理业务。为了解在哪一个广播电台做广告效果最好,他们对前来修理的汽车,首先派人看一看汽车收音机的指针是指向哪个波段,由此,他们获悉哪一个电台的听众最多,以后就选择这个电台做广告。这就是媒体痕迹观察调研。

又如有些公司派人员专门在居民小区的垃圾点进行垃圾的收集和分类,从消费者丢弃的包装物、容器和废物中,了解该小区消费者的消费结构、消费水平以及相关产品的市场占有率、社会普及率等资料。这种方法比中间商提供的信息资料更可靠。这是垃圾收拣观察调研法,包括对家庭垃圾、办公室垃圾、收购站垃圾、交通工具垃圾、竞争对手垃圾的收拣。

一些耐用消费品购买者都会在开箱后看到产品的说明书或保修单,上面一般都有回执,凡是填写回执内容并寄回回执的顾客,可以获得某些优惠条件,或作为提供保修的必要手续。企业可以通过回执,了解顾客的人口类型,他们在购买、使用产品过程中的体会、希望、意见、抱怨和投诉等。这是顾客行为后果观察调研。

4.4 实验法

苏州西山某蜜饯厂想知道话梅在大包装和小包装两种情况下的销量,采用实验法进行测试。将同一品牌的话梅一部分用大包装,一部分用小包装,分别选择甲超市为实验市场,乙超市为比较市场(这两个超市规模、大小、客流量、周边环境等因素都很相似),进行为期两个月的销售实验。第一个月大包装的给甲超市,小包装的给乙超市;第二个月将大包装的给乙超市,小包装的给甲超市,这样对调的目的,在于减少由于超市自身和环境的差别所引起的误差。实验结果是:实验市场小包装话梅销量比大包装的销量增加25%,比较市场小包装话梅比大包装话梅的销量增加21%,两个市场平均增加23%。比较市场小包装话梅销量增加的情况,证明了实验市场实验结果的可靠性。同时,整个实验结果也证明,消费者喜欢购买小包装话梅,企业决定增加小包装话梅的供货量。

这是一则采用实验法来决定食品包装大小的案例。要了解什么是实验法,什么情况下需要采用实验法?它有何特点?有哪些类型?经常使用的实验法有哪些?这是本节要叙述的内容。

4.4.1 实验法概述

1) 实验法的含义

实验法是在对某个问题进行调研时,假设其他因素不变而分别研究其中某一因素或几个因素对调研问题所产生影响的一种调研方法。

实验法是一种类似于实验室求证的调研方法,又称因果性调研法,它可以验证某一因素与另一因素是否存在因果关系,要验证因果关系就必须证明两个因素之间符合因果条件。用实验法调研,适于收集因果信息。它首先要选择合适的被实验者,然后在不同的条件下,控制不相关的因素,检验不同组内被实验者的反应。

实验法源于自然科学的实验求证法,可以有控制地分析、观察某些市场现象间的因果关系及其相互影响程度。实验取得的数据比较客观,具有可信度,但实验中影响经济现象的因素很多,可能由于不可控制的实验因素,而在一定程度上影响实验效果。因此,实验法只适用于对当前市场现象的影响分析,对历史情况和未来变化影响较小。如商品准备改变品质、变换造型、更换包装、调整价格、改换渠道、变动广告、推出新产品、变动商品陈列等,都可采用实验法测试其效果,可利用展销会、试销会、交易会、订货会、目标市场的商店等场合进行测试。用实验法进行调研与用访问法和观察法进行调研有很大的区别。调研人员在访问法和观察法中,只是一个被动的信息收集者,而在实验法中,调研人员是调研过程中的积极参与者。

2) 实验法的优缺点

(1) 实验法的优点

① 方法科学,结果较准确:通过实地实验进行调研取得的资料,比较客观、可靠,排除了人们主观估计的偏差;通过合理的实验设计,有效地控制实验环境,并反复研究,可以使调查取得的数据较为客观、准确,具有一定的可信度,并能提高调研的精确度。

② 增强主动性,开拓新市场:实验法中,调研人员可以主动引起市场因素的变化,并通过控制其变化来研究该因素对市场的影响,而不是被动、消极等待。实验法是研究事物因果关系的最好方法。因此,对一些新产品进行实验调研、试销调研,确定销售前景好的,可以增强开发新产品、拓展新市场的信心和决心。同时这也是较为稳妥的新市场开拓法和预测法,它有利于提高工作的预见性,减少盲目性。

(2) 实验法的缺点

① 费用大、时间长:和其他调研方法相比,实验法需要的费用较大。例如:要预先制定精确的实验计划和方案,由专业人员来运用,需要事先进行产品的试制,要提供相当数量的真实产品,需较多时间和人力对调查过程进行控制和管理等等,由于牵涉大量人、财、时间,所以

说是费用最多的调研方法。实验调研法要求制定精确的实验计划和方案,实施时间较长。

② 自变量难以控制:影响市场变化的因素错综复杂,有些因素(即自变量)在实验操作中往往难以真正控制,从而影响实验结果的准确性,而且,实验的市场条件不可能与其他市场条件完全相同,所以实验后的市场效果和措施在其他市场不一定相同。

③ 保密性较差,易引起竞争对手的反应。实验法大都对处于不成熟或实验阶段的产品进行市场调研,因此,调研内容大多属于企业的机密,而利用实验法进行调研时,很容易由于控制不当而泄密。竞争对手对这方面的信息相当敏感,所以保密是一项极重要又很难做好的事情,有时,甚至会被竞争对手抢占先机。

④ 难以实施:由于经费、人员、市场等原因,有些实验项目和调研活动难以实施。组织内部合作困难也使实验难以实施,如将某地区确定为实验市场,实验计划设计该地区以较高的价格和较低的广告水平作测试市场,该地区的市场经理可能不会配合,因为这样做的结果可能会降低该地区的销售量。此外,干扰、测试市场和总体市场的差异、缺少作为控制群体可用的地理区域都使实验调研难以实施。在我国由于缺乏实验调研的专业人才,实验调研开展得较少,即使有些部门进行过实验调研,但效果很不理想。实验法不适于中、长期的预测。

3) 实验法的基本类型

(1) 实地实验法和模拟实验法　根据调研的真实程度以及地点和形式的不同,可以把实验调研法分为实地实验法和模拟实验法。

实地实验法是把实验项目放在实际的市场上进行试销式求证的调研方法。对处于大规模生产前的新产品、具有战略意义的新市场的开拓、市场营销因素组合决策方案的优选等,最好采用实地实验法预测销售结果,为企业决策提供可靠的依据。

模拟实验法是在一个人为设置的环境中,模拟一个与真正市场相近的实验场地,进行市场测试的调研方法。

(2) 正式调研和非正式调研　实验调研法从是否可以进行误差分析,可分为正式调研法和非正式调研法。

正式实验调研是能够进行实验误差分析的调研,一般具有比较规范的实验手段和设备,实验结果有比较充分的数据,对数据进行的误差分析能够满足要求等。正式市场调研要求严,时间长,费用高,结果较准确。非正式实验调研只需要了解调研后的结果和现象,不需要进行各种误差分析,如果对实验的数据要求不是很严格,做非正式实验调研即可。

(3) 有对比实验调研和无对比实验调研　根据调研过程中是否有对照组来划分,实验调研法分为有对比实验调研和无对比实验调研法。

有对比实验调研法是在有对照组的情况下,对实验对象自身因素前后的变化进行实验和对比分析,而且需要寻找一个与调查对象有可比性的、保持不变的参照系,使得实验结果的分析可以排除非实验因素的影响。对照组的存在可以减少实验误差,有对照组的实验调研是正式的实验调研。无对照组的实验调研是只对实验对象自身因素前后的变化进行实验和对比分析,因为无对照组,误差可能较大,所以无对照组实验调研是非正式调研。

4.4.2 实地实验法

1) 实地实验法的含义

实地实验法就是把实验项目放在真正市场环境下进行求证的调研方法。

实地实验法能解决环境的现实问题,但会引起一系列新问题,调研者不能控制可能影响因变量的所有虚假性因素,如竞争对手的活动,经济、政治环境的变化,社会潮流的改变等。

2) 实地实验法的类型

(1) 实验单位前后对比实验　这是最简单的实地实验调研方法。它的实验对象只有一组,就是选定的实验单位,如商店、消费者、商品等,通过对实验单位在引入某一实验因素前后产生的变化情况进行比较,了解试验因素作用的大小。

例如:某企业计划将某品牌饼干的包装由大包装改为小包装,为了解更换包装的效果,选择一组商场(超市)做试验,时间为3个月。第一个月用旧包装出售,销售额为3万元;第二个月用新包装出售,销售额为5万元;第三个月仍用新包装出售,销售额达5.6万元。实验证明,包装的变动使饼干的销量发生了变化,销售量和利润都增加了,对商家和厂商都有利,所以小包装销售方式应推广。

(2) 实验单位与非实验单位对比实验　是指在同一时间内以非实验单位(控制组)与实验单位(实验组)进行对比的一种实验调研法。在实验期间,努力使实验单位和非实验单位同时处于类似的实验环境中,对实验单位引入实验变量变化,而非实验单位不予变化,观察对比两种实验结果。

例如:某汽车经销商选择两个城市作产品广告实验,甲、乙两城市市场容量相近、汽车的目标消费群相似、收入水平近似、原来的销售量接近,现在甲城市用旧广告,在乙城市用新广告。1个月后,甲城市的销量与原来持平,乙城市的销量增加了12%。第二个月,甲城市的汽车销量增加5%,而乙城市的汽车销量增加17%。如果没有其他原因,可以确定,新广告的效果比原广告好,可以使用新广告代替旧广告。

(3) 实验单位与非实验单位前后对比实验　这种方法要求对调研对象抽出两个样本组,在相同时间内进行使用比较,其中一组为实验单位,一组为非实验单位,对实验单位和非实验单位分别进行实验前测试和实验后测试,然后进行事前、事后对比。

例如:要测定某品牌的饮料变动价格后的市场销售情况。在某市选择A、B、C 3家超市为实验单位,D、E、F为非实验单位,在实验前1个月以相同价格出售,并将销售量记录下来。假设A,B,C 3个超市的总销售量为1 200箱,D、E、F 3个超市的总销售量为1 200箱。实验期内,在A、B、C超市以比原来高的价格出售,D、E、F超市仍以原价格出售,1个月后,A,B,C 3个超市的销售量为1 000箱,D、E、F 3个超市的销售量为1 300箱。从实验结果看,实验组提价后的销售减少了200箱,而非实验组销售量增加了100箱。第二个月后,A,B,C 3个超市的销售量为970箱,D、E、F 3个超市的销售量为1 350箱。从两个月的销售量比较分析,可以判断饮料提价后,销售量会下降,因此还是维持原价好。

实地实验法的具体应用有展销会试销、目标市场试销、销售波动实验调查、有控制的零售市场实验、市场开拓方案实验等。

4.4.3　模拟实验法

1) 模拟实验法的含义

模拟实验法是指在实验室进行的市场试销的调研方法。这是一种仿真式的市场调研方法。它是把调查对象请到一个经过人为布置过的、尽量模仿真正市场的实验场地,按照调研人员设计的方案对调查对象进行测试的一种调研方法。模拟市场调研相当于在实验室进行的,有比较容易控制的环境,可以排除各种干扰因素,可以在尽可能短的时间内,对产品的销售进行多方面内容的调查。一般来说,模拟的程度越高,实验结果对企业决策帮助就越大。模拟实验法的保密性较强,对有些需要保密的调研项目,或实地调研成本较大的项目,可采用模拟实验法。

2) 应用举例

(1) 新产品试用模拟实验　新产品是否受消费者喜爱,能否有足够的市场占有率,市场前景如何,这对企业的未来发展影响很大。因此,新产品正式上市前,可以在模拟市场让目标消费者试用、试吃、试玩或体验,然后,派调研人员对消费者的试用情况进行考察,征求消费者的意见和建议,以便做进一步的改进。一些生产资料产品、食品、日用品,不同配方、不同外观、不同品位、不同使用方法的产品多可以采用此法。

例如:上海日化厂试制一款新型防晒霜,在没有上市之前,让目标市场消费者进行短时间实际消费性试用,同时派出技术人员对消费者的使用情况进行考察,通过试用,征求消费者对产品在各个方面的意见和建议。调研者可以用访问法或表格法进行提问测试,如你喜不喜欢这种防晒霜?你认为这一产品的效果如何?你最喜欢的是哪一方面?包装好不好?价格是否合理?香型喜欢吗?你认为霜体是用白色、淡绿色、无色还是其他颜色好……

(2) 模拟市场购买　模拟市场购买是营造一个临时市场作为实验场所进行购买行为调研的方法。实验时一般以产品展示等名目进行调研活动,调研组织者召集一些人员参加购买,为促使更多的人参加购买,可以进行没有任何针对性的促销活动,并对参与者给予一定奖励的许诺,让参与者到已经摆放了新产品的模拟市场,任意购买他们喜欢的产品。在模拟市场要准备一定量的商品,包括竞争对手的商品。在消费者购买行为结束时,了解他们购买的品种和数量,并且询问原因。还可以对调查对象进行事后跟踪调查。由于模拟市场的范围较小,实验的产品数量有限,与真实市场相比较,尚有一定的距离。

附:虚拟市场购物

由于计算机图表和三维模型方面的进展,模拟市场测试的应用范围扩大了。营销者可以在计算机屏幕上模拟出一家零售店,店里有装满各种产品的货架。购物者通过触摸监视器上货架的图像就可以选择货架上的物品,然后,产品会移到屏幕的中心。在屏幕上购物者可以利用一种三维的追踪球来转动产品,以便从各个侧面查看产品。要想购买产品,顾客只需触摸运货车图像,然后产品就会移到车上,这与顾客在商店里购买时把产品放在手推车里一样。在购买过程中,计算机毫无困难地记录下顾客购买每类产品所花的时间、检验包装的每一个侧面所用的时间、购买产品的数量以及购买产品的顺序。

这种计算机模拟的网上商店,提供了许多优于传统研究方法的优点。第一,可以将一个实际的市场完全复制。第二,调研人员能迅速实施并改善这些测试。第三,测试成本低。第四,模拟商店具有高度的灵活性。

这种调研方法最大的好处是它赋予营销人员实现他们想象的机会。它将模拟市场测试从发生在实验计划后期的一个"做还是不做"的障碍物,转变为一种可以试验新思想的有效的营销实验室;不必实际制造产品和支出广告费及促销折扣,不会让竞争对手知道,不必首先了解新思想是好、是坏,是糟糕还是奇妙,产品经理就能测试新的创意。

【本章小结】

实地调研法是市场调研的一种重要方法,包括访问法、观察法、实验法等三类方法。

访问法依据询问方式的不同，分为面谈访问法、电话访问法、邮寄访问法、留置问卷法等；观察法依据观察手段不同，分为直接观察法、机器观察法、实际痕迹观察法；实验法则依据实验的方式不同，分为实地实验法、模拟实验法等。

访问法的优点是比较灵活；可以及时辨别回答的真伪；可能发现意想不到的有用信息；与观察法和实验法相比，获得信息的速度快。缺点是被调查者可能不配合，不愿意、不能或回避某些问题的回答，有时被调查者又提供一些自己并不了解的情况；花费费用高等。

观察法的优点是信息客观真实，准确可靠；具有较长的时间效应；简便、易行、灵活性强。缺点是调研时间较长；对调研人员的要求较高；对人们的态度、动机、情感、心理活动、已经过去的活动、被调查者的历史背景等信息无法获悉。

实验法的优点是方法科学，结果较准确，排除了人们主观估计的偏差；调研人员可以主动引起市场因素的变化，并通过控制其变化来研究该因素对市场的影响，而不是被动、消极等待。缺点是和其他调研方法相比，实验法需要的费用较大；自变量难以真正控制，从而影响实验结果的准确性；保密性较差，易引起竞争对手的反应；由于经费、人员、市场等原因，有些实验项目和调研活动难以实施。

关键概念

实地调研法　　访问法　　面谈访问法　　电话访问法　　邮寄访问法　　留置问卷法　　观察法　　实验法

思考题

1. 访问调研方法有哪些？请分别列举它们的优缺点。
2. 共有多少种观察调研法？它们的优缺点是什么？
3. 比较观察调研法与询问调研法的优缺点。
4. 和其他调研法相比较，实验法有哪些特点？
5. 哪些调研内容可以用实地调研法？请举出3个实例。
6. 谈谈小组访谈调研法的优缺点及如何进行改进才能取得更好的效果？

实训题

1. 下列情况下，哪种调研方法最适用？说明理由。
(1) 如果你所在大学的书店想新增加一个休闲区，大学生们会怎么想？
(2) 月星家具公司准备在无锡新开一家分店，想确定店址的位置。
(3) "肯德基"准备在中国市场推出一种新口味的汉堡和汤。
(4) "潘婷"洗发水准备更换原有的广告，并新拍摄了一部新广告片，想投放市场并取代旧广告片。
(5) 一家礼品店的店主想了解到他店里购买东西的顾客与到其他店购买东西的顾客有何不同。
(6) 天马旅行社想了解旅游者对常州和溧阳的满意度。
(7) 宝洁公司想知道女性对化妆护肤品牌的偏好。
2. 假设你是某品牌服装的制造商，你想了解更多的有关市场份额、竞争对手的价格以及最佳销售地点等情况，你应该收集哪些类型的观察数据？为什么？
3. 在你所在的城市找一条商业街，从一头走到另一头，向全班同学汇报：这条街上有多少商店？销售的主要商品有哪几类？这条商业街的市场定位是什么？你认为哪些商品比较好卖？你是如何判断的？如果给你一个30平方米左右的店铺，你准备经销什么产品？你经销该产品的原因和依据是什么？
4. 在你所在的学校组织一次焦点小组访谈，内容为：同学们平时的娱乐活动项目，以及他们可能会喜欢的新项目。

5. 在互联网上,用网络浏览器访问搜索引擎,然后点击"市场调查",你会获得很多选择。请你选择5家专业调研公司,说明他们主要的业务范畴,能提供哪些方面的市场信息,同时将其网址告诉全班同学。

5 市场调研方案与工作流程

【学习目标】
◎ 认识市场调研方案的重要性；
◎ 理解市场调研方案的具体内容；
◎ 能够制定一份市场调研方案；
◎ 掌握市场调研的流程，知道每个阶段所涉及的步骤。

市场调研方案与工作流程的确定是整个调研工作顺利展开的前提和有效行动的纲领。"凡事预则立"，在一项工作开展之前必须周密思考、慎重考虑。要充分考虑与调研相关的各方面因素、各项工作内容、具体时间安排和资金要求，科学规划，合理安排，制定合适的调研方案和工作流程。

【导入案例】　　　　美国道路破损报修APP的设计疏漏

美国某市为了及时掌握道路的破损情况，为维修提供决策依据，开发了一款手机APP。这款APP的功能类似于跑步计数器，用户安装后，只要手机在汽车上，一旦汽车在破损的道路上颠簸，APP就会记录并将位置信息发送至政府的服务器。如果政府相关管理部门发现某一路段有较多的手机APP发送来颠簸信息，就会派员实地检查，并采取相应的处理措施。这款APP推广后，帮助政府及时解决了很多道路的维修问题，受到了很多市民的表扬。但是，政府管理部门发现，即使这样，仍然有一些道路破损严重，却没有收到或很少收到这款手机APP发来的信息。后来经调查发现，原来是在这一调研的设计阶段，调研人员忽视了一个问题：在一些贫民区，有车的居民少，或者是居民陈旧的手机无法使用这款APP，造成没有多少信息源可以为政府提供信息。

通过这个案例可以发现，市场调研的规划、设计阶段工作质量的高低，会对后续环节造成很大的影响。

5.1 市场调研方案

5.1.1 市场调研方案的重要性

市场调研方案是根据调研目的和调研对象的性质，在进行实际调研之前，对整个调研过程进行全面规划，提出相应的调研实施计划，制定出合理的工作程序。

市场调研是一项复杂的、严肃的、技术性较强的工作，为了在调研过程中统一认识、统一内容、统一方法、统一步骤，以获得科学的调研结论，必须确定一个科学、周密、可行的调研方案，使所有参与调研工作的人员都依此执行。调研方案的任务是使调研有目的、有计划、有

组织地进行,是指导市场调研活动的蓝图。市场调研方案的重要性体现在以下3个方面:

1) 市场调研方案是市场调研工作的基石

市场调研方案是对市场调研各个方面和全部过程的通盘考虑、全面策划,它具有明确的目标和主题、具体的内容与要求,在科学的调研方案指导下,调研工作可取得事半功倍的效果,它是市场调研工作的基石。

2) 市场调研方案是市场调研活动的指南

市场调研活动涉及面广,需要时间长,牵涉的人多。因此,市场调研方案能使市场调研活动有一个统一的意志和理念,有统一的行动和部署,有公认的活动标准和要求。市场调研方案是整个调研活动的纲领性文件,是市场调研活动的指南。

3) 市场调研方案是市场调研的考评依据

由于市场调研活动内容多,涉及面广,参与人员多,要求又严格,因此,在内容、人员、时间、数量、质量上必须有一个明确和统一的标准,就是调研方案中提出的标准和要求,所以说调研方案是市场调研的考评依据。

5.1.2 市场调研方案的内容及制定

一个好的市场调研方案既能准确地反映市场调研主题的要求,又能够指导市场调研活动的有效进行。市场调研方案是对调研计划实施和全部过程的通盘考虑,包括了调研工作全过程、各要点的准确规定或总括性说明,并对进行本次调研的条件给予简要分析。调研方案是否科学、可行是整个调研成败的关键,因此,科学的设计市场调研方案非常重要。市场调研方案的设计需要调研人员具备相当的理论水平、组织能力、业务能力和创造能力。不同的市场调研目标和调研主题,市场调研方案设计有所不同,但基本内容大致相同,包括调研目标、调研内容、调研对象、调研方法、问卷数量及投放方式、调研经费、调研时间和日程安排、调研人员与机构。

市场调研方案设计在确定调研主题与目标后,通常要制定一份调研工作计划书。调研工作计划书是对调研的组织领导、工作进度、完成时间、经费预算等的预先安排,是根据调研目标进行的调研策划,以具体指导调研活动,使下一步调研工作能够有计划、有秩序的进行,保证调研方案的实现。

注意,市场调研方案和市场调研计划各有不同的作用。大型的市场调研活动,必须分别制定调研方案和调研计划;内容不是很复杂,范围较小的调研活动,可以把两者结合起来,只拟定一个市场调研计划,附调研提纲就可以了。

在调研工作实务中,市场调研公司(或部门)根据调研项目,向客户提出详细的研究纲要,经过认可后制定市场调研计划书,作为双方签订合同的主要文件。市场调研计划表见表5.1.1所示。

表5.1.1 市场调研计划表

项目	具体内容
调研目的	为何调研?调研什么问题?需要什么信息?调研结果有何用途
调研方法	案头调研法、实地调研法、观察调研法、实验法
调研地区	被调查者居住地区、居住范围
调研对象、样本	调研对象的选定、样本数量、样本选取

续表 5.1.1

项目	具体内容
调研时间、地点	调研所需时间、开始时间、外调时间、各调研阶段的起止时间
调研具体项目	分类项目、问卷项目、访问项目
调研经费	调研的各项开支数目、开支明细、费用总额
调研人员	项目负责人、调研策划人员、研究人员、访员、督导员的安排
调研进度表	策划、实施、统计、分析、提交报告书
分析方法	统计的项目、分析、预测的方法
提交调研报告	报告书的形式、内容、份数、中间报告、最终报告

1) 调研目标

市场调研首先要解决调研什么的问题,以确定调研的基本方向,建立本次调研的主题,形成一个基本假设,也就是准确地确定调研目标。这是调研方案设计的首要问题,目标清楚、任务明确,才能有的放矢地进行市场调研。调研目标是调研目的的具体化,不同类型的市场调研,调研目标是不同的。专题性的市场调研,目标可能比较单一,而综合性的市场调研,目标可能是多方面的。

调研目标的确定直接影响着调研的范围、内容、对象和方法。如果调研目标不明确,就会列入一些无关紧要的调研项目,而遗漏一些必要的调研项目,达不到调研要求。调研目标要尽可能具体和切实可行,因为整个调研项目中所投入的时间和资金都是为了实现既定的调研目标。

从调研工作的实际经验看,确定调研目标,就是明确为什么要调研? 调研要了解哪些问题? 调研所收集资料有何用途以及谁想知道调研结果?

营销经理和市场人员需借助于资料收集和分析及小范围的定性研究来完成调研目标的确定。调研人员将准备好的一份书面的调研目标清单交给管理者,对方确认这些调研目标能提供足够的信息为决策服务,可以签字认可,之后,调研人员应给管理者一份复印件,另一份归档保存。

例如:某企业初步发现,休闲服、休闲鞋与搭配性销售的休闲用品市场似乎具有参与投资的机会,为确切掌握市场相关信息,了解其未来发展趋势,以利投资决策参考,决定进行市场调研。调研人员在接受这个调研课题后就要分析,决策者作这次调研的目的是:为企业投资休闲用品市场做市场可行性评估,企业的决策者需要一些信息,以决定是否投资于休闲用品市场。因此,他们需要了解休闲服、休闲鞋与搭配性销售的休闲用品的现在市场情况、生产能力、进出口情况、市场规模、竞争态势、价格、市场需求、潜在需求、产品的潜力等,同时需要了解与产品相关的产销决策成功因素。根据决策所需要的信息,调研人员决定以上海地区市场的营销为重点,进行完整的市场研究及评估,以利投资决策参考。

2) 调研内容

调研内容是从调研目的出发所提出的具体调研项目,确定所需的信息资料。它是为了获得统计资料而设立的,一般是通过调查提纲或调查表反映出来。调研提纲是准备调研的内容,包括要调查的基本统计数字和基本情况。确定调研内容要掌握重点,突出关键问题,不宜面面俱到,不必要和难以得到的资料不应列入调研提纲,要兼顾需要和可能,考虑获取这些信息资料的成本。确定调研内容,要求调研者具有丰富的市场营销学、广告学、消费心理等相关学科的知识。

接上例调研内容如下：
① 休闲服、休闲鞋及搭配性休闲用品的定义。
② 生产现状（包括重要生产厂商的基本资料、主要原材料来源和生产量情况）。
③ 进出口情况（包括主要进出口厂商的基本资料，近年进出口总量，进出口地区分布情况以及规格、类别、进出口结构情况）。
④ 价格结构情况（品牌价格结构、规格价格结构）。
⑤ 竞争态势情况（市场占有率、生产能力、竞争能力、营销能力、交易条件）。
⑥ 上海市场特征情况。
⑦ 市场需求结构情况（需求规格、市场区隔）。
⑧ 上海市场消费行为分析。
⑨ 潜在需求和潜在市场预测。
⑩ 投资可行性分析。

3）调研对象

在明确调研目的后，就要确定调研对象，这是为了解决向谁调查和由谁来具体提供资料的问题。确定调研对象是根据调研的目的和主题来选择符合条件的市场调研活动的参与者。

前例调研对象包括：
① 休闲服、休闲鞋与主要的搭配性销售休闲用品的供应商。
② 品牌制造商。
③ 主要经销商（休闲用品专卖店、百货公司、超市）。
④ 相关学术机构与统计单位。
⑤ 广告同业协会。
⑥ 上海地区制鞋业协会。
⑦ 上海市休闲用品消费者。

确定调研对象在调研实施中是十分必要的，调研对象扩大，可能带来与调研目的不相符的资料；反之，又可能使资料收集不全，不能说明问题。

例如：美国克莱斯勒曾经在一项调研报告声称，80％的调查对象都认为美国的国产汽车比日本的丰田汽车好，而其调查对象中，竟然没有一位拥有过进口汽车，他们当然会偏向于美国车了。显然，由于调研对象选择不当，调研的结果就没有可信度，不能说明问题。其正确的调研对象应该是拥有过外国汽车的消费者。

4）调研方法

调研方法就是通过什么方式和方法取得调研资料。收集调研资料的方式有普查、重点调查、典型调查、抽样调查等。具体的调研方法有案头调研法、询问法、观察法、实验法等。在调查时，采用何种方式、方法不是固定和统一的，而是取决于调研主题的要求、调研对象的基本特点和调研经费的多少。常用调研方法如表5.1.2所示。

表 5.1.2 调研方法

探索性调研	描述性调研	因果性调研
案头调研法	案头调研法	
观察法	访问法	实验法
定性调研	固定样本连续调查观察	

接前例,采用抽样调查和重点调查相结合的调查方式,调研方法采用案头调研法收集二手资料,由企业调研人员进行收集和分析评估,再和市场主要参与厂商中的关键人员进行沟通确认,保证整体信息的可信度。用询问法收集一手资料,可用面谈访问、邮寄询问、电话访问等方式,用"专家意见综合评估法"进行信息分析和评估。用实验法和市场预测法对未来需求和潜在市场进行预测,最后进行投资规模和预测利润评估。

5) 问卷数量与投放方式

大多数情况下,调研都有相应的调研问卷,它有利于调研工作有条不紊地进行,有利于收集的资料更规范化、更具适用性,有利于此后的信息处理工作。

问卷数量和投放方式实际上就是确定样本数和如何选择样本,它是调研过程中的一个独立步骤。由于市场调研多数采用抽样调查,因此在调研方案中就需要确定调研活动中抽样总体、样本数、抽样方法、样本结构,以确定问卷的数量与投放方式。调研人员要从调研的目的和要求出发,确定对调研对象的抽样方法。理想的样本能够代表并解释总体的情况,帮助调研人员对调研对象的想法和行为做出准确的估计。为了使样本能够代表并解释总体,必须对抽取的样本进行设计。设计样本需要明确 3 个问题:

① 调研谁(样本单位):比如调查家庭购买房子的决策时,调研人员是应该访问丈夫、妻子、销售人员,还是都要访问? 调研人员必须确定需要什么信息,谁能提供这些信息。

② 调研多少人(样本规模):大样本的结果一般比小样本的结果可靠,但只要抽样恰当,把总体的 1% 作为样本就很可靠了。

③ 如何确定样本中的人选(抽样过程):使用概率抽样(简单随机抽样、分层随机抽样、分群随机抽样)或非概率抽样(任意抽样、判断抽样、配额抽样)。要注意,样本的规模和抽样方法直接影响调研结果的可靠性和精确度,因此,最好根据调研项目的需要确定样本规模和抽样方式。

问卷的数量就是所抽取的样本数,问卷投放方式决定于样本抽取方式(有关内容详见第 6 章"抽样调查"一节),样本规模和抽样方式不同,所需时间和成本也不同。一般根据调研项目的需要和信息的精确度要求,决定问卷的数量和投放方式。要注意问卷数量和投放方式还直接影响调研经费的预算。

6) 调研经费

市场调研是一项开支较大的业务,调研方案中对经费的预算是一项重要的内容。经费预算是调研活动的一个前提条件,要充分考虑到各项可能的开支因素,尽可能确切估算可能需要的经费总额,一般按照确定的调研方法、提取的调查样本数目、调研的时间要求、人员和其他必需的资源要求等进行预算,并且要明确资金的来源,资金支取的原则、程序、制度、责任等,尽可能提高资金的使用效益。调研经费支出一般包括下列项目:方案策划费、问卷设计费、抽样设计费、印刷费、差旅费、资料收集费、邮寄费、访员劳务费、统计处理费、调研报告撰写制作费、联系费、交通费、服务费、组织管理费、杂费、税费等等,市场调研经费预算单见表 5.1.3。

7) 调研时间和日程安排

调研时间是指调研资料所属的时间,如果所要调研的是时期现象,就要明确规定资料所反映的调研对象从何时起到何时止的资料,如果所要调研的是时点现象,就要明确规定统一的标准调研时点。在一年中何时开展调研最合适,这与调研的对象和主题有直接的关系。大多数市场调研项目都有明确的时间要求。日程安排是规定调研工作的开始时间和结束时间,包括从调研方案的设计到提交调研报告的整个工作时间,也包括各个阶段的起始时间、各个环节的时间分配。日程安排是调研方案设计的重要内容,时间和日程安排要考虑各项

表 5.1.3　市场调研经费预算单

申请人：
调研项目：
调研地点：
调研时间：　　年　　月　　日—　　年　　月　　日

费用项目	金额	备注
调研方案策划费		
二手资料收集费（资料费、交通费）		
问卷设计费、抽样费、印刷费、联系费、邮寄费		
实地调研费（调查费、交通费、劳务费、礼品费、服务费及其他费用）		
数据统计分析费		
调研报告撰写制作费		
组织管理费		
其他费用		
合　　计		

工作的逻辑顺序、难易程度、人员情况等因素，进行精心设计；要考虑意外情况的出现，留有充分的时间余地；要保证调查的准确性、真实性，要尽早完成调查活动，保证时效性，同时节省费用。制定一个详细的调研日程进度计划，可以督促和检查各个阶段的工作，保证按时完成市场调研任务。

例如：某项目调研确定调研时间为1个月，日程安排如下：

第一周　准备（确定调研计划建议书，确定人员、分工，进行二手资料收集、问卷设计）。

第二周　试调查（修改、确定问卷）。

第三周　具体实施调查。

第四周　数据资料处理。

第五周　撰写调研报告，结束调研。

在每周工作安排中，要细化到具体事项、每个小项目的负责人、注意事项等。

8）调研人员与机构

一般应根据调研项目的大小、难易和调研工作对人员的要求，确定调研人员规模和人选。企业可以根据调研项目，建立临时的内部调研机构，从本企业内部抽调部分人员，从外部临时聘用一部分人员组成，也可以把部分或全部调研工作委托给独立的专业市场调研机构进行，如市场调查公司、咨询服务公司。选配调研人员和机构是调研能否顺利开展、取得预期成效、达到调研目的的关键问题，因此人员和机构的选择不容忽视，要注意调研人员的来源、素质配置以及调研机构的资历、声誉、运作方式等。

附：市场调研项目计划书（策划书）的结构和内容

（1）封面　主要包括策划书的名称、客户的名称、调研机构的名称和时间。整个封面应简洁、稳重。

（2）目录　主要是计划（策划）书各部分的标题和页码，通过它，客户和读者很容易找到自己感兴趣的部分。

(3) 计划书的主要内容　这是计划书的主体,主要内容包括:
① 研究背景。
② 调研目的与内容。
③ 调研对象、调研地区。
④ 调研方式和方法。
⑤ 资料整理与分析的方法。
⑥ 调研时间安排。
⑦ 调研经费预算。
⑧ 调研报告提交方式。

(4) 附录　主要是对调研方案的一些补充说明材料,如研究人员和客户的权利与职责、项目合同、付款方式等。

5.2　市场调研的流程

市场调研不是一个个互不关联的、单独的信息收集和加工处理的活动,而是一个由许多不同阶段、不同步骤、不同活动构成的有目的的动态过程。

市场调研的流程,是市场调研自始至终的工作次序、相互联系的各具体步骤的安排。关于市场调研的流程,国内外学者的看法不尽一致,但基本流程方面的意见大同小异。由于调研的类型、目的、范围不同,流程上有一定差异。一般而言,比较典型的市场调研流程,根据时间推移和任务不同,分为3个阶段、8个步骤。3个阶段为调研准备阶段、正式调研阶段、整理分析阶段。这3个阶段中每个阶段又分若干个步骤,它们互相联系、相互交错,共同构成市场调研的完整流程,如图5.2.1所示。

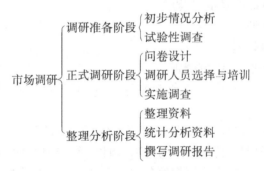

图 5.2.1　市场调研的基本流程

5.2.1　调研准备阶段

调研准备阶段是市场调研的起始阶段和基础阶段,准备工作的充分程度,直接影响整个调研成果,对市场调研总体质量影响颇大。

市场调研的主要目的是收集与分析资料以研究解决企业在工作中存在的问题,并针对问题寻找正确可行的解决措施。因此,市场调研首先要确定调研问题和调研范围,并根据提出的问题作初步调研,以免造成人、财、物的浪费。为此,调研准备阶段的主要步骤是初步情况分析和试验性调查。

1）初步情况分析

调研人员首先收集企业内部和外部的有关情报资料，利用自己的知识和经验进行初步情况分析，提出调研的主题、范围、目标，涉及的面应尽量宽一些，包括所要调查的问题本身、调研的可能性、难易程度、调研课题的大致范围等。在很多情况下，市场营销经理知道经营中出现了一些问题，希望通过调研找到原因并提出解决问题的方法，但他们却不知道何处是真正的问题所在。例如：某品牌化妆品公司新推出一款防晒霜，但出现销售不畅的情况，企业提出要调查销售不畅的原因，调查范围有了，就要对影响销售的因素进行调查分析，是渠道、质量、广告、包装、价格等哪一方面出现问题。经过初步情况分析，发现问题出在广告上，广告的信息内容没有及时传递给目标消费群。找到了问题，则下一步调研重点放在广告上。

因此，营销经理必须和调研人员密切配合，经理们最了解决策需要的信息，而调研人员掌握市场调查以及获得信息的方法，调研人员必须辅助经理确认问题，所以，确定问题及调研目标往往是整个调研过程中最困难的一步，又是最重要的一步，它们综述引领整个调研过程，调研人员和营销经理应将综述书面化，形成较为具体的调研目标。

初步情况分析所需要的企业的内部资料包括各种记录，如历年的统计资料、销售报表、财务决算等等。企业外部资料包括政府公布的统计资料、研究机构的调研报告、同行业的刊物、经济年鉴手册等。

初步情况分析的目的是帮助调研人员探索问题和认识问题，从中发现因果关系。初步情况分析的资料收集不必过于详细，只要重点收集对所要研究分析的问题有参考价值的资料即可。

2）试验性调查

试验性调查又称非正式调查，也就是调研人员根据提出的问题主动去访问专家，向精通本问题的有关人员（销售经理、推销员、批发商、营业员）和用户征求意见，了解他们对这个问题的看法和评价，获得一些建设性的意见。通过试验性调查可以将调查的范围缩小，可以弥补调研人员本身经验和掌握资料的不足，为判断是否需要进一步调研提供更充分的条件，便于确定出最主要的影响因素作为调查重点，有利于节约人力、财力和时间。

可以肯定，界定调研问题的过程需要敏锐的洞察力，是调研过程中最重要的部分，是寻找解决方案的第一步，正确界定调研问题为整个调研过程提供保证和方向，良好的开端是成功的一半。试验性调查的目的是收集初步信息以帮助确定要调研的问题和提出的假设，最后确定出最主要的影响因素作为调研重点。

通过调研准备阶段，能使问题的调研范围缩小，使调研人员明确调研的主题和调研目标，为调研人员制定调研计划书奠定基础，使调研活动具有明确的针对性，并以调研方案具体指导调研活动。

5.2.2 正式调研阶段

正式调研阶段是市场调研方案的执行阶段，主要步骤为问卷设计、调研人员选择与培训、实施调查。

1）问卷设计

任何市场调研都需要填调查表，调查表的合理与否，直接关系到调查结果的正确性，因此，必须精心设计问卷。具体进行问卷设计之前，需明确市场调研的基本主题，以及本次问卷调查的目的与市场调研主题的关系(详见第7章),而且对正式使用的问卷应在小范围内试用,检验设计的合理性,发现问题,及时改进。即使是对观察法、实验法、案头调研法也要设计一定形式的调查表或信息资料记录表,如观察记录、实验记录、汇总表,准备哪些表格要依据调查的需要而定。预先准备问卷,使调研工作能有条不紊地进行,使日后收集的资料更规范、更适用,以方便后继的资料整理汇总工作。

2) 调研人员选择与培训

调研人员是调研工作的主体,是调研任务顺利完成的基本保证。一个优秀的调研方案可能由于不能按计划执行而遭到失败,其主要原因是调研人员选择不当或有关调研人员缺乏适当的培训。因此,必须根据调研工作量的大小及调研工作的难易程度,配备一定数量、具有较高素质的工作人员,并且进行必要的培训。

调研人员应具备3个方面的基本素质:职业道德素质、较强的业务素质和良好的身体素质。在市场调研过程中,调研人员面对的是复杂多变的调查对象,每次调研的直接目的不同,调研项目也多种多样,不同的调查课题要求调研人员有不同的知识准备。此外,由于调研工作的工作量较大,经常需要聘请临时性的工作人员,调研人员具有一定的流动性,因此,必须注意对参加调研人员的培训。培训内容有以下3个方面:

(1) 围绕课题,统一认识　针对调研课题进行教育,明确调研的具体目的和现实意义,对调研课题的内容进行培训,讲清有关专业概念和调研要求,选择调查对象的原则条件等。

(2) 明确要求,遵守规则　强调职业道德,强调调研活动的公正性、有效性、可靠性,调研人员要遵守组织内部和外部的各项规章制度,这是调研得以顺利进行的保证,是确保调研质量的前提条件。

为了在国际上维护在市场营销和民意调查中的道德准则,国际商会以及欧洲民意和市场营销调查学会(ESOMAR)于1997年联合制定和颁发了有关准则,主要目的是使被调查人的权利得到充分保障。因此,调研人员应了解并遵守国际准则和惯例,如承诺为被调查者保密的项目,不能泄密。

(3) 注重业务,强化技能　培训中不仅要讲市场调研统计与心理学等方面知识,更要强化技能技巧的培训,如提问的技巧、沟通技巧、信息处理技巧等。这是因为在市场经济和现实生活中,人们基本上是排斥市场调研人员的。具体培训的方法有集中讲授、以会代训、以老带新、模拟训练、实地锻炼、哈雷斯训练法。

附:哈雷斯训练法

哈雷斯训练法是经济学家哈雷斯根据市场调研的经验提出的。他认为,对于市场调研人员,除了采取一般的调查知识培训外,还应针对市场调研人员的不同层次和不同要求,进行不同程度和不同内容的培训。在培训对象上,哈雷斯认为应将受训者分为监督员和访员。监督员是较高层次的调研人员,他们要召集和训练访员,检查指导访员的工作,控制调研进度。由于监督员需要熟悉调研的每一个步骤,善于带领和训练访员,故对他们要进行更为严格的全面训练。在训练方法上,主要采用书面训练法和口头训练法,使前者增加必要的知识,后者提高应变能力。

根据调研人员在调研中承担工作的不同,大致可分为项目主持人、研究人员、助理研究员、访员、督导员、顾问、辅助人员等。

主持人:市场调研项目的主办人,负责调研课题的成败责任。

研究人员：实际负责项目的具体工作,从资料收集、整理、分析到报告书撰写,为项目的关键人物。

助理研究人员：协助研究人员执行项目的调查研究。

访员：实际负责调研问卷的访问作业,须在规定时间,根据访问要领和事项,统一进行访问。

督导员：负责督导访员,提高调研的有效度和可靠度。

顾问：一般邀请资深学者、专家担任,目的在于提供咨询和意见,使调研报告更臻完美。

辅助人员：协助项目完成,非直接参与项目工作者。

3) 实施调查

实施调查是指调研人员实际进行正式的调查活动,即调研人员通过发放问卷、面谈、实验、观察等调研方法收集第一手信息资料。实施调查要求调研人员按照原来的计划和培训中提出的要求进行工作。在调研过程中,调研人员应始终保持客观态度,实事求是,不能投机取巧,不能采取任何手段编写问卷,应该保留原始记录。对于调查中出现的意想不到的复杂情况要灵活变通,因地制宜,力争取得好的调查效率。如果调研活动规模较大,则必须对调研人员进行进一步分工,在分工中要充分体现结构的合理性,以及公平经济的原则,同时要加强监督,注意随时回收已完成的调研问卷,及时检查回收的问卷,注意对调研人员工作的检查。督导员要进行抽样检查和监督,发现问题,及时整改。实践证明,实施调查是调研阶段最费时、费力、费钱的部分,对这个过程应加强控制,对进度、费用、人员调配、资料收集的质量要进行有效的管理和监督,认真做好内、外部的协调工作,保证调查工作顺利进行。

5.2.3 整理分析阶段

在实施调查结束后,就需要对新收集的信息资料进行整理、分析、制表、制图,撰写调研报告,此时市场调研就进入整理分析阶段。这一阶段的主要步骤是整理资料、统计分析资料、撰写调研报告。

1) 整理资料

对于收集来的各种信息资料,必须先鉴别,后整理。鉴别是对调查阶段收集到的资料进行全面审核,分清真、伪,清除假、错、缺,以保证资料的真实、准确和完整。整理是对鉴别的后资料进行汇总和加工,使之系统化、条理化,并以集中、简明的方式(各种图、表)反映调查对象的总体情况。目前,这种资料处理工作一般已由计算机进行。

2) 统计分析资料

统计分析资料就是运用科学的原理和方法,对所获得的调研资料进行数量关系的研究分析,以使人们对调查结果产生清楚的概念。一般用定性分析、定量分析、对比分析、类比分析、指数分析、图表分析等,同时应注意表述的方法和图表的设计,以方便客户对调研结果的理解。为了提高统计分析的精度和效度,要尽可能利用计算机来处理各种数据(资料分析处理的具体方法详见第 8 章)。资料的整理和分析是市场调研的深化和提高,是从感性认识向理性认识的飞跃,整个市场调研能否出成果,在很大程度上取决于这两项工作,这是一项专业性、技术性很强的工作,要由专业的数据分析专家和有关高级专业策划人员共同承担这项工作。

3）撰写调研报告

撰写调研报告是市场调研的最后一步，调研报告是对整个调研工作，包括计划、实施、收集、整理、分析等一系列过程的总结，是整个调研成果的集中体现。调研报告要能较好地回答调查计划中提出的问题，能准确地运用调研数据说明问题，能较好地提出解决问题的看法或建议，文字应简明扼要，符合实际。调研报告撰写具有一定的格式、结构、内容要求（详细内容见第8章）。因此，认真撰写调研报告，准确分析调研结果，明确给出调研结论，是调研报告拟订者的责任。

需要说明的是，市场调研的上述3个阶段8个步骤是相互关联、相互交错在一起的，它们共同构成市场调研的完整过程，去掉其中任何一个阶段，调研工作都将无法进行。但不同类型的市场调研项目，调研的内容存在差别，有些步骤的次序可能同上述次序有异，可以具体灵活地、有创新地应用。

【本章小结】

市场调研方案是指导市场调研的蓝图，它是调研工作的基石，是调研活动的指南，是调研考评的依据。市场调研方案的内容涉及8个方面：调研目标、调研内容、调研对象、调研方法、问卷数量和投放方式、调研经费、调研时间和日程安排、调研人员与机构。

市场调研是一个由不同阶段、不同步骤、不同活动构成的有目的的动态过程，市场调研的流程是由3个阶段8个步骤所构成。第一阶段是调研准备阶段，它包括初步情况分析和试验性调查两个步骤。第二阶段是正式调研阶段，包括问卷设计、调研人员选择与培训、实施调查3个步骤。第三阶段是整理分析阶段，包括整理资料、统计分析资料、撰写调研报告3个步骤。

关键概念

市场调研方案　　市场调研流程　　试验性调研

思考题

1. 市场调研方案的内容有哪些？
2. 市场调研的流程分几个阶段，每个阶段包含哪些步骤？
3. 为什么说确定调研问题是调研过程中最关键的步骤之一？一般由谁参与这个过程？
4. 市场调研计划书的内容和形式是什么？
5. 市场调研的质量与调研人员的素质密切相关，你觉得可以通过什么方式提高调研人员水平？

实训题

1. 请你为一家日化厂做一份关于"防晒霜"市场需求的调研方案。
2. 找一家中小企业，了解他们开展市场调研的情况，谈谈你的感想与建议。
3. 某旅行社近期拟推出一条新的旅行线路，请以小组为单位，为该线路设计一份新线路的市场需求状况调研计划书。
4. 假定你负责为某学院旅游专业吸引更多的生源，请列出完成该项任务应该采取的步骤。

6 抽样设计

【学习目标】
◎ 掌握各种类型随机抽样技术和非随机抽样技术；
◎ 了解抽样调查的含义和特点，学会抽样误差的分析及其计算；
◎ 能根据已知条件选择合适的抽样调查与分析方法。

抽样调查是相对于普遍调查而言的一种调查类型，一般是从总体样本中抽取一定数目的样本进行调查，以此取得数据、形成结论。抽样调查减少了信息的获取成本，但如何保证结果的正确性呢？科学的抽样设计更关键，那么抽取什么的样本？抽取多少个样本呢？怎么抽取样本呢？

【导入案例】 **盖洛普的抽样调查**

"一种客观测量报刊读者阅读兴趣的新方法"是乔治·盖洛普在艾奥瓦大学写博士论文时用的题目。通过对"Des Moines Register and Tribune"和瑞士数学家雅克布·贝努里具有200年历史的概率统计理论的研究，盖洛普在抽样技术领域取得了进展。他指出，当抽样计划中的调查对象涵盖广泛，涉及不同地域、不同种族、不同经济层次的各种人时，你只需要随机抽取而无须采访每个人。尽管当时他的方法不能为人们理解和认同，但是现在，这已经被广泛使用。

盖洛普通常引出一些特例来解释他自己在说什么或做什么。假设将7 000个白豆子和3 000个黑豆子十分均匀地混合在一起，装在一个桶里。当你舀出100个时，你大约可以拿到70个白豆子和30个黑豆子，而且你的失误可以用数学方法计算出来。只要桶里的豆子多于一把，那么你出错的概率就少于3%。

20世纪30年代早期，盖洛普在美国很受欢迎。他成为Drake大学新闻系的系主任，然后转至西北大学。在此期间，他从事美国东北部报刊的读者调查。1932年夏天，一家新的广告代理商电扬广告公司，邀请他去纽约创立一个旨在评估广告效果的调研部门，并制定一套调研方案。同年，他利用他的民意测验法帮助他的岳母竞选艾奥瓦州议员。这使他确信他的抽样调查方法不仅在数豆子和报刊读者调查方面有效，而且有助于选举人。只要你了解到抽样范围具有广泛性，白人、黑人、男性、女性、富人、穷人、城市、郊区、共和党、民主党，只要有一部分人代表他们所属的总体，你就可以通过采访相对少的一部分人，来预测选举结果或反映公众对其关心问题的态度。盖洛普证实，通过科学抽样，可以准确地估测出总体的指标。同时，在抽样过程中，可以节省大量资金。

6.1 抽样设计概述

由于市场现象普遍存在着随机性特征，因此抽样时只有遵循随机性原则，才不至于破坏原有的随机性特征。在概率论中,大数定律是揭示关于随机现象的定理,是抽样法的一个重要基本理论。

6.1.1 抽样调查的概念与特点

1) 抽样调查的概念

抽样调查也称为抽查,是指从调研总体中抽选出一部分要素作为样本,对样本进行调查,并根据抽样所得的结果推断总体的一种专门性的调查活动。抽样调查是一种被广泛使用的调查方法。

2) 抽样调查的特点

抽样调查最主要的特点在于其应用科学的方法,在总体中抽取有代表性的调查对象进行调查,克服了普查的组织难、费用高、时间长的缺点,也克服了传统调查方法(如重点调查、典型调查)的主观随意性和样本代表性不强的弱点,具有较强的代表性和科学性,是比较科学、客观的一种调查方法。

(1) 抽样调查的优点

① 时间短,收效快:抽样调查涉及面较小,取得调查结果比较快,能在较短的时间内获得同市场普查大致相同的调查效果,还可以运用抽样调查技术来检验普查及有关资料的正确性,并给予必要的修正。

② 质量高,可信程度好:抽样调查是建立在数理统计基础之上的科学方法,只要由专门人才主持抽样调查,严格按照抽样调查的要求进行抽样,就可以确保获取的信息资料具有较好的可靠性和准确性,对那些无法或没有必要进行普查的项目具有很好的适用性。

③ 费用省,易推广:由于抽样调查把调查的对象降低到较小的程度,又能保证调查的有效性,从而可以大大地减少工作量,降低费用开支,提高经济效益。同时,由于抽样调查需较少的人力、物力,企业容易承担、容易组织。

(2) 抽样调查的不足 由于抽样调查所调查的对象是调查对象中的一部分,抽样调查的结果是从抽取样本中获取的信息资料推断出来的,所以,抽样调查存在着抽样误差。抽样误差是客观存在的,在一定范围内也是允许的。

6.1.2 抽样设计方法的类型及特点

1) 抽样设计方法的概念及类型

抽样设计方法是指在抽样调查时采用一定的方法,抽选具有代表性的样本,以及各种抽样操作技巧和工作程序等的总称。为了使抽选的样本具有代表性,必须借助于各种抽样设计方法。抽样设计方法可以分为随机抽样法与非随机抽样法两大类。

2) 随机抽样法的分类及其特点

(1) 随机抽样法的分类 随机抽样是指排除人的主观影响,依据随机原则从总体中抽取一部分个体组成样本,总体中每个样本被抽取的机会是均等的。随机抽样法一般分为以下3种类型:

① 简单随机抽样法:简单随机抽样法是指运用随机方式直接从总体中抽出样本的方法。运用简单随机抽样法,调研人员对所选取的样本完全排除任何有目的的选择,每一样本具有相同的、均等的被抽样率,所抽出的任一样本纯粹是偶然的。简单随机抽样法运用简便,在调查总体分布状况不明或难以划分层次和群体的情况下使用。

② 分层随机抽样法：分层随机抽样技术又称为分类随机抽样技术，是把调查总体按其属性不同分为若干层次（或类型），然后在各层次（或类型）中随机抽取样本。例如，调查人口，可按年龄、收入、职业、居住位置等标志划分为不同的阶层，然后按照要求在各个阶层中进行随机的抽样。

③ 分群随机抽样法：分群随机抽样是将总体按一定的划分标准分成若干群，以随机的方式选定群体，并以抽出的群体内的每一单位作样本实施普遍调查的方法。分群随机抽样由于是以被抽出的群作样本，所以也叫做整群抽样。

（2）随机抽样法的特点

① 随机抽样法的优点

a. 随机抽样是从总体中按照随机原则抽取一部分单位进行的调查。它的调查范围和工作量比较小，又排除了人为的干扰，因此能省时、省费用，又能较快地取得调查的结果，同时，抽取的样本可以大致上代表总体。

b. 随机抽样技术能够计算调查结果的可靠程度。可通过概率推算样本值与实际值的差异，即抽样误差，并将误差控制在一定范围内。

② 随机抽样法的不足

a. 对所有调查样本都给予平等看待，难以体现重点。

b. 抽样范围比较广，所需时间长，参加调研的人员和费用多。

c. 需要具有一定专业技术的专业人员进行抽样和资料分析，一般调研人员难以胜任。

3）非随机抽样法的分类及其特点

（1）非随机抽样法的分类 非随机抽样是指按照一定的目的和要求，主观地从总体中抽取一定的个体组成样本，总体中每个个体被抽取的机会不均等。非随机抽样法一般分为以下 3 种类型：

① 任意随机抽样法：任意随机抽样又称随意抽样，指根据调研者的方便从总体中随意抽取出样本的方法。

② 判断随机抽样法：判断随机抽样又称目的抽样法，是一种根据调研人员的经验或由某些有见解的专家选定样本的抽样方法。

③ 配额随机抽样法：配额随机抽样是按照一定标准分配样本数额，然后在规定数额内由调研人员任意抽选样本的一种抽样方法。

（2）非随机抽样法的特点

① 非随机抽样法的优点

a. 非随机抽样法按一定的主观标准抽选样本，可以充分利用已知资料，选择较为典型的样本，使样本更好地代表总体。

b. 可以缩小抽样范围，节约调研时间、调研人员和调研费用。

② 非随机抽样法的不足：使用非随机抽样技术进行调研的主要不足是无法判断其误差，无法检查调研结果的准确性。这是因为，用非随机抽样技术进行调研的总体中，每一个样本被抽取的概率不一样，概率值的大小不清楚，无法借助概率计算推算值与实际值的差异，可靠程度只能由调研人员主观评定。由于主观标准不当或主观判断失误均会增大抽样误差，出现差错难以核实。

在进行实际市场调研时，调研人员要根据不同的调研要求和目的，选择最合适的抽样技术，才能起到良好的效果。

6.1.3 抽样误差及其控制

1) 抽样误差的概念

抽样误差是在用样本指标推断总体指标时所产生的代表性误差,这种代表性误差是不可避免的,因为由样本中得到的综合指标,不可能和全及总体的综合指标完全相等,抽样观测值对样本平均数或样本成数的离差,不完全等于其对全及总体平均数或成数的离差。道理很简单,在总体中另取一组样本调查,其观测值与原来一组样本的观测值会有所不同,因而,纯粹用某一组样本的观测值计算的样本平均数和成数,不能简单地作为全及总体的平均数和成数。可见,所谓抽样误差,是指抽样成数和抽样平均数对全及成数和全及平均数的离差。运用抽样数据推及总体,不在于使抽样成数和抽样平均数完全等同于全及成数和全及平均数(除非是普遍调查,但这已不再是抽样调查了),而在于使前者尽可能接近于后者。抽样误差的数值越大,二者的距离也越大,反之则越小。

2) 抽样误差产生的原因

抽样误差无特定偏向,其误差大小主要受以下3个因素影响:

(1) 被研究总体各单位标志值的变异程度　总体的方差越大,抽样误差就越大;反之,则抽样误差越小。如果总体各单位标志值之间没有差异,那么,抽样误差也就不存在了。

(2) 抽取的样本量　抽样误差的规模可由样本量的调整而得到控制,在其他条件不变的情况下,抽样单位越多,抽样误差就越小;反之,抽样误差就越大。

(3) 抽样调查的组织方式　采用不同的抽样组织方式,也会有不同的抽样误差。

3) 抽样误差的控制

抽样误差的客观存在和不可避免性,并不意味着可以任其存在或对其无所作为,相反,对抽样误差的控制是十分必要的。减少抽样误差可以从以下几个方面着手:

(1) 要准确选定抽样方法　选择正确的抽样方法,有利于使抽取的样本能真正代表总体,减少误差。抽样方法分为随机抽样和非随机抽样两大类,每一类又分为很多具体方法。对抽样方法的选择,要根据调研目的和要求,以及调研所面临的主客观、内外部条件进行权衡选择。一般条件下,随机抽样法具有更大的适应性。

(2) 要正确确定样本数目　一般而言,样本数与抽样误差呈反比关系,即样本越大,抽样误差越小,反之亦然。但是,抽样误差又与调查总体中有关特征差异有关。总体中差异越大,在同样样本数的条件下,误差越大,总体中的差异越小,在同样的样本数的条件下,误差越小。换言之,在确保同样的差异误差的前提下,如果总体中的差异大,则需抽取的样本数应该大一些,反之亦然。所以,确定样本数要综合考虑对抽样误差的允许程度、总体的差异性和经济效益的要求等因素。

(3) 要加强对抽样调查的组织领导,提高抽样调查工作的质量。　要以科学的态度对待抽样,特别是要由专门人才,或经过严格培训的人员承担抽样调查工作。抽样方法要适当,工作程序要规范,严格按照所选用的抽样方法的要求进行操作,确保整个抽样工作科学合理。

6.2　样本量的确定

样本是从被调查总体中抽选出来的能代表总体的部分单位。样本量也称样本大小,是指从总体中所抽选样本个体数量的多少。样本量不仅影响样本能否代表总体,还直接影响调查的成本。样本量的多少不主要取决于总体的数量,而取决于总体的差异程度、调查所允许误差的大小和要求推断的置信程度。也就是说,当要调研的对象越复杂、差异越大、研究精度要求越高、可推断性要求越高时,样本的量就越大。

确定样本量的多少有两个简单的计算公式,一个是在重复抽样的情况下使用,另一个是在不重复抽样情况下使用。由于通常企业的市场调研的总体数比较大,在这种情况下,总体中的个体被重复抽选的可能性很低,因此使用两个公式计算得到的样本量数字会非常接近,所以企业在抽样调查设计中,通常可以使用重复抽样情况下的样本量计算公式,具体如下

$$n = \frac{t^2 \sigma^2}{\Delta x^2}$$

公式中,t 为信度系数,反映的是样本对总体的代表性程度。在统计中,样本对总体的代表性程度与信度系数之间有几个常用的关系:代表性为 99% 时,t 值为 2.58;代表性为 95% 时,t 值为 1.96;代表性为 68% 时,t 值为 1.00。上述关系可以通过查"正态分布表"获取。另外,企业通常为了计算的方便,选代表性为 95.4%,t 值就取 2。

σ 为标准差,在企业实际操作中,此处的标准差可以是总体的标准差,也可以是预调查对象的标准差。所以,下面标准差计算公式中的 n,需要根据调研规划者的规划确定。

$$\sigma = \sqrt{\frac{1}{n} \sum_{i=1}^{n} (x_i - \overline{x})^2}$$

Δx 为允许误差,在企业实际操作中,允许误差与抽样误差不同。允许误差需要企业调研规划者根据企业对抽样的要求确定,带有一定的经验值性质,通常是用总体或预调查对象的均值的一定百分比确定。

例如,某社区共有 10 000 名常住人口,日消费金额的标准差为 20 元,要求保证率为 95.4%,允许误差为 5 元时,需要抽选的人数。那么采用重复抽样时样本量的公式计算可知,应抽选的样本量 $n = (2^2 \times 20^2)/5^2 = 64$ 人。

由样本量计算公式可知,在其他条件不变的情况下,调研要求的可信度越高,或调研对象的差异越大,或允许的误差越小时,需要抽选的样本量就会越大。

6.3 随机抽样及其组织

6.3.1 简单随机抽样

在运用简单随机抽样法进行抽样前,首先必须对总体内各单位予以编号,然后运用适当的技术方法从中抽出样本。为使每一样本有均等的被抽几率,且抽出的样本能对母本具有最大的代表性,一般采用抽签或利用随机号码表的方式抽出所需的样本。

1) 抽签方式

抽签方式在具体应用上有多种方法:

(1) 抽纸签法 抽纸签法在总体单位不多的情况下使用。先按总体单位数制作同样数目并编好号的纸签,在签箱内做充分混合,然后用手工一一抽取。由于每一张纸签对应一个

总体单位,所以每抽出一张即为一个样本,直到抽出的样本数目与要求的样本数目相等为止。

(2) 抽纸牌法 抽纸牌法是利用扑克牌作签条的方法。选取不同花色的扑克牌每样1~10,以10作0,不同的花色分别代表个位、十位、百位和千位,分别充分混洗后,按位数顺序(一般从最高位起)分别从不同花色中各抽一张,组成一组号码。例如分别以方块、梅花、红桃、黑桃代表个位、十位、百位和千位,若从黑桃中抽出5,从红桃中抽出2,从梅花中抽出3,从方块中抽出10,则该组号码为5230,然后将抽出的各牌放回本花色中混洗,进行下一次抽取。若各位数花色中抽出的牌大于样本数目对应位数的数值,需做出不同的处理:最高位号码只能小于等于样本数目对应位数的数值,其余各位号码在前位(高于其位数)号码等于样本数目对应位数的数值时,只能小于等于样本数目中本位数的数值,而在前位号码小于样本数目对应位数的数值时,可取0~9中的任何数值。如样本数目为3500,第一次抽千位时抽出黑桃5,则放回重抽,直至抽出3及以下的牌为止(但在此过程中要保证黑桃的牌一直是1~10,共10张)。在千位为3时,百位须小于等于5;在千位小于3时,百位可以是0~9中的任何数值。

(3) 摸球法 摸球法是制作数组不同颜色的球,每组10个并编上号码0~1,置于不同的箱中,指定各种颜色所代表的位数,然后从最高位起,顺序地从每箱摸出一个球登录其号码,组成一组数码,此即为被抽出的样本号码。然后,将各球放回各箱中再作下一轮抽取。也可只用标上0~9的10个球,首先抽最高位数,抽完后放回,再抽顺序的下一位……直至组成一组数码,即为被抽出样本的号码。摸球法在抽样时对各位数号码的处理与抽纸牌法相同。

抽纸牌法与摸球法都是一种不重复抽样,因为被抽出的样本号码即使再被抽出,也不算数。至于抽牌或摸球过程中的放回,只是为了保证每次抽样各位数内0~9(或1~10)号码均有同等的被抽机会。

(4) 掷骰法 掷骰法是投掷骰子选择号码的方法。骰子必须是特别制作的正20面体,并且每两面刻上0~9数码,使0~9数码有同等的出现几率。在掷骰时,每掷一次代表一种位数,也是从最高位掷起,一旦最高位掷出的号码超出样本数目,须重掷,直至小于等于样本数目最高位数的数值为止,其余位数数值的处理与抽纸牌法相同。

2) 选取随机号码方式

随机号码是把0~9的数字随机排列,组成一张数表,表内任何号码的出现都有同等的概率,但没有一定规律。由随机号码组成的表叫随机号码表,也叫乱数表,可用计算机的语言类软件或数据库软件产生,如表6.3.1所示。

利用随机号码表进行抽样,是常用的一种随机抽样方法。在使用随机号码表时,首先按总体单位数确定所取号码位数。如总体单位有90 000,则取五位数。然后,从随机号码表中任一个数字开始,每五位数为一组号码,只要不大于总体单位数,即为抽出的样本号码,再顺序向右或向下选取,直至选够抽样数目为止(大于总体单位数的舍弃)。如在90 000户中要选取200户作样本,假定从表6.3.1中头一个数码开始向右顺序选取,则第一个样本为60625,依次为37649,34037,64783,(92144),20483,…其中92144因超出总体单位90 000,故舍弃不用,如此直到取够200户为止。

使用很多计算机软件,也可以为个体编制随机号,如Microsoft Excel中的RAND函数。

表 6.3.1 乱数表

序号	(1)	(2)	(3)	(4)	(5)	(6)	(7)	(8)
1	6062	5376	4934	0376	4783	9214	4204	8301
2	5116	0083	0813	6123	7693	0483	9612	9727
3	6882	2915	2317	1611	1228	9878	4282	4277
4	2323	3872	9446	0225	5388	7397	2887	1953
5	0203	2954	6922	1963	0173	3042	1936	2754
6	0578	0161	0579	8262	5583	6812	0627	4668
7	6023	4932	4583	4814	1619	8706	4944	7373
8	4871	9895	4211	5928	8279	8726	4885	3906
9	4343	0532	9465	0166	5564	6687	0452	7207
10	4441	0239	0344	7529	3474	4314	1643	6328
11	5164	8071	6848	8018	0093	7534	8459	3184
12	6511	4028	8977	1631	1169	0054	0901	8594
13	8484	8811	6731	8369	0955	0698	8967	5166
14	1082	0317	0011	8232	1365	9468	2659	0586
15	4304	0649	9114	1221	0224	6362	9751	2637
16	1519	9106	3743	7334	0059	1382	6917	7812
17	2625	6885	3997	6572	6345	4526	7483	6113
18	7722	0396	8755	8936	9255	5796	3674	7539
19	3445	2275	1397	4424	2791	1904	5491	4209
20	9792	4185	8508	3037	6951	5271	9321	9766
21	6765	3267	1262	4775	1736	8354	9985	0566
22	4363	0474	9641	9639	7146	2124	9469	4922
23	2585	5806	3645	7627	3181	4019	9006	1543
24	1433	9263	3274	5874	8413	4038	8948	1719
25	0906	0845	8528	2979	7126	2183	4514	4502

6.3.2 分层随机抽样

分层随机抽样法适用于总体范围大,总体各单位中差异也较大的情况。在总体范围大而内部各单位的差异也较大的情况下,若按单纯随机抽样,抽出的样本可能会集中于某些特征,从而使样本对总体的代表性受到影响,因而必须先对母本按一定的标准分成不同层次,然后再从每层中抽出一定数额的样本,总和的各层样本数构成样本总数(抽样数目总额)。

实行分层随机抽样,总体必须是按一定的标准而能分成不同的层次,如图 6.3.1 所示。

总　体
A B C C A
B A D C D
A C D B A

分层 →

总　体	层次
A_1 A_2 A_3 A_4 A_5	A
B_1 B_2 B_3 B_4 B_5	B
C_1 C_2 C_3 C_4 C_5	C
D_1 D_2 D_3 D_4 D_5	D

图 6.3.1　分层随机抽样示例图

分层的标准，应该是收入、年龄、消费额等可用数值比较的指标。

分层随机抽样关键是解决样本总额在各层的分配额，各层次分配抽样数目的确定主要有以下几种方法：

1）分层比例抽样

分层比例抽样是按各层单位数目占总体单位数目的比例确定各层应抽样数目的方法。其计算公式为

$$n_i = \frac{N_i}{N} \cdot n$$

式中：n_i——每层所应抽取的样本数目；

N_i——每层总单位数目；

n——抽样总数目；

N——总体单位数目。

例如，现需在 8 000 户用户（总体单位数）中抽出 200 户（抽样总数目）做购买额调查，总体中大用户为 200 户，中用户为 1 300 户，小用户为 6 500 户，则抽样情况如表 6.3.2 所示。

表 6.3.2　抽样情况示例

层	用户数（N_i）	比例 $\left(\frac{N_i}{N}\right)$	每层样本数（n_i）
大用户	200	0.025 0	5
中用户	1 300	0.162 5	33
小用户	6 500	0.812 5	162
$\sum$	8 000	1.000 0	200

分层比例抽样法适用于各层之间的差异大致接近的分层抽样调查。如果各层之间的差异过大，或标准差过大，用分层比例抽样法抽出的样本对总体的代表性就较差，此时应用分层最佳抽样法。

2）分层最佳抽样

分层最佳抽样是根据各层样本标准差的大小确定各层的样本数目的方法。其计算公式为

$$n_i = n \cdot \frac{N_i \sigma_i}{\sum N_i \sigma_i}$$

式中：n_i——各层应抽出的样本数目；

n——抽样总数目；

N_i——每层总单位数目；

σ_i——各层样本的标准差。

如前例,总体单位数为 8 000 户,抽样总数目为 200 户,总体中大用户为 200 户,购买额标准差为 100 元,中用户为 1 300 户,购买额标准差为 82 元,小用户为 6 500 户,购买额标准差为 60 元,则抽样情况如表 6.3.3 所示。

表 6.3.3 分层最佳抽样示例

层	用户数(N_i)	标准差(σ_i)	$N_i\sigma_i$	每层样本数(n_i)
大用户	200	100	20 000	8
中用户	1 300	82	106 600	41
小用户	6 500	60	390 000	151
$\sum$	8 000		516 600	200

与分层比例抽样比较,大用户增加了 3 户,中用户增加了 8 户,而小用户减少了 11 户。由于大用户购买额较多,小用户购买额较少,因而按购买额的标准进行最佳抽样能使调查数据更能反映总体的购买情况。

3)多次分层抽样

多次分层抽样是对总体进行两次以上的分层,通过确定最基层的样本数目构成抽样总数的方法。

多次分层抽样在操作时首先进行第一次分层,然后对第一次分层的各层次再进行第二次分层……直至多次分层完毕。最基层的抽样数目的确定,可用抽样总数目乘以每次分层的该层比例,每一层次内各分层的抽样数目之和应等于本层次的抽样数目。如前例,除根据购买额划分大中小用户之外,对各层用户按一定的购买额再次分层,如大用户为购买额 20 万元以上的用户,其中 20 万~50 万元有 80 户,50 万元以上有 120 户;中用户为购买额 5 万~20 万元的用户,其中 5 万~12 万元有 845 户,12 万~20 万元有 455 户;小用户为购买额 5 万元以下的用户,其中 1 万~5 万元有 2 925 户,1 万以下有 3 575 户,则抽样情况如表 6.3.4 所示。

表 6.3.4 多次分层抽样示例

第一次分层(i)	用户数(N_i)	各大层比例$\left(\dfrac{N_i}{N}\right)$	第二次分层(j)	各子层比例$\left(\dfrac{N_{ij}}{N}\right)$	各大层样本数(n_i)	各子层样本数(n_{ij})
大用户	200	0.025 0	80	0.40	5	2
			120	0.60		3
中用户	1 300	0.162 5	845	0.35	33	12
			455	0.65		21
小用户	6 500	0.812 5	2 925	0.45	162	57
			3 575	0.55		105
$\sum$	8 000	1.000 0	8 000		200	200

以大用户来说,第一次分层确定其为抽 5 户:

$$n_1 = \frac{N_1}{N} \cdot n = \frac{200}{8\,000} \times 200 = 0.025 \times 200 = 5$$

第二次分层确定其中购买额 50 万以上的用户抽 3 户,20 万~50 万元的用户抽 2 户:

$$n_{11} = \frac{N_{11}}{N_1} \cdot n_1 = \frac{80}{200} \times 5 = 2（户）$$

$$n_{12} = \frac{N_{12}}{N_1} \cdot n_1 = \frac{120}{200} \times 5 = 3（户）$$

即

$$n_{11} = \frac{N_1}{N} \cdot \frac{N_{11}}{N_1} \cdot n = \frac{200}{8\,000} \times \frac{80}{200} \times 200 = 2（户）$$

$$n_{12} = \frac{N_1}{N} \cdot \frac{N_{12}}{N_1} \cdot n = \frac{200}{8\,000} \times \frac{120}{200} \times 200 = 3（户）$$

也可以按子层对总体单位的比例直接计算:

$$n_{11} = \frac{N_{11}}{N} \cdot n = \frac{80}{8\,000} \times 200 = 2（户）$$

$$n_{12} = \frac{N_{12}}{N} \cdot n = \frac{120}{8\,000} \times 200 = 3（户）$$

6.3.3 分群随机抽样

分群随机抽样法适用于总体范围大,总体各单位中差异性不太明显,或能体现其差异性的指标太多,不易一一分层的情况。分群随机抽样是在简单随机抽样的基础上的延伸,因为若采用简单随机抽样,总体大会因样本单位分散而造成调查费用过高,或因总体相关资料的欠缺使简单随机抽样难以进行。采用了分群随机抽样,等于在不损害对总体的代表性的前提下缩小了总体的规模,弥补了对总体不了解或了解不细的缺陷,也大大减轻了调查的难度。

实行分群随机抽样,总体必须是按一定的标准而能分成相似的群体,如图 6.3.2 所示。

总体		总体			
		Ⅰ群	Ⅱ群	Ⅲ群	Ⅳ群
A B C C A	分群 →	A	A	A	A
B A D C D		B	B	B	B
A C D B A		C	C	C	C
B D A B D		D	D	D	D

图 6.3.2 分群随机抽样示例图

分群的标准,一般是地域或行政隶属标准,尤其是地域标准。虽然各地区会有不同的特点,但在发展水平同一的总体内,各样本和总体之间的差异性并不很明显。

分群随机抽样一般采用两段式步骤,即先按标准分成相应的群体,然后再用随机方式抽取部分群体作样本。被抽的群体的单位总量,应与抽样数目相等。例如某市共有 150 万户居民,共有 15 000 个居民小组,平均每个居民小组 100 户,现需抽取 500 户居民作样本,于是随机抽取 5 个居民小组作群体,对这 5 个居民小组内的 500 户样本实施普查。

分群随机抽样也可根据调查需要实行多段式步骤,即先从全市总体 150 万户居民中分成各行政区,各行政区内再划分为各行政街道,各行政街道再划分为居民委员会,居民委员会再划分为居民小组,分别以随机的方式先后确定抽取某几个区、区内某几条行政街、行政街内某几个居委会、居委会内某几个居民小组等。

6.4 非随机抽样及其组织

非随机抽样方法是除随机抽样方法以外的抽样方法,它是指从总体中按调研者主观设定的某个标准抽取样本的方法。采用非随机抽样的法则,是以"立意"为原则的,即在抽样过程中主要依据人为的主观因素,这只有在对总体状况较为了解的情况下才能使样本对总体有较大的代表性。

6.4.1 任意随机抽样

实行任意随机抽样法的基本理论依据,就是认为母本中每一分子都是相同的,或者是样本之间的差异不足以影响其对总体的代表性,因而随意选取任何一个样本都是一样的。事实上,有的母本中分子是同质的,有的母本中分子虽异质,但表现出异质的都是非重要指标,或在重要指标上分子间的差异并不大,因而采用任意随机抽样法对调查的可信性影响不大,在允许接受的范围之内。

在实践中,任意随机抽样通常应用于街头访问或柜台访问。在对总体情况不了解,要进行试调查以获取所需数据的非正式调查中,也常用任意随机抽样。

任意随机抽样是非随机抽样中最简便、最节省费用的方法,但抽样偏差大,其结果可信程度低。在总体中的差异较小的情况下,运用这种方法也能获得具有代表性的调查结果。

6.4.2 判断随机抽样

判断随机抽样是指根据调查人员的主观意愿,从总体中选取被认为最具代表性的个体的抽样方法。由判断随机抽样法抽取的样本是否具有代表性,完全依赖于抽样者对总体的了解程度及其工作经验和判断能力。在进行判断随机抽样时,应尽可能利用可借鉴利用的有关总体情况,从中选取具有较高代表性的样本,比如在众数组中选取样本,在平均数组中选取样本等等。如果没有对总体的质的任何了解,此法只能在总体范围小或精确度要求不高的情况下使用。

运用判断随机抽样法,实际上迁就了调研人员抽样的方便性,更容易有效地获得数据,而且简便易行,有一定的实践意义,但要注意尽可能减少因主观判断偏差而引起的工作偏差,且不能过高估计样本对总体的代表性。

6.4.3 配额随机抽样

配额随机抽样是指按一定的标准将总体分成若干子总体,按各子总体占总体的比重分配样本数额,由调查者主观选定样本的方法。

实行配额随机抽样法的主要理论依据是:在按一定的控制特性(指标)划分总体后,各子总体内单位间的差异基本消失或不重要,从子总体内抽取的样本均能代表子总体的一般情况,因而不必再按随机抽样法确定子总体内的具体样本单位。

在实践中,配额随机抽样法简便易行,节省费用,能够较快地取得资料数据,样本也能大致上按总体的分布而抽出,因而使用较广。运用配额随机抽样法的关键是控制特性指标选择得当,使划分出的各子总体相互之间差异性明显,而子总体内各单位则趋于同一。此外,

对各子总体占总体的比重也需掌握,才能完成"配额"的分配。配额抽样具体分为两种类型:

1) 独立控制配额抽样

独立控制配额抽样是指只按某一种控制特性对样本数规定配额的方法。能够区分各子总体的控制特性不管有多少,除选定的一种外,不对其他控制特性规定配额。

比如,现需要从所有家庭户中抽取 500 户作样本,总体户数有 50 万户,控制特性有收入、家庭规模、家庭构成 3 种,其划分的各类型比例如表 6.4.1 所示。

表 6.4.1 独立控制配额抽样示例

控制特性Ⅰ		控制特性Ⅱ		控制特性Ⅲ	
收入(元)	比例(%)	家庭规模(人)	比例(%)	家庭构成	比例(%)
		1	0.1		
0~500	7.2	2	1.7	有未成年孩子	41
500~1 000	37.3	3	33.5		
1 000~1 500	52.2	4	35.8		
1 500~∞	3.3	5	21.9	无未成年孩子	59
		6(及以上)	7.0		
∑	100	∑	100	∑	100

若选用控制特性Ⅰ,则各类型家庭户的配额抽样数为

$$n_i = p_i n$$

式中:p_i——第 i 种控制特性的比例(成数),$i=1, 2, \cdots$;

n——抽样总数目;

n_i——第 i 种控制特性下的抽样配额。

则:$n_1 = 0.072 \times 500 = 36$(户)

$n_2 = 0.373 \times 500 = 187$(户)

$n_3 = 0.522 \times 500 = 261$(户)

$n_4 = 0.033 \times 500 = 16$(户)

若选用控制特性Ⅱ,则各类型家庭户的配额抽样数为

$$n_j = p_j n$$

式中:p_j——第 j 种控制特性的比例(成数),$j=1, 2, \cdots$;

n_j——第 j 种控制特性下的抽样配额。

则:$n_1 = 0.001 \times 500 = 5$(户)

$n_2 = 0.017 \times 500 = 8$(户)

$n_3 = 0.335 \times 500 = 168$(户)

$n_4 = 0.358 \times 500 = 179$(户)

$n_5 = 0.219 \times 500 = 109$(户)

$n_6 = 0.070 \times 500 = 35$(户)

若选用控制特性Ⅲ,则各类型家庭户的配额抽样数为

$$n_k = p_k n$$

式中：p_k——第 k 种控制特性的比例（成数），$k=1, 2, \cdots$；

　　　n_k——第 k 种控制特性下的抽样配额。

则：$n_1 = 0.41 \times 500 = 205$（户）

　　$n_2 = 0.59 \times 500 = 295$（户）

在采用独立控制配额抽样的情况下，只能就上述 3 种控制特性任选其一，按照其配额数在该控制特性划分的各类型户中抽出样本。

2）交叉控制配额抽样

交叉控制配额抽样是按相互关联的多种控制特性对样本数规定配额的方法。这种方法同时兼顾多种控制特性对样本的要求，并按相应的比例进行配额指派。

仍按前例的 3 种控制特性及其比例（见表 6.4.1），每抽出的一个家庭户既要考虑收入又要考虑家庭规模和家庭构成，那么，样本在 3 种控制特性下在各类型家庭户中的配额如表6.4.2。

表 6.4.2　各类型家庭用户交叉配额抽样示例

规模(人)	1		2		3		4		5		6（及以上）		总计
	有小孩	无小孩	有小孩	无小孩	有小孩	无小孩	有小孩	无小孩	有小孩	无小孩	有小孩	无小孩	
0~500					5	7	6	8	3	1	1	1	36
500~1 000					26	37	27	39	24	5	5	8	187
1 000~1 500			1	2	36	52	38	55	34	7	7	11	261
1 500~∞			1	2	3	2	3	4	2	1	1	1	16
合　计	1	3	5		69	99	73	106	44	65	14	21	500
总　计	1		8		168		179		109		35		

多种控制特性下的抽样配额计算公式为

$$n_{ijk\Lambda m} = p_i p_j p_k \Lambda p_m n$$

式中：$n_{ijk\Lambda m}$——多种控制特性的抽样配额；

　　　p_i、p_j、p_k、$\cdots$、p_m——第 $i, j, k, \cdots, m$ 种控制特性的比例（成数）。

需要注意的是，在多种控制特性下计算的抽样配额可能与单一控制特性的抽样配额略有出入，这时需做一些调整。如在上例家庭规模控制特性中，1 人户需抽 1 户，但在 3 种控制特性的综合计算中都不足 1 人，因此在表 6.4.2 中调整为 1 人。此外，配额只是在特定控制特性下的样本数，至于具体抽出哪一些单位作样本，由抽样人员在调查时随意决定，配额抽样不作限定。

【本章小结】

抽样设计作为一种应用科学的方法，是在总体中抽取有代表性的个体作为调查对象的具有科学性的市场调研技术，是一种被广泛使用的有用方法。

为了提高抽样调查的有效性，需要切实控制抽样误差，严格遵循抽样调查的程序，并合理选用抽样设计方法。

抽样设计方法指在抽样调研时采用一定的方法,抽选具有代表性的样本,以及各种抽样操作技巧和工作程序等的总称。抽样设计方法可以分为随机抽样法与非随机抽样法两大类。随机抽样法是对总体中每一个体都给予平等的抽取机会的抽样技术。非随机抽样法是对总体中每一个个体不具有被平等抽取的机会,而是根据一定主观标准来抽选样本的抽样设计方法。这两种抽样设计方法各有其特点和使用范围。

随机抽样一般分为简单随机抽样、分层随机抽样和分群随机抽样等 3 种。非随机抽样一般分为任意随机抽样、判断随机抽样和配额随机抽样 3 种类型。这些不同的方法都有各自的操作技术和应用特点。

关键概念

抽样调查　　随机抽样法　　非随机抽样法

思考题
1. 抽样设计方法分为哪几类？各有何特点？
2. 如何运用简单随机抽样方法进行抽样？
3. 如何运用分层随机抽样方法进行抽样？
4. 如何运用分群随机抽样方法进行抽样？
5. 如何运用非随机抽样技术进行抽样？
6. 什么是抽样误差？影响抽样误差的因素有哪些？

实训题

采用所学抽样设计方法中的任意一种,对在校学生进行生活水平的抽样调查,并以样本指标推断总体指标。

7 问卷设计

【学习目标】
◎ 了解问卷设计的意义;
◎ 掌握不同访问方式的问卷类型;
◎ 掌握问卷的一般构成;
◎ 掌握开放式、封闭式问题的设计概念;
◎ 领会问卷设计的一般原则;
◎ 了解问卷设计的一般程序,并能够进行问卷设计。

问卷是市场调研特别是实地调研的载体。要使调研工作有一个好的结果,问卷设计相当重要。问卷设计得好可以保证调研的客观公正、准确高效,可以减少误差,可以避免信息遗漏或信息过多。反之,如果问卷设计失当,则可能导致调研工作失误乃至调研失败。

【导入案例】 这样的问卷设计准确吗

某公司调研某电视节目受欢迎的程度,所设计的问卷中标题和说明部分均表明调查是关于该电视节目的。问卷首先要求被调查者列举最喜欢的 3 个电视节目(开放题),结果该节目名列榜首,98%的被调查者声称喜欢该节目。

这个结果准确吗?答案当然是否定的,其中一定有偏差。因为在问卷的标题和说明部分给出了该节目的名称,使得被调查者先对该节目产生或加深了印象,或者为了迎合调查者的目的,被调查者有意无意地给出了这一节目的名称,导致该节目的极高当选率。

7.1 问卷设计概述

7.1.1 问卷设计的意义

问卷是询问调查中使用的以问题的形式系统地记载所需要调查的具体内容,让访问员向受访者发问并记录受访者答案,以收集第一手资料的一种书面文件。

所谓问卷设计,是根据调研目的,将所需调研的问题具体化,使调研者能顺利地获取必要的信息资料,并便于统计分析。

调研问卷是国内外调查机构的通用工具,除了实验法较少使用问卷(一般使用特殊的提纲)外,观察法和各种询问法都离不开问卷。作为调研人员与被调查者之间中介物的调研问卷,其设计质量在很大程度上决定着调研问卷的回收率、有效性,甚至关系到整个市场调研活动的成败。因此,问卷设计是问卷调查中关键的一环,设计科学有效的问卷成为询问调查的重要环节,特别是在现代营销调研实践中,这一作用越来越重要。因为计算机在调研中广

泛应用后,规范的、科学的问卷作为调研的工具或手段是不可缺少的。问卷设计的重要意义主要表现在以下几方面:

1) 决定信息收集的数量和质量

设计合理的问卷,对于抽样总体内的每一个被调查者均可以询问同一系统的问题,范围广泛全面,对问题的认识又容易深入、准确,尤其是当被调查者自填问卷时,就更有利于全面准确地反映被调查者对所询问问题的基本倾向,提供可靠的资料。若问卷设计不合理,则难以保证信息收集的数量和质量。

2) 影响调研活动的准确性和效率

好的问卷设计,问卷内容的说明清楚明了,调研人员对被调查者只需稍做解释,说明意图,他们即可答卷。在答卷中,除非有特殊情况,一般不需要被调查者再对各种问题进行文字方面的解答,只需对所选择的答案做上记号即可,这样就节省了调查时间,从而提高调查工作效率。若问卷设计有问题,造成被调查者无法理解或理解偏差,则既耽误了调查时间,又难以保证获取资料的真实性,从而影响调研活动的准确性和效率。

3) 影响调研目标的达成

调研问卷都是紧扣调研目标进行设计的,被调查者对问题的理解与否以及对问卷调查工作的配合程度,与问卷设计的质量密切相关,也直接影响调研目标的达成。

7.1.2 特定访问方式的问卷设计要领

前面章节讲到访问调研的具体方式分为多种,每种方式各具特点、各有侧重,因而对问卷的设计有不同要求。在所有的方式中,面谈访问法是最通用的一种。因此,在本章的内容中,是以人员访问的问卷设计要求作为共性来讨论的。以下着重分析的是其他方式问卷的设计技术和要求。

1) 小组座谈问卷

小组座谈是调研人员直接访问的一种特殊形式,它是分组邀请调查对象举行讨论,由访员或调查组织者做主持人引导讨论,以得到有用资料。小组座谈的调查对象都是事先经过挑选的合格的样本。从内容上看,讨论的内容也都事先做过简单的调查。小组座谈是为了横向和纵向的扩展,深入发展资料以弥补不足。因而,它的问卷与其他方式的问卷有显著的不同。

(1) 小组座谈的问卷其实是主持人用来引导讨论的提纲。因而,与其说是问卷,不如说是一份讨论大纲,它不可能像标准的问卷那样完整、内容翔实。

如在一次邀请有关专家就国内紧固件市场的有关情况进行访谈的问卷如下:

××专家:

您好!

我们想就国内紧固件市场的有关情况请教您几个问题,请您赐教。

① 请您谈谈您对我国紧固件市场的基本判断

Ⅰ. 从市场潜力方面看:

Ⅱ. 从产品开发方面看:

Ⅲ. 从同行业竞争方面看:

② 您对我国紧固件市场未来几年的增长率判断是:

年增长率大致为(　　)。

您的姓名：　　　　　职称：

您的单位：　　　　　职务：

访谈时间：××××年×月×日

（2）小组座谈问卷侧重于对问题的不断深入探讨，而不仅仅是一句简单的问话。

例如，问：您有几件西服？

追询：定做的、购买的？

定做的：定做的好处是什么？会购买吗？

购买的：购买的好处是什么？哪里买的？什么牌号？

（3）小组座谈一般不在问卷上做记录，而另派人作专门的记录，有时也用录音记录。这份记录要整理成报告，报告比较注重于质的概念，而不同于其他的统计分析注重量的概念。

（4）小组座谈有比较充分的时间，又是面谈式的访问，因此，说明词可以长一些、详细一些，多介绍一些讨论的目的和价值，使参加讨论者积极发表意见，还可以介绍一些讨论的方法等。

（5）小组座谈的样本特性资料在过滤样本、选择参加者时已经有了初步的记录，分小组时，可以依据特性资料进行编配。对于小组讨论来说，要收集的特性资料不是个体的，而是总体的，即某类特性有多少，并将这些总体的特性资料附在报告里。

（6）小组座谈的作业证明记载一般在报告书的开头，包括讨论会名称、组别、讨论时间、地点、出席人、主持人、记录人等，与其他方式有较大的区别。

2）电话访问问卷

电话访问问卷最重要的特点是要简洁明了。访问的时间不能太长，一般是3～5分钟。所以，电话访问常用于过滤样本或做简短的调查。在设计电话访问问卷时应注意以下几点：

（1）说明要开门见山　电话访问的说明词最简单，内容要简明扼要。

例如：先生（女士），您好！

我们是××市场研究公司，正在研究娃哈哈电视广告的效果问题，我姓×，想占用您几分钟时间向您请教几个问题，可以吗？好，谢谢您，那么现在开始。

（2）问句要简短、明白、完全口语化　口气要清晰、客气，问句要简单，最好也要让对方的回答简单，便于记录。问句太长会使被调查者不易理解或误解。另外，多项选择问句，列举问题，尤其是使用图表、照片、卡片等的问句不能使用。

（3）样本特性资料要间接询问　电话访问中有关样本特性资料，如年龄、收入、受教育程度等，由于不能呆板地分层列出，而单刀直入询问又过于唐突，因此，最好采用间接式、探询式问法。比如，询问受教育程度可以问："您最后就读于哪一所大学？"又如："您是兰州大学毕业的吧？"对方或许答"是"，或者会答"不是的，我是安徽财贸学院毕业的"。

（4）记录电话访问要做事前准备　电话访问中记录答案的时间很仓促，而且所用的多是自由式问句，更需要能够迅速记录。一般采用速记或录音整理的方式，这都需要做好记录前的准备工作。

3）邮寄和电子网络访问问卷

电子网络访问是随着互联网的发展而出现的信息传递方式。其突出特点就是往返传送快捷，缺点是样本选择范围受到限制。它与邮寄问卷设计要求基本相同，应注意以下几个方面：

(1) 指导语要尽可能写清楚,尤其是对使用什么样的符号表示选定答案要写明白。对于过滤分叉回答的问题,要在版面上处理好,使被访问者一目了然。

(2) 引言尽可能详尽,语气要亲切。因为不能当面向被访问者交代调查的目的、意义和背景等,请求被调查者的真诚合作,因此,在设计调查邮寄和电子网络访问问卷过程中,应特别注意问卷的文字表达。引言部分要提出回收时间和回寄地址、邮编、收件单位或收件人姓名等。

(3) 邮寄问卷的外形要亲切稳重。邮件要封口,字体要稳重大方;信函要用私人信函以示尊重,公函或印刷品邮件容易被忽视或不予理睬。最好注明收件人姓名。

(4) 问句的数量要精简,思路要连贯。因为邮寄和电子网络访问问卷完全依赖收件人的意愿和理解来回答,如果问卷篇幅过长,思路欠连贯,就容易产生厌烦,从而影响问卷回收率。

(5) 做好促进回收的设计。邮寄和电子网络访问问卷回收率低是最大的缺陷,改进这一缺陷就可大大提高调查的效果。必须注意的是,回收信件或电子邮件的地址不能是委托调研的企业,而必须是调研机构或者使用信箱、邮箱。邮寄问卷回收时期的规定,要考虑邮件的路程远近。一般来说,在寄出半个月到 20 天内回收比较适当。还可以在寄出问卷的同时寄一张贴好回寄邮票、注明回邮地址、邮政编码的信封。有些调查机构许诺对收回的问卷进行抽奖或赠送免费上网时间等,可大大提高回收率。在美国调研机构中,还常在寄问卷的邮件内附上 1 美元的钞票以作酬劳。

7.2 问卷的构成及题型

7.2.1 问卷的构成

一份完整的调研问卷通常由标题、问卷说明、调研项目、被调查者项目、调研者项目等内容构成,在设计时又可根据实际需要有针对性地增删或组合。

1) 问卷的标题

问卷的标题概括地说明调研主题,使被调查者对所要回答的问题有一个大致的了解。问卷标题要简明扼要,点明调研对象或调研项目,如"南京市蔬菜水果市场销售状况调研","××保险公司北京分公司顾客满意度调研",而不要简单采用"调研问卷"这样的标题,它容易引起被调查者不必要的疑虑而拒答。

2) 问卷说明

在问卷的卷首一般有一个简短的说明。问卷的说明应瞄准被调查者对调研项目的关注和兴趣,以促使其很好地合作。其一般包括如下内容:

(1) 调研者自我介绍 一开始调研者应当交代自己属于什么调研咨询公司,项目委托单位(资助单位)是谁,包括单位名称、地址、电话号码、邮政编码、联系人或项目负责人等,这可以使被调研者感到这一调研项目的正规性,以尽可能打消他们拒绝合作或应付的念头。

(2) 调研目的和中心内容 对此不宜泛泛而论,一带而过。应尽可能让被调研者认识到本次调研的具体意义,甚至还可以让他们感到自己就是调研结果的间接乃至直接受益者。

(3) 选样方法和保密承诺 为了打消被调查者的戒心,可在此处说明并保证,例如,"本次调查使用科学的抽样方法,而您有幸被选为其中的一位。本次调研系匿名调研,所有个案材料只作为统计分析的基础,我们将对您的回答严格保密。"

（4）感谢辞 一般在引言的最后向被调查者表示衷心的感谢。如果附送纪念品或礼金的调研,可在此处说明。有的调研还可以征询被调查者的意见,例如,"如果您对本调研感兴趣的话,请明确提出,并写清姓名、通讯地址和联系电话,我们将向您提供一般性的资料整理结果。"

3）调研项目

调研项目是按照调研设计逐步逐项列出调查的问题,是调研问卷的主要部分。这部分内容的好坏直接影响整个调查的价值。主题内容主要包括以下几个方面:① 对人们的行为进行调查。② 对人们的态度、意见、感觉、偏好等进行调查。③ 对人们行为的后果进行调查。

4）被调查者项目

这是指被调查者的一些主要特征,如个人的性别、年龄、民族、家庭人口、婚姻状况、文化程度、职业、单位、收入、所在地区等等,企业的名称、地址、所有制性质、规模、主管部门、员工人数、商品销售额（或产品销售量）等。这些是分类分析的基本控制变量。在实际调查中要根据具体情况选定询问的内容,并非多多益善。这类问题一般放在问卷的末尾部分。如有必要,还应注明被调查者的姓名、单位或家庭地址、电话等,供复核或进一步追踪调查之用。但如果是涉及被调查者一些个人隐私的问卷,上述被调查者的情况则不宜列入。

5）调查者项目

在调研问卷的最后,要求附上调查人员的姓名、调查日期、调查的起止时间等,以利于对问卷的质量进行监察控制。

7.2.2 问题题型及适用

问卷是由一系列形式不一的问题构成的,每一种形式的问题各有其独特的作用。因此,在问卷设计中要特别重视问题设计技术。

按照受访者回答的形式,可以把各种形式的问题归纳为开放式问题、封闭式问题和量表式问题三类。

1）开放式问题

开放式问题指在所提出问题的后面并不列出可能的答案供受访者选用,而是让受访者自由作答的问题。其有利于被调查者充分自由地表述自己的意见和看法;对于调查者来说,能收集到一些为其所忽略的信息内容,特别适合于答案复杂、数量较多或者各种可能答案尚属未知的问题。缺点是被调查者的答案可能各不相同,标准化程度较低,资料的整理加工比较困难。此外,回答开放型问题,对被调查者要求较高,要求被调查者有较高的文化素养和较强的文字表达能力,能较好地描述自己的观点和看法。故邮寄调查、电话调查等非面对面的调查一般不采用这种形式。开放式的问题主要有以下几种具体的形式:

（1）自由回答式 不设任何备选答案,完全让调查对象自由回答,不受任何限制,是一种典型的开放式问题。

例如:"您认为理想的方便食品应该是怎样的?""您为什么选用××牌洗衣粉?"或"请您谈谈您使用××牌洗衣粉的主要原因。"

这种问题的优点是调查对象可以按自己的意见进行回答,不受任何限制,有利于调查的气氛。而且,调查人员可以获得足够全面的答案,开阔调查者的思路。缺点是答案过于分散,不利于统计分析。若是由调查员记录答案的话,还容易产生调查员的理解误差,使答案与调查对象的本意出现偏差。

为了弥补自由回答式问题难以量化处理这方面的不足,需要时可以采用在问题中附加关键性词语分类记录的办法来解决。如:"请问有哪些原因使您没有购买这一新产品呢?"

(2) 词语联想式　这种方式就是将某个词语读给受访者听,要求他们说出他们在听到这个词语后所联想到的事物。

词语联想式问题又分为3种更具体的形式:

① 自由联想法:自由联想法对受访者的联想不作任何性质或范围的限制,让受访者享有充分发挥其联想的自由,随意回答。

例如:请您说出(写出)您在听到(看到)下列词语时最先联想到的词语:

微波炉——

受访者说出的词必定是各种各样的:"方便""消毒""单身汉""格兰仕""辐射""便宜"等等,这些词语从不同的角度反映了受访者心目中微波炉的特点,为企业的新产品开发、市场定位、市场促销等方面的营销活动提供了有价值的信息。

② 限制联想式:这是一种要求受访者把联想活动限制在某一特定范围内的询问方式。

例如:请您说出您在听到下列词语后最先联想到的产品品牌:

自行车——

问题的限制十分明确,受访者只要说出他们心目中第一个联想到的自行车品牌,配合后续提问,可以得知,他们第一联想到这一品牌的原因。

③ 引导联想式:引导联想是一种在提出刺激联想的词语的同时,又列出一组反应词语的例证,引导受访者遵循例证的思路进行类似的联想。

例如:请您在听到"摩丝"这一词语后按提示的词语说出联想提示:硬扎、服帖、蓬松——

这里的联想指示例证,明显的是引导受访者朝着摩丝的功能方向去展开联想,从受访者联想的结果中,可以了解他们对摩丝功能的认知、愿望、未满足的需求等,可以为企业的产品改良、广告定位、市场宣传等活动提供充分的依据。

(3) 句子完成式　是指调查者根据调查目的选择一些未完成的句子让受访者根据前半句所设定的语言环境,去续写后半句,以完成句子,而调查者从中获得研究资料的一种调查方式。

句子完成式是词语联想式问题的发展和改良。由于用词语式提问所得到的只是一些单个词语,意思还不太明确,因此给分析研究带来一定的困难。句子完成式弥补了这方面的不足,可以更直观地掌握受访者在回答中反映出来的对事物的评价、动机、态度、感觉等。

调查者选择的待完成的句子主要应是判断句,前半句是主要部分,由受访者续写出判断句最重要的谓语部分,如"我选择空调机考虑的是……"续写这样一类的句子,大部分受访者的后半句都不会完全相同,正是这些不同的回答,表明了他们对事物的不同追求评价、爱好和心态,为调查者分析研究提供了丰富的素材,为企业营销决策提供了有价值的依据。

(4) 故事完成式　指调查者在问卷中先讲述一个未完成的故事,要求受访者根据前半段的内容,自由地讲完这个故事的一种询问题型。

例如:请您接着把下面刚开头叙述的故事讲完:

"星期日,我到家乐福超市去买东西,走进二楼食品厅被告知现在店里推出不少新的促销方法……"

本例中的受访者是最近两周内到过该店的家庭主妇,主要测验该店新的促销方法在目标消费群体中的注意率和有效率,以便调整促销方法。

(5) 漫画完成式　漫画完成式的提问,就是将一幅漫画展示给受访者看,让受访者和画中的某个人物取得认同,以发现受访者对漫画所描述事物的态度和意见。

画中的人物通常有两个,人物的表情是中立的,不带有明显的感情色彩,也不带有某种特殊的个性特征,这样才有可能获得每个受访者的认同,因此图画多采用漫画笔法,所画的内容尤其是画中人物的脸部,只需简单的线条略加勾勒,无法反映人物情感。

漫画完成式题型中主要应用在入户访问、小组座谈等调查中,可以访问较多的样本。

(6) 主题视觉测验式　这种方式与漫画完成式近似,也是先让受访者察看一张(有时是同一系列的几张)含义不太明确的图画,该受访者按其个人经验和理解,解释画面的意义,或构想出画面所展示出的正在发生的故事,或对画中人物做出某种描述。总之,希望受访者从他们的述说中自然地流露出他们内心深处的态度和动机、意见和欲望。

2) 封闭式问题

封闭式问题有利于被调查者正确理解问题,迅速做出回答。

这种问题与开放式问题相反,它的答案已事先由调查人员设计好,被调查者只要在备选答案中选择自己认同的答案,因而便于统计分析,也便于被调查选择,节省调查的时间。但是,它也有自己的缺陷,那就是在回答问题时限制了被调查者的自由发挥,他们的答案可能不在所拟定的答案之中,因此,就随意地选择一种并非真正代表自己意见的答案。所以,在决定是否采用封闭式问题时,必须考虑到问题答案的分散性程度。如果可能性的答案较多,用封闭式问题会使答案的范围过于狭窄。另外,在设计封闭式问题时,要认真研究可能的答案是哪些,回答率高的答案是哪些,尽可能完善地设计出问题答案。其中特别要注意的以下几点:

① 答案应符合客观实际:如关于我国城市家庭存款的答案设计是:a. 10 000元以下,b. 1 001～2 000元,c. 20 000～50 000元,d. 50 000元以上。那么回答就可能都集中在d上,这种调查结果就没有多少分析的价值了。

② 答案的设计要尽可能包含所有可能出现的情况:事实上,市场调研中常结合开放式问题与封闭式问题的特点,采用一种末尾开放式的问题来解决这一问题。如在选项中列出"其他"一项,也可加注"请加以说明"字样。

③ 单选答案之间不能相互包含或重叠:即对于每个受访者来说,最多只能有一个答案适合他的情况。需要多选的答案则另当别论。

④ 同一组答案只能按同一个标准分类:如按产品使用时间分类,就不可以混入按产品使用地点的答案。

⑤ 程度式答案要按依次顺序排列,前后须对称:如:"很好、一般、较差、很差",不可以设计成"很好、好、很不好",或"很差、较差、一般"等,否则就会因答案不周全或顺序零乱而使受访者难以回答或产生回答偏差。

封闭式问题的具体形式比较多,下面就一些最常见的形式做出说明。

(1) 是非判断式　这类问题通常针对性质相反的答案,即所提供的备选答案只能有"是"与"否""有"与"没有"两种。

例如:您是否准备在最近半年内购买一台彩电?

a. 是　　　　b. 否

　　(2) 单项选择式　指问题后面提供多个答案,要求受访者从中选择一项作为回答的问题形式。与是非判断式相比,单项选择式拟定的答案之间可以是互相排斥的,也可以是相互包容的。因此,选择的强制性大为降低。

　　例如:您认为顾客选购西装时最注重的因素是什么?(单选)
　　a. 质料　　b. 款式　　c. 价格　　d. 品牌　　e. 色泽　　f. 其他(请说明)——

　　单项选择式的答案提供的不只是一种判断态度,而且是带有频率、程度等多项因素,扩充了答案的内涵。但设计时要注意答案不宜过多,原则上不能超过10个,而且应是选中可能性最高的10个,其余被选程度较低的答案则统统归入"其他"。备选答案太多,会使受访者无所适从或记忆不清。

　　(3) 多项选择式　指要求受访者从问句后列出的多项答案中选择两项或两项以上答案的问题形式。

　　例如:您购买××洗衣粉的主要原因是(选最主要的两种):
　　a. 洗衣效果好　　b. 价格便宜　　c. 购买方便　　d. 不伤手　　e. 朋友介绍
f. 其他

　　(4) 配对比较式　指事先将同类商品搭配成对,让被调查者在做出比较后,从中选出他认为合适的答案,以测量这些商品在消费者心目中的地位的一种问题形式。

　　例如:下面的4种果汁饮料,请比较左边与右边的哪一种好,在您认为好的一边打上"√"。
　　□"汇源"与"每日C"□　　　　□"酷儿"与"汇源"□
　　□"大湖"与"酷儿"□　　　　□"每日C"与"大湖"□
　　□"汇源"与"大湖"□　　　　□"每日C"与"酷儿"□

　　运用组合的知识,这样的搭配共有6种,这里打乱了次序是为了排除人为的影响。

　　(5) 顺位比较式　顺位比较题又称品等题,它是在设计问题时列出若干个答案,由被调查者依自己的喜爱程度定出先后次序。

　　例如:下面是市场上常见的几种洗衣粉,请根据您的印象按优先劣后的顺序给予编号(1～5):
　　□立白　　□雕牌　　□加佳　　□奥妙　　□汰渍

　　3) 量表式问题

　　量表式问题是一种特殊的封闭式问题,常被用来测量消费者对企业及其营销活动的态度、意见和评价等调研项目,是一种消费者心理分析手段和度量工具。

　　(1) 程度评比式测量表　对有些问题的评价,不只是"好"与"坏"、"是"与"非"之间的选择,事实上这种态度有强弱之分,这就构成了程度评比式测量表。这种测量表以中立态度置于中间,以数目相等的肯定态度和否定态度置于量表的两边来测定受访者态度。

　　例如:你认为"格力"牌空调的制冷效果如何?
　　□很好　　□较好　　□一般　　□较差　　□很差

　　(2) 语意差别式测量表　这种测量表是运用成对的语意对立的形容词来测量受访者态度的一种量表。

　　例如:请您按××品牌给您的印象,在下列最能反映您看法的数字上画个圈圈。
　　暗淡的　1　2　3　4　5　6　7　明朗的

现实的	1 2 3 4 5 6 7	幻想的
刚毅的	1 2 3 4 5 6 7	柔和的
正经的	1 2 3 4 5 6 7	幽默的

对测量的结果进行统计分析,就可以得知该品牌在消费者心目中的形象。

(3) 数值分配式测量表　这是要求受访者对调研项目做出评价时给予百分制或十分制数值的一种测量表。

在设计该类测量表时,可以采用两种方式,一种是提问的各项共同分配总量固定为100分。

例如:请您依据自己的判断,对空调机下列属性的相对重要性打分,总分为100分。

有效制冷:	分	功能齐全:	分
有效制热:	分	外观式样:	分
售后服务:	分	价格便宜:	分

统计时,比较各项分值,就可知受访者对某项属性的重视度。如"售后服务"是30分,而"价格便宜"是10分,就可以得知"售后服务"的重视度是"价格便宜"的3倍。

另一种方式是对每个调研项目在100分(或10分)内打分,最高为100分(或10分)。

例如:请您对下列4种品牌的牛奶饮用后的满意程度打分,每种品牌最高为100分。

光明:　　分　　均瑶:　　分　　全佳:　　分　　丰岛:　　分

(4) 李克特量表　李克特量表(Likert scale)是属评分加总式量表最常用的一种,该量表由一组陈述组成,每一陈述有"非常同意""同意""不一定""不同意""非常不同意"5种回答,分别记为5、4、3、2、1,每个被调查者的态度总分就是他对各道题的回答所得分数的加总,这一总分可说明他的态度强弱或他在这一量表上的不同状态,不过也有一些研究认为可以使用7或9个等级。例如,下面是对某航空公司办理乘机手续的一些叙述,请用数字1~5表明您对每种观点同意或反对的强烈程度。1=强烈反对;2=反对;3=既不同意也不反对;4=同意;5=十分赞成。

服务态度很好	1 2 3 4 5
办理速度不快	1 2 3 4 5
排队时间太长	1 2 3 4 5
行李交运较快	1 2 3 4 5
舱位选择比较自由	1 2 3 4 5

根据受测者选择的各个项目的分数计算代数和,得到个人态度的总得分。

(5) 连续评分量表　连续评分量表,也称图示评分量表,是请受访者在一条直线上的适当位置做出标记,以此对被调查对象的某一状况做出判断,通常在直线的两端是相反的极端性描述。例如,请您对一条广告的印象进行评价,并在下列直线上您认为合适的位置画一个小圆圈:

好　　　中　　　差
························
100　　50　　　0

(6) 斯坦普尔量表　斯坦普尔量表(Stapel scale)是将对被调查对象的某个描述(通常是一个具有限定性的形容词或副词)放在量表的中间,在该词的纵向垂直设置-5到+5的10个级别,没有中立点(0点),要求受访者选择一个适当的数字,以此指出对被描述对象的精确与不精确程度。例如,请评价每个词或短语对某航空公司描述的精确程度。对您认为精确描述了这家航空公司的短语选择一个正数,描述越精确,选择的正数数字越大;对您认为没有精确描述这家航空公司的短语选择一个负数,描述越不精确,选择的负数数字越大。您可以选择+5到-5之间任何一个数,+5表示您认为非常精确,-5表示您认为非常不精确。

```
           +5            +5
           +4            +4
           +3            +3
           +2            +2
           +1            +1
    航班时刻准时    糟糕的服务
           -1            -1
           -2            -2
           -3            -3
           -4            -4
           -5            -5
```

以上介绍的几种问题类型是问卷设计中问题的基本类型,有时这些基本类型可以结合起来,构造出比较复杂的类型,但一定要注意回答问题的便利。

下面是一份市场调查问卷实例,供大家参考。

附:

越野旅行服务的市场调研问卷

请您先阅读下面这段话,然后仔细回答下面的问题。

中原越野旅行公司为全国的企事业单位组织的越野旅行服务,与企业组织的风光旅游完全不同,是一种新颖的锻炼企业员工意志的独特的活动。这项活动由专业人员带领,适合10~15人的小组。主要的旅行活动有爬山、涉水、徒步旅行、野营等。预计这项活动的参加者能为企事业单位带来下面的好处:发展内在和外在的职业联系和领导才能;培养员工之间的合作精神和解决冲突的能力;使员工受到体质和精神上的磨炼并留下难忘的记忆。

1. 请问在收到本问卷之前,您是否知道为企业组织的越野旅行活动?
① 是　　　② 否

2. 您的企业组织员工参加过下面的旅行活动没有?
① 风光旅行　　　② 越野旅行

3. 就您所知,越野旅行的参加者对以下几个方面的满意程度如何?(如不知晓,本题可不回答)

	不满意			满意	
食物	1	2	3	4	5
住宿	1	2	3	4	5
活动类型	1	2	3	4	5
总的感觉	1	2	3	4	5

4. 您的企业会对参加越野旅行感兴趣吗?

不可能　　1　2　3　4　5　　可能

如果不可能,请说明原因_____

_____

5. 以下几个方面对您企业文化建设的重要程度如何?

	不重要				重要
(1) 建立职业关系					
企业内部	1	2	3	4	5
企业外部	1	2	3	4	5
(2) 解决冲突	1	2	3	4	5
(3) 培养员工的领导才能	1	2	3	4	5
(4) 观察员工的领导才能	1	2	3	4	5
(5) 使员工从身体上健壮	1	2	3	4	5
(6) 使员工从精神上坚强	1	2	3	4	5
(7) 奖励员工	1	2	3	4	5

6. 您认为前面描述的越野旅行活动对实现以下各个方面是否有帮助?

(1) 建立职业关系　　　　　① 是　　② 否

(2) 解决冲突　　　　　　　① 是　　② 否

(3) 在员工中培养领导才能　① 是　　② 否

(4) 观察员工的领导才能　　① 是　　② 否

(5) 使员工从身体上健壮　　① 是　　② 否

(6) 使员工从精神上坚强　　① 是　　② 否

(7) 奖励员工　　　　　　　① 是　　② 否

7. 您的企业最可能在什么季节派员工参加这种越野旅行活动?

① 冬季　② 春季　③ 夏季　④ 秋季

8. 一年中您的企业可能有几次资助员工参加这种越野旅行活动?

① 1次　　② 2次　　③ 3次　　④ 3次以上

9. 每次估计派多少人?

① 3～7人　② 8～12人

10. 每次参加越野旅行的平均时间是多少?

① 1～3天　② 4～7天

下面的问题跟越野旅行的具体内容有关:

11. 您的员工是否自己准备食物?

① 是　　② 否

12. 您认为越野旅行的强度应是

不紧张艰苦　　1　2　3　4　5　　紧张艰苦

13. 您认为越野旅行应包括哪些活动?

① 爬山　② 钓鱼　③ 徒步行走　④ 野营　⑤ 游泳　⑥ 其他

14. 您认为下面活动的危险程度有多大?

	程度低				程度高
爬山	1	2	3	4	5
徒步行走	1	2	3	4	5
游泳	1	2	3	4	5
钓鱼	1	2	3	4	5
野营	1	2	3	4	5

15. 您的企业哪些员工可能被选择参加这样的活动?
① 上层管理人员　② 财务人员　③ 营销人员　④ 生产人员　⑤ 研究人员　⑥ 其他人员(请注明)

16. 您是否把不同职能部门的员工放在同一次旅行活动里?
① 是　　② 否

17. 您是否认为员工的家属可以参加这样的越野旅行活动?
① 是　　② 否

18. 您认为您的企业参加这种越野旅行活动的可能性有多大?
不可能　　1　　2　　3　　4　　5　　非常可能

19. 您的企业的主要产品类型是什么?

20. 您的企业的员工人数是____人。

21. 请问您的企业在哪个城市?

22. 请问您的企业常为员工组织什么类型的户外活动?

23. 请问您目前的职务。

24. 请您针对越野旅行自由地发表一些看法。

7.3 问卷设计的原则和设计程序

设计合乎要求的问卷,是从事市场调研工作的专业人士所必须掌握的基本技能。为了保证问卷的科学性和有效性,需要专业的问卷设计人员遵循正确的设计原则和科学的设计程序进行设计。

7.3.1 问卷设计的原则

问卷设计是一项技术性比较强的工作,需要经过专业训练并具有一定经验的专业人员来完成,设计者还应遵守一些在长期实践中形成的基本原则。

1) 完整性原则

设计问卷时,首先必须遵守的原则就是围绕调研目标来设置一份完整的问卷。凡是为实现调研目标,必须通过问卷获取的信息,都应以问题的形式设计到问卷中去。同时,问题的备选答案要完整互斥,避免遗漏或相互包含,要遵循分类的两条最基本原则,即"类别完整性"原则和"类别之间相互排斥"的原则。问卷的备选答案一定要做到使每个被调查者都能找到符合自己情况的类别,而且只能有一个类别是适合的。

2) 必要性原则

设计问题的初期,只能围绕着调研目标粗线条地列举一定数量的问题。最后进入问卷的问题数量应该足够多,但又不是多多益善。因为与调查目的不同的问题再多,也不能反映真实的情况,而且占用的篇幅大,被访者回答的问题多,信度与效度都低,调查周期也要增加,得不偿失。因此,调研人员应对每个问题仔细斟酌筛选,直到每个问题都是必要的,可行的。在进行问题筛选时除了使用二手资料调研法外,还应该考虑以下两个方面:

(1) 问题本身的必要性　最终所使用的问题都应该是必要的、有用的,不必要的问题应该舍弃。考虑某个提问是否必要,主要应参照所研究的问题和调研目标,参照其他提问的内容。例如,有一项婴幼儿食品的营销调研,其问卷中有这样的两个问题:"你家里有无小孩?""小孩的年龄多大?"这样的设计就不妥。因为现在研究的是婴幼儿食品的营销问题,其消费只与学龄前儿童有关,没有必要涉及大孩子。如果前一个问题改为"你家里有无学龄前儿童",而舍弃后一个问题,并不影响调查的结果。

(2) 问题细分的必要性　筛选过程包括增加问题和减少问题两个方面。有时,将一个问题分割成两个或几个问题可能更有利于获取确切的信息。例如,"您认为扫地机器人和拖把哪个使用合算?"此题是调研人员想对扫地机器人和拖把进行比较,但是,这两种产品一般是满足不同类型消费者的需求,他们对"合算"的认识会有差异,所以应该分别针对不同的消费者进行信息的收集,这样就可以较为全面地获取不同的信息。

3) 可行性原则

在设计问卷时,应考虑所提的问题在实际用于对被调查者的询问时,是否切实可行,应注意以下几点:

(1) 所提问题应该是被调查者经验和记忆范围内有能力回答的,尽量避免提那些他们不了解或难以回答的问题;要使被调查者乐于回答、易于回答,避免使调查对象对问题感到窘迫;问卷中不得有蓄意考倒被调查者的问题。

(2) 避免提问私人性或可能令人难堪的问题,如果有些问题非问不可,也不能只顾自己的需要而穷追不舍。例如:"您是否离过婚?离过几次?谁的责任?"等,在这种情况下,往往要考虑调查方法的重新设计。

(3) 所提问题要考虑时效性,时间过久的问题容易使人遗忘,逼迫被调查者做过长时间的回忆,往往会使其产生抵制调查的心态。如"您前年家庭的生活费支出是多少?用于食品、衣服的费用分别为多少?"除非极细心的被调查者,否则很少有人能回答上来。

(4) 避免提断定性问题,例如,"您一天抽多少支烟?"这个问题的潜在意思就是"您会吸烟"。而对于一个不会吸烟的人,这个问题就难以作答。因此在这一问题之前可加一判断性问题,即"您吸烟吗?"如果回答"是",可继续提问,否则就可终止提问。

4) 便于整理原则

在问卷的设计中,还要考虑受访者对问题的回答是否便于进行量化统计和分析。如果使用问卷的调查结果是一大堆难以统计的定性资料,那么要从中得到规律性的结论就十分困难,最终不能获得理想的效果。

(1) 对一些能够量化的问题,尽可能采用分类分级的方法列出明确的数量界线,使得所得到的资料便于分析。

例如:您认为一件护肤品的容量多少是合适的?

① 25 克以下　　② 26~30 克　　③ 31~50 克
④ 51~75 克　　⑤ 76~100 克　　⑥ 100 克以上

(2) 对于不易把握的受访者的态度性问题,可以采取态度测量表,将答案用数量的差异或等级的差异表示出来,以利于统计和分析。

5) 非诱导性原则

如果提出的问题不是"折中"的,而是暗示出调查者本人的基本观点倾向和见解,力求使回答者跟着这种倾向回答,那么这种提问就是诱导性提问。

例如:"消费者普遍认为××牌子的冰箱好,您的印象如何?"这种诱导性的提问会导致两个不良后果:一是被调查者不假思索就同意问题中暗示的结论,直接应付了事;二是由于诱导性提问大多是引用权威或多数人的态度,被调查者会产生"从众"心理。另外,对于一些敏感性问题,在诱导性提问下,被调查者不愿表达其本人的想法。因此,这种提问是调查的大忌,常常会引出和事实相反的结论。

6) 准确性原则

这里的所谓准确性,是指提的问题要具体、明确,概念要清晰,设计的问题要与目的相符。

(1) 提的问题要具体,避免提一般性的问题。一般性的问题对实际调研工作并无指导意义。例如:"您认为××牌的摩托车怎么样?"这样的问题就很不具体,很难达到了解被调查者对该品牌摩托车总体印象的预期调研效果。应把这一类问题细化为具体询问关于产品价格、性能、外观、噪音等方面的印象。

(2) 一个问题只能有一个问题点。一个问题如有若干问题点,会使被调查者难以作答。例如:"您为何不看电影而看电视了?"这个问题包含了"您为何不看电影?""您为何要看电视?"和"什么原因使您改看电视?"等。防止出现这类问题的最好办法就是分离语句,使得一个语句只问一个要点。在问卷设计中要特别注意"和""与""……"等连接性词语或符号的使用。

(3) 问卷中使用的概念要清晰,要避免使用有多种解释而没有明确界定的概念。如人们对年龄、家庭人口、收入等问题的理解是不同的。年龄有虚、实之分;家庭人口有常住人口、户口本上的人口和生活费开支在一起的人口之分;收入是仅指工资,还是包括奖金、补贴、其他收入、实物发放折款收入在内?如果问卷中缺乏对这些概念的界定,那么调研结果将是多义的,只会增加调研误差。

(4) 设计的问题要与目的相符。问题与目的不相符的错误主要是一些调研者总是希望通过一个问题收集尽可能多的资料,欲速而不达所致。

例如,调查的目的是了解人们对电视节目的偏好,结果看到的设计如表 7.3.1 所示。

表 7.3.1 观众看电视的情况

节目	经常看	一般	很少看
电视剧	1	2	3
文艺节目	1	2	3
经济节目	1	2	3
新闻节目	1	2	3
教育节目	1	2	3
其他	1	2	3

设计者认为这种设计既了解了人们对电视节目的偏好,又了解了人们看电视的频率。但是应该看到,这种设计不能了解人们对电视节目的偏好,因为"看"和"喜欢"是两回事。准确的设计应该是:

如下电视节目：① 电视剧；② 经济节目；③ 文艺节目；④ 新闻节目；⑤ 教育节目；⑥ 其他。

您最喜欢的是：（　　　　　　　　）

次喜欢的是：（　　　　　　　　）

7.3.2 问卷设计的程序

设计调研问卷是为了更好地收集调研者所需要的信息，因此，在设计调研问卷的过程中首先要把握调研的目的和要求，同时要争取被调查者的充分配合，以保证提供准确有效的信息资料。调研问卷需要认真仔细地设计、测试和调整，然后才可以大规模地使用。通常，问卷的设计可以分为以下几个步骤：

1) 根据调研目的，确定所需要的信息资料

在问卷设计之前，市场调研人员必须明确需要了解哪些方面的信息，这些信息中哪些是必须通过问卷调研才能得到的，这样才能较好地说明所要调研的问题，实现调研目标。在这一步中，调研人员应该列出所要调研的项目清单。例如，某肉类食品厂要了解消费者对本企业产品的反映，那么在确定所要了解的信息资料时，应从以下几个方面考虑：被调查者对本企业产品的购买情况，如购买地点、时间、购买频率、一次购买量等；被调查者对本企业产品的印象，如产品的种类、品种是否丰富齐全，产品的价格、包装如何，广告印象以及对本企业的改进意见等等。这些在问卷设计时都应体现出来。根据这样一份项目清单，问卷设计人员就可以进行设计了。

2) 确定问卷类型及调查方式

这一步骤也是市场调研策划阶段的继续，针对所需了解信息的不同，在问卷类型和调查方式上会有相应的调整。关于各种类型的问卷和调查方式的长处和短处，在前面章节中已经涉及过，在此不再陈述。

3) 确定所提问题

这个阶段的工作是要落实所有的问题和对应的备选答案。它是问卷编制工作的开始，也是问卷编制工作中最重要、最关键的。因为这个阶段工作的好坏决定着问卷的内容是否完备，进而影响着调查访问的质量和资料目标的实现程度。

4) 确定提问方式

每个问题采取何种提问方式最合适，也应该事先确定。考虑这个问题时有几种思路：可借鉴问卷编制者过去曾使用过的提问方式的经验；可参考有关文献中他人的经验；可以事先进行有关提问方式的实验。此外，有的问题在提问时，需要对回答者补充说明或以图示、展示实物等。

5) 斟酌问题措辞

措辞的好坏，将直接或间接地影响到调查的结果。因此对问题的用词必须十分审慎，要力求通俗、准确、无偏见。关于问题措辞应注意以下几点：

(1) 避免使用不精确的用语　调查设计人员对于概念的理解与受访者的理解可能存在差异，如果在问卷中使用不精确的用语，就可能会出现某种误解。

例如，在调查中出现的"经常"一词，可能就会引起一些困惑。在问题"您是否经常使用计算机"中，不同的受访者可能会有不同的理解，有的人认为每天使用计算机才是"经常"，而另一些人可能认为一周有一次使用就属于"经常"，这样，调查上来的数据就缺乏一个统一的

口径。

（2）避免生僻或者过于专业的用语　例如，在对互联网问题进行的调查中，许多受访者对ISP（网络服务供应商）这个缩写并不了解，如果问题询问"您对哪个ISP的服务比较满意"，在调查时就会出现一些困惑。

（3）使用简单词汇　调查中的语句应当越短越好，简单明了的语句不会引起受访者的厌烦，而且不至于引起各种不必要的误解。

（4）避免模棱两可的措辞　调查中要求受访者提供的是明确的回答，所以在措辞中也必须避免模棱两可。例如用户对一项产品的态度可以说喜欢或不喜欢，但如果问其对此产品是否"有一些想法"，则属于模棱两可的问句了。

（5）避免隐含的选择枝　要避免问题中设定的选择项不完全覆盖的情况，例如"您喜欢看什么类型的电影"，在选择项中列举了战争片、武侠片、言情片等等，但受访者的回答可能是"不喜欢看电影"，对于这种隐含的选择枝一定要事先考虑周全。

（6）避免隐含的假设　不要事先假定受访者一定满足某一条件，例如在上一例中，设计者假定受访者是喜欢看电影的，从而提出关于喜欢看什么电影的问题，但实际上这一假设可能不成立。

（7）避免汇总和估计　尽可能不要让受访者去回答一些伤脑筋的题目，例如"您一个月要吸多少包烟"，可以转化成"您每天吸多少支烟"，后一问题对于受访者来说相对更容易回答一些。

（8）避免双重回答问题　在有些问题中，可能同时涉及两项内容，受访者对于其中一项的回答是"是"，而对另一项的回答是"否"，这样的问题就属于双重回答问题。例如问受访者"您是否打算辞掉目前的工作然后去培训班学习"，对于一名准备辞掉工作外出旅游的受访者来说，对此问题就难以回答了。

有些时候为了缩短问卷，也会有意将一些内容合并在一起询问，但在选项中一定要留出有效的回答。例如下列一个问题：您是否用过WPS和Word？

受访者可能只用过其中一个软件，此时就会无法回答。

6）安排问题的顺序

在设计好各项单独问题以后，应按照问题的类型、难易程度安排问题的顺序。

（1）消费者使用状况的问题放在前面，原因的问题放在后面。

（2）关于被访者消费的问题放在前面，收入或拥有状况的问题放在后面。

（3）关于认知、记忆的问题，开放式的问题放在前面，封闭式问题（需出示卡片）放在后面。

（4）能激起被访者兴趣、比较活泼的问题放在问卷的中间。

（5）简单的问题放在前面，比较困难的问题放在后面。

（6）先问行为，再问态度、意见、看法等方面的问题。

7）确定问卷版面格式

问卷的外在质量对于吸引被调查者参与合作具有重要的作用。既然希望对方认真合作，那么问卷本身就应该是庄重大方，以显示对被调查者的尊重。如果是重大调研课题，或者是有实力的执行者或委托者参与的课题，更应该使问卷做到印刷精良，以引起被调查者对调查的珍重感。

就问卷的尺寸规格而言，应该尽可能采用小型纸张。如果页数不多，则可以采用折叠式;如果页数较多,则应装订成册。问卷的每一页都应当印有一个供识别用的顺序号,以免在整理时各页分散。

文字的大小要适当,在行距不使人感到过密的情况下,尽可能把内容排印得紧凑些,尽量减少页数。如果是电子问卷,例如网页问卷,可以在提高受访者便利性的前提下,适当增加内容;或者通过增加高清图片、音视频等非文字的调研内容,提高受访者的兴趣。这样可以给被调查者造成问题不多的印象,以免一开始就产生厌烦情绪。

问题应当只印在纸张的一面,而且必须为答案留出足够的空白,特别是自由回答的问题。

编排应该层次分明,字体的选择要求醒目。例如,问句靠左排,用粗体字;答案靠右排,用细体字。或问题用黑体字,答案用宋体字。对于关键的词或句子还应作画线或加大字号的编辑处理。

如:**您是否使用微波炉**?(粗体字)
    a. 是   b. 否(细体字)

总之,问卷的版面格式,要给人以清爽、轻松和美观的感觉,避免有零乱、拥挤、沉重的压迫感,这点对于访问能否顺利进行,被调查对象是否乐意回答很有关系。

8) 检测、修改并定稿

问卷编写完后只是一个草稿。如果将草稿直接用于现场调研,有可能还会暴露出某些缺点。因此调研人员在使用问卷之前应反复推敲,设想各种可能的情况,如是否包含了整个研究主题,是否容易造成误解,是否语意不清楚,是否抓住重点等。有时可以把问卷交给有关专家或有经验的管理者,请其对问卷草稿提出意见,发现不妥之处及时修改。在条件许可的情况下,最好经过试用,以便对问卷进行实际的检验和评价,这样的效果会更好。

所谓试用就是在被调查者总体中抽取一个小样本,通常是整体抽样样本数的5%~10%,让他们试答。这个小样本不必是随机样本,但要有代表性。试用的问卷回收上来后,要进行逐卷逐题的查阅和统计分析。分析的目的在于总结试用过程中出现了什么问题,并计算回收率和有效率。

回收率是指问卷回收的数量占问卷发放总量的比率;有效率是指扣除废卷后的有效卷占问卷发放总量的比率。回收率低说明问卷设计失败;如果回收率高而有效率低也说明问卷中有需要调整之处。

出现废卷有多种可能,对于不同废卷应具体分析并加以修订。其一是弃而不答。弃而不答的问卷具体又分为两种情况:一是在已答出的问题中间出现一两个未答问题,对此设计者应检讨那些未答题是否不为被调查者所理解,或他们不掌握这方面的信息,或答案设计方式有问题等;二是出现连续成片的未答问题,对此应检讨成片空白的第一个问题是否属于敏感性问题,或者属于较难回答的问题,以至于使其放弃合作。其二是填答错误。属于填答错误的问卷也有两种情况:一是所答非所问,这说明被调查者对问题不理解或有些词语容易引起误解;二是填答方式错误,这主要是由于问卷的填表说明没有交代清楚,或者是填答方式太复杂。

总之,应通过行之有效的方法或途径,分析问卷草稿中的缺陷,并在正式使用之前进行调整和纠正。经修改后的问卷就可以定稿交付使用了。

【本章小结】

调研问卷是市场调研的一般工具。问卷设计决定信息收集的数量和质量,影响调研活动的准确性和效率,同时影响调研目标的达成。依据访问调查的具体方式的不同,把问卷划分为人员访问问卷、小组座谈问卷、电话访问问卷、邮寄和电子网络访问问卷。应注意不同访问方式的问卷设计技术。

一份完整的调研问卷通常由标题、问卷说明、调研项目、被调查者项目、调查者项目等内容构成,在设计时又可根据实际需要有针对性地增删或组合。问卷中问题的形式不一,每一种形式的问题各有其独特的作用。因此,在问卷设计中要特别重视问题设计技术。按照受访者回答的形式,可以把各种形式的问题归纳为开放式问题、封闭式问题和量表式问题三类。问卷设计是一项技术性比较强的工作,设计者还应遵守一些在长期实践中形成的基本原则:完整性原则、必要性原则、可行性原则、便于整理原则、非诱导性原则和准确性原则。通常,问卷设计的一般程序包括:根据调研目的,确定所需要的信息资料;确定问卷类型及调查方式;确定所提问题;确定提问方式;决定问题措辞;安排问题的顺序;确定问卷版面格式以及检测、修改并定稿。

关键概念

问卷 问卷设计 问卷说明 开放式问题 封闭式问题 量表式问题 回收率 有效率

思考题

1. 试论述问卷设计的重要意义。
2. 依据访问方式的不同,问卷有哪些类型?分别谈谈其设计要求。
3. 开放式问题和封闭式问题有什么区别?
4. 问卷通常由几部分构成?
5. 问卷设计应遵循哪6条基本原则?
6. 谈谈问卷设计的一般程序。
7. 假设有一个夏令营的组织者,准备了下面这样一个问卷调查可能参加者的父母。你对每个问题如何评价?
   (1) 您的收入最接近多少?
   (2) 对于您的孩子参加夜间夏令营一事,您是一个强的还是弱的支持者?
   (3) 您的孩子在夏令营里的表现好么?是( ),否( )
   (4) 去年有多少个夏令营向您寄过宣传材料?今年呢?
   (5) 您认为夏令营最显著和决定性的特点是什么?
   (6) 您认为剥夺您孩子通过夏令营生活而成长的机会是正确的吗?

实训题

实训项目:碳酸饮料调研问卷设计。

实训目的:通过实训要求学生初步掌握问卷设计方法,能够根据调研目标确定问题类型,选择提问方式,设计适当问句,合理编排版面,从而培养问卷设计的能力。

实训指导:

(1) 设计的问卷符合调研目标,调查的结果能比较完整地反映出本地区碳酸饮料市场消费者的消费动机和消费行为特征。

调查内容应包括：① 主要品牌碳酸饮料知名度、知名来源；② 消费者购买倾向、时间、场合、频率、数量；③ 消费者使用倾向、时间、场合、频率、数量；④ 消费者对碳酸饮料的特性评价、主要满意点和未满足之需求；⑤ 各主要品牌的竞争态势；⑥ 开发碳酸饮料新品的探索等。

(2) 问卷篇幅适当,结构完整。

(3) 问卷形式恰当、多样,编排合理。

(4) 问句措辞准确、明白易懂。

实训组织：

(1) 将全班同学分成若干小组,每组 5 人,推举组长 1 人。

(2) 组长组织小组成员开展小范围内的探测性调查,了解本市主要超市、食品商店等碳酸饮料销售点销售的碳酸饮料品种、品牌、包装、价格、消费者构成等情况。

(3) 小组讨论,确定本组调查的具体项目,最终由组长执笔完成调查计划书 1 份。

(4) 教师审阅各小组计划书,并提出指导建议。

(5) 每位同学按各组的调查计划,单独设计一份调研问卷。

实训考核：

(1) 对各组的调查计划书进行全班交流讲评。

(2) 每组选出 2~3 篇问卷进行全班交流讲评。

(3) 每位学生需填写实训报告。实训报告应包括：① 实训项目；② 实训目的；③ 实训本人承担的任务及完成情况；④ 实训过程；⑤ 实训小结；⑥ 实训评语(由教师填写)。

8 资料处理与调研报告的撰写

【学习目标】
◎ 掌握并能够运用调研资料初级处理的一般步骤、方法；
◎ 掌握并能够运用调研资料高级处理的一般步骤、方法；
◎ 了解市场调研报告的内容结构及写作要领；
◎ 能够自主撰写调研报告；
◎ 了解调研报告提交要求。

在通过市场调研收集到足够信息后，就进入了资料处理与撰写调研报告的环节。能不能在众多信息中发现最有价值的信息，能不能在众多现象中发现内在规律，资料处理技术和分析判断能力是关键。市场调研的最终成果是通过调研报告体现出来的，如何撰写调研报告呢？本章就资料处理与调研报告的撰写两项关键技术进行分析。

【导入案例】　　　　　　吉列的信息处理能力

1973年，吉列公司通过市场调研发现，在美国8 360万30岁以上的妇女中，有6 500多万人为保持美好的形象，要定期刮除腿毛和腋毛。这些妇女之中，除去使用电动剃须刀和脱毛剂者之外，有2 300多万人主要靠购买各种男用剃须刀来满足此项需要，一年在这方面的花费高达7 500万美元。相比之下，美国妇女一年花在眉笔和眼影上的钱仅6 300万美元，染发剂为5 500万美元。毫无疑问，这是一个极具潜力的市场。

根据调研结果，吉列公司决定生产女士刮毛刀，并且精心设计了新产品。它的刀头部分和男用剃须刀并无二样，采用一次性使用的双层刀片，但是刀架则选用了色彩鲜艳的塑料，并将握柄改为弧形以利于妇女使用，握柄上还印压了一朵雏菊图形。

1974年，吉列公司向市场推出了"吉列"女士刮毛刀。产品推向市场后，受到妇女们的欢迎，不久，"吉列"女士刮毛刀便风靡整个美国。"吉列"女士刮毛刀的推出是吉列公司在充分市场调研的基础上，及时处理市场信息，从而为经营决策提供了正确的决策依据。

8.1 资料处理

通过前面几章所述的步骤，已经可以收集到企业所要收集的各种各样的信息资料，但为了使资料为企业所用和能被企业正确使用，为企业正确决策提供准确的依据，就应该客观、科学地处理资料。调研活动收集到的各种原始资料，只有经过进一步的处理与分析，才能从中获得有益的信息，从而发挥这些资料的功能。在进行资料处理时，先是初级处理，然后再是高级处理。

8.1.1 初级处理

通常,调查所得资料总是显得杂乱无章,不容易看出事物之间的本质联系,更难以直接被利用,必须经过处理,才便于储存和利用。调研资料的初级处理是对原始的调研资料进行校验、分类、统计,转换为可供分析的资料的过程,是进行调研资料分析的基础。

1) 调研资料的校验

大量的原始资料直接来源于被调查者,这些资料中难免会出现这样或那样的错误,所以必须对调研资料进行校验。资料校验是对资料进行的检查,检查资料中是否存在重大问题,以决定是否采纳此份资料的工作。这项工作可以在现场进行,也可以在办公室进行。现场校验对个人访问特别重要,因为调查者在访问时很难填满整个问卷,多半是用常用的记录符号来记录答案的,因此在访问后应尽快校验。在进行小组访问时常有多个调研人员,各人负责的方面不同,而调查小组的主持人要督促其他人及时校验,尽量防止可能出现的问题。办公室进行的校验是在收到所有邮寄问卷、访问记录或电话记录后,进行的综合的校验。

在资料校验过程中,校验人员应先检查如下问题:

(1) 被调查者的资格,即被调查者是否属于规定的抽样范围。
(2) 资料是否完整清楚。
(3) 资料是否真实可信。
(4) 资料中主要的关键的问题是否回答。
(5) 资料中是否存在明显的错误或疏漏。
(6) 检查调查员的工作质量。
(7) 检查有效资料的份数是否达到调查设计的要求比例。

造成资料中出现问题的原因是多种多样的,可能是资料设计的问题,可能是调查方式或被调查者态度等问题,但验收人员的任务不是探索造成问题的原因,而是怎样发现问题并处理问题。验收人员应首先校验资料中的重大问题,然后校验人员再对资料进行细致的检查,排除错误和疏漏,以保证资料的正确性和完整性。

检查过程中常会遇到以下问题:

(1) 访问作假 在访问问卷中出现不寻常的一致性和不一致性,可能是由于访问员编造问卷答案作假造成的。因此,发现这种行为时应仔细检查,剔除作假问卷,及时替补调研问卷,并追究访问员的责任。

(2) 错误的回答 比如年龄为 300 岁,可能是访问员笔误,需要进一步核实。

(3) 不一致的回答 如被调查者在某一问题中回答家中无子女,而在另一问题中却提到子女的年龄和姓名。校验人员可以据此判断前一问题的答案是错误的。

(4) 不完全的回答 如被调查者可能列出了所知道的洗发水的品牌,而忘记列出最近 3 个月所使用的洗发水的品牌。

(5) 难以分辨的回答 如果邮寄问卷的答案是手写的,可能由于字迹潦草,一些问题的答案难以分辨,校验人员只好把这些答案扔掉。开放式问题越多,难读的答案可能就越多。

(6) 答非所问的回答 如问经常使用哪些品牌的洗发水,答为目前使用的洗发水品牌。

(7) "不知道"和没有答案 在回答"不知道"时,表明被调查者未对所问问题形成一个答案或观点。没有答案则可能是被调查者没有回答或者访问员忘记记录。不回答的情况一般有 3 种:一是被调查者不理解所问问题,不知如何回答;二是被调查者确实难以给出答案;三是被调查者不想回答,答成"不知道"或不回答,以避免访问员的进一步询问。

对于调研资料中出现的问题,为保证资料的真实性,校验人员应使用红笔统一标记,尽量避免直接修改资料的内容。

在校验资料过程中,应注意以下几项原则:

(1) 记录的正确性　校验人员应对资料仔细校正,检查调查资料是否合乎调查要求,如对答案持有怀疑,应立即予以澄清纠正,剔除不可靠的资料,使资料更加准确。

(2) 记录的完整性　调研问卷的所有问题都应有答案,如果发现没有答案的问题,可能是被调查者不愿意或不能够回答,也可能是访问员忘记提问或记录。校验人员应询问访问员有无遗漏。如果遗漏,访问员能够回忆起答案,则补填空白问题;如无遗漏或者访问员不能回忆起答案,则可考虑向被调查者再次询问。对于匿名被访者,只能放弃补充答案。

在问卷中经常出现一些"不知道"的答案,如果其所占比重不大,可以单独列出,如果所占比重过大,就会影响到调研资料的完整性,因此应适当加以说明。处理"不知道"答案的方法有3种:① 单独列为一项。② 按比例分配到其他答案项下。③ 根据其他答案的百分比分布来推测与"不知道"答案最接近的答案项目,将之归并。

(3) 记录的一致性　对每一份问卷都应详细校验,检查答案是否前后一致。例如在某一问题的答案中,被调查者说明在超市购买洗发水,但在另一个问题中却说经常在杂货店买日用品,这个被调查者的两个答案显然不一致,至于哪一个答案正确,需要校验人员决定是否再向被调查者询问,否则该问卷只能作废。

(4) 记录的易读性　应该保证调研问卷中资料清楚易读。如果答案不清楚,如是由被调查者填写的,在时间允许的情况下,可寄回原处或派调查员前去复核更正;如由调查员填写,应及时请其辨认。

2) 资料的分类

资料的分类是为了资料的储存和利用,调研人员根据调研主题和具体问题的需要,将所收集的调查资料进行逻辑排列。即将校验过的资料按照一定的逻辑顺序排列,如按问题类别、调查对象、地区所属、数字顺序、时间顺序等进行归类和排列。

(1) 将量化资料进行分类　在很多情况下,问卷中的问句本身就已经对答案进行了分类,这样,只需汇总即可。

如:请您指出您的月收入在哪个范围?

少于5 000元;5 000~10 000元;10 000~15 000元;15 000~20 000元;20 000元以上。

但如果问题是"请您指出您在今后两年中的月收入。"其回答的答案是一个具体数值,如12 000元,这就需要对所回答的答案根据调查分析的需要,按照答案显示的某种规律,选择适当标志进行分类。

在通常情况下,量化资料的分类要注意以下几个方面的问题:

① 分类标志应根据研究的目的、主题和统计分析的要求而定,如收入、销售量等。

② 分类间隔要使最常出现的答案在中间。比如,如果有许多人回答他们的月收入在13 500元左右,另外一些人回答他们的月收入在17 200元左右,分类间隔应是10 000~15 000元、15 000~20 000元等。而使用10 000~14 000元,14 000~18 000元等就不太合适。

③ 分类间隔要相互排斥和全面涵盖,以方便被调查者回答。比如,答案仅有10 000~15 000元、15 000~20 000元、20 000~25 000元时,就会使少于10 000元或多于25 000元的被调查者无法进行选择。

④ 分类间隔多比分类间隔少好。如果分类间隔多,可以减少综合的困难,如果分类间隔少,则可能影响分析。如把收入分为少于10 000元和高于10 000元就太粗略,难以说明问题。

⑤ 学会使用复合分类。在调查人员还不能有确切的分析把握的情况下,应该使用复合分类,以便进行符合主题的分析。

(2) 对定性资料进行分类　定性资料的分类比较繁杂,同样要根据研究目的、主题和统计分析的需要确定分类标志,进行分类汇总。但分类时应注意以下问题:

① 在分类前,看是否有一定量的回答存在。

② 分类标准与其他的资料相适应以利于比较。

③ 分类是简洁和互斥的,每个回答只能放在一个间隔里。

④ 分类涵盖所有可能的回答。通常用"其他"来包括所有没有指出的答案选择。

⑤ 也可进行复合分类。

⑥ 对开放性问题,通常不是要求被调查者从备选答案中做选择,因此答案会各不相同,只能由研究人员根据研究的实际需要进行分类。

(3) 对数字量表的归类　调查中经常会使用各种态度量表衡量被调查者的态度和倾向,在统计资料时,将已经进行了分类的问句答案,根据每个问句的类型进行归类即可。

3) 调查资料的统计

对资料的统计和初步分析在市场调研过程中十分重要,它是资料收集、处理与研究发掘之间的连接器,其质量的高低,直接关系到调查工作的成败。

在市场调查中,研究人员面对一堆问卷问题,或者是一摞记录本,是无法直接进行进一步研究的,必须将项目问题的答案数进行统计或将意见相同的人数进行统计之后,才可能进入下一步研究工作。

资料的统计是必不可少的,统计的方法也很多,对于企业常用的单变量数据分析,通常可使用集中程度分析和分散程度分析,同时为了便于直观地描述与分析,还经常使用统计图表。

第一类分析,集中程度分析。集中程度分析就是找到一组数据的代表值,用典型的代表值判断所调查数据的全貌。常用的集中程度分析技术是百分数和平均数。

(1) 百分比法　定量分析的资料,很多时候,只有在与其他的资料进行对比时才会显出它的重要意义。这种对比经常是使用"百分数"的形式来进行的。

① 百分比的一般概念和意义:百分比是表示在100当中所占有的单位数目。百分比的用途主要有两点:一是说明在整体当中所占有的份额;二是说明增加或减少的幅度或比例。为了明确起见,各举例说明。

例1:计算份额式比例。

实地走访的"橘子"零售商店共有30家,其中只有10家商店准备在下季度补充"橘子"的进货。求出百分比是:(10/30)×100%=33.3%。

计算结果表明,下季度需要补充"橘子"进货的商店约占全部经营这种水果的零售商店的33.3%。

例2:计算增加或减少的幅度。

假定某种产品的进口数量从2015年的10万吨已增长到2019年的18万吨。如果要用百分比说明它的增长幅度,就要用它的基础年份(2015)的进口数量(100 000)和实际增加的数量(180 000－100 000＝80 000),求出百分比:(80 000/100 000)×100%＝80%。

计算结果表明,2015—2019年该产品的进口增长幅度是80%。

② 百分比的适用范围:通常,百分比在实际运用时主要运用于以下几个方面:

a. 了解并比较各相同子群在总体中所占比例:假定有A、B两个市场都购买本企业彩电。在B市场里,拥有彩电的家庭共有900万户,在A市场里,拥有彩电的家庭共有1 000万户,绝对数量显然较多些。光凭这两个数据进行对比能否断言B市场彩电市场的发展潜力比A市场要大呢?有可能如此,但实际也可能并非如此。如果计算出拥有彩电的家庭在该市场全部家庭的总数所占的比例,然后再作对比,说不定会发现另一种情况。计算结果表明,在B市场里,拥有彩电的家庭已占家庭总数的90%;在A市场里,拥有彩电的家庭只占家庭总数的70%。二者对比之后可以看出,A市场的彩电看来还未到达饱和状态,因此,发展潜力要比B市场更大些。

b. 以百分比为基础推算代表总体的数目:例如:走访南京市1 808位18岁以上男性之后,得知不抽烟的占56.4%,当地18岁以上男性有1 276 780人,由此推算不抽烟的18岁以上男性约为720 103人。

c. 比较事物变化情况:各类数字统计资料,如进口、销售、经济增长情况和价格等,随着时间的推移总会发生某些增减的变化,这种增减情况常常可用百分比的方法加以具体说明。

例如,市场调查结果表明有关某国天然橡胶的进口消费情况如下:

2010年为206 000吨,2014年为268 000吨,2018年为312 000吨。

从绝对数字来看,每个时期的实际消费量均有一定的增长,如2014年比2010年增长了62 000吨,2018年又比2014年增长了44 000吨,但是,如果用百分比对比2010—2014年和2014—2018年这两个时期的增长情况,就会明显地发现增长的比例不是增加了,而是差不多减少了一半,即从30%减为16%。

d. 说明事物变化的速度:每当需要根据系列资料分析某个时期的变化情况时,与其说是使用"百分比",倒不如准确地说是经常使用"递增率"或"递减率"等概念加以说明。

③ 在使用百分比法时,应避免犯以下错误:

a. 使用基数不能太小,否则,很容易给人造成夸大事实的印象,以致产生误解。

b. 不能忽视绝对值变化、使用百分比对比增长变化情况时需注意:基数的数值趋向增大,所求得百分率的数值就趋向缩小。从10万增加到20万,增长率就是100%;但从100万增加到150万,增长率只有50%。可是增长的实际数值后者却要比前者大得多,并且,可能包含着某种更为重要的意义。不妨试想一下,如果某种产品在当地市场的销售数量每年增加100万吨,而在别处市场的销售数量只能增加50万吨,即使前者的增长率不及后者的一半,但相比之下,前者的发展前景显然比后者会有更大的吸引力。因此,在使用百分比对比增长变化情况的同时,如果忽视了增长的绝对数值,显然是犯了片面性的错误。

c. 谨慎选用基数:计算变化幅度时,对增长幅度的变化,应选择较小的数值作基数;对减少幅度的变化,则应选择较大的数值作基数,因为减少幅度绝不会超过100%。

d. 把基数不同的百分比加以平均:基数不同的百分比除非经过加权,即经过调整以反应基数大小外,不应当加以平均。如调查员走访1 000名男女小学生吃巧克力的习惯,调研报告是1 000人之中有80%表示他们每周吃1次。但是详细观察调查数字,仅有70%的男同学每周吃巧克力1次,女同学却高达85%。因为调查员未依男女同学人口比例进行抽样,不能代表当地总体小学生之人口结构。加权方法为

15%×95%+85%=12.75%+85%=97.8%(15%为差异权数)

(70％＋97.8％)÷2＝83.9％

因此,较正确的说明是:83.9％的小学生每周至少吃巧克力1次。

(2) 指数法　每逢需要比较过去某个时期用数字资料表明的各种变化情况时,常会借用"指数"这一概念进行对比说明。这些用数字资料表明的各种变化情况总是离不开它的基础年份。把基础年份的数据算作为100,其他相继年份的数据则换算为它的百分比,以了解其间的变化情况,即称为指数。

例如,假定以2008年作为基础年份,需要计算出2019年世界铁矿砂的产量指数。若知道2008年某国铁矿砂产量是500万吨,2019年增至810万吨,有关指数的具体计算方法是:(810/500)×100＝162。

计算结果表明,如果2008年某国铁矿砂产量为100,其2019年的指数就是162。

请注意,如果指数的读数少于100,这表明出现了某种程度的降低。如果指数的读数大于100,则表明出现了某种程度的增长。例如,上述指数的读数为162,这表明2019年产量的增长幅度是62％;如果指数读数为262,这表明增长幅度为162％;如果指数读数为62,则表明产量下降了,降幅为38％。但是,每当借用指数来对比说明某种变化情况时,必须同时注明具体的基础年份。

(3) 平均数法　平均数是分析市场调查资料时经常使用的工具之一。通过大量资料而计算出来的每个平均数据都具有"代表性的价值",对说明具体市场的特点和预测未来变化趋势均有很大的作用。

如果要求使用计算平均数的方法整理有关各项原始材料,市场调查人员则应该具备更多的不属于本书范围的数理统计知识和技巧。但是,市场调查人员经常可以使用较为简单的数学计算方法去求取所需要的平均数据,同样能得到良好的效果。

重要的平均数主要有3种:算术平均数、中位数和众数。

① 算术平均数:计算方法是将各项数值的总和除以这些数值的项数,所求得的商数,就是这几项数值的算术平均数。

算术平均数在资料统计工作中的用途主要表现在以下几方面:

a. 计算居民人均收入状况,以了解居民购买力水平,对比不同地区的贫富程度和市场发展潜力。

b. 计算人口、销售等的"平均增长率",通常以1年的数据为基础进行计算。

c. 计算平均购销金额、周期平均数和单位价值等。

应注意,只有在各项数值彼此相差不大的情况下使用算术平均数法才能起到良好的作用。因为算术平均数最大的弊端是:十分容易受到其中大小两极数值差异的影响,因而未必具有真正的代表性。例如,假定有两个地区,二者人口总数相等,按人口平均计算的地区人均年收入也相同,大约是40 000元的水平。A地区属中等收入的人数所占的比例很大,反映出这个地区人均收入的分配较为均衡,但在B地区,属中等收入的人数所占的比例很低,高薪阶层的人数所占的比例也不算高,大部分都是属于收入较低的家庭,反映出这个地区的人均收入分配极不均衡。两相对比,很明显,生活在A地区的人一般要比生活在B地区的人较为富裕。同时,也可说明这样的道理,即使两个地区的人均收入相同,也不意味着这两个地区的市场发展潜力就不存在某种甚至是较大的差别。

② 中位数:当资料数字依照大小顺序排列时,中位数就是中间那一个数目。例如,可以用中位数来具体说明某个地区的中等的工资收入水平。"人均中等收入",是指比该地区半

数人口的工资收入要高,但比其他半数人口收入较低,介于两者之间的工资收入水平。

每当有关的各项数值彼此相差甚大的时候,取其中位数作为它的平均数,较取其算术平均数会更有助于确切地说明问题。因为中位数一般不会受极端数值所影响。参考以下实例,便可明白。

假定经过实地调查,了解到全部走访的11家公司的现有员工人数具体情况如下:

公司名称:	红发	凯达	洁雅	胜利	长庆	宏发	三江	佳友	华胜	友谊	金茂
员工人数:	3	8	9	10	10	11	13	12	50	100	22

如果使用算术平均数去说明各家公司平均现有员工数,计算结果表明大约是22人。但是,如果取其中位数作为它的平均数去说明情况,所得到的数据是11人。两相对比,显然后一个数值(中位数)较为确切地反映客观实际情况。另外,还可以看到,即使其中华胜、友谊两家公司的员工人数增加很多,根据中位数所确定选取的数值依然是11,丝毫没有受到有关大小两极数值变化的影响。但是,如果换作算术平均数那就情况不同了,它必然会随着大小两极数值的增加而发生相应的变化,因而所提供的情况与实际情况的差距也就变大。

③ 众数:在一组资料中出现次数最多或最常见的数值,称为众数。在很多情况下,众数比算术平均数或中位数更常被使用。例如,某家公司经过实地调查之后,了解到在当地市场销售的某种产品的销售价格共有好几种。当要进一步深入分析究竟在其中哪一种销售价格下的销售数量最多、销售速度最快的时候,只有采用众数才能说明实际情况,而算术平均数和中位数这时就显得无能为力了。

在使用算术平均数、中位数及众数时,要计算离差及偏斜度,以测定平均数之代表性。如果离差数值很大,偏斜度太高,使用算术平均数、中位数或众数作统计推论时,就应特别注意,不可随意使用(此部分请参看《统计学》)。

第二类分析,分散程度分析。分散程度分析是判断一组数据相对于集中程度数据的偏离程度,是反映调研对象的差异状况。一组数据的集中程度分析的代表性如何,要由分散程度分析来验证。一组数据的分散程度越大,则集中程度分析的结果代表性就越小;反之,则越大。通常进行分散程度分析的工具包括异众比率、四分位差和标准差。

(1) 异众比率 异众比率是总体中非众数次数与总体全部次数之比,主要用于衡量众数对一组数据的代表程度。异众比率的意义在于指出众数所不能代表的那一部分群体在调查对象中的比重。异众比率越大,说明非众数组的频数占总频数的比重越大,众数的代表性就越差;异众比率越小,说明非众数组的频数占总频数的比重越小,众数的代表性越好。异众比率公式如下,其中 V_r 表示异众比率,$\sum f_i$ 为研究值的总频数;f_m 为研究值的众数组的频数。

$$V_r = \frac{\sum f_i - f_m}{\sum f_i}$$

例如,某产品的购买者共有36万人,其中男性27万人,女性9万人,则其异众比率为 $(36-27)/36=0.25$。

(2) 四分位差 四分位差是舍弃研究值中的最大与最小的四分之一,仅体现中间部分的资料的极差,反映了中间50%数据的离散程度。四分位差数值越小,说明中间的数据越集中;数值越大,说明中间的数据越分散。四分位差不受极值的影响。四分位差的计算过程是:

第一步,排序;

第二步,求出位置;

第三步,求位值;

第四步,求四分位差。

其中,位置的计算方法与中位数的计算方法一样:

Q_1 位置＝1(n+1)/4

Q_2 位置＝2(n+1)/4＝(n+1)/2＝中位数值

Q_3 位置＝3(n+1)/4

例如,某企业开展了一次测试,一共10题,每题只有"是"和"否"两个选项。邀请了8位受访者,他们回答"是"的题目数量为:4,4,5,6,8,9,9,10。则四分位差计算过程为:

第一步,排序:4,4,5,6,8,9,9,10。

第二步,求出位置。

Q_1 位置＝1(n+1)/4＝1(8+1)/4＝2.25

Q_2 位置＝2(n+1)/4＝(n+1)/2＝(8+1)/2＝4.5

Q_3 位置＝3(n+1)/4＝3(8+1)/4＝6.75

第三步,求位值。

Q_1＝4+0.25(5-4)＝4.25

Q_2＝6+0.5(8-6)＝7

Q_3＝9+0.75(9-9)＝9

第四步,求四分位差。

Q＝Q_3－Q_1＝9－4.25＝4.75

获取四分位差后,可以计算组距如下:

Q/2＝4.75/2＝2.375

Q_1＝7－2.375＝4.625

Q_3＝7+2.375＝9.375

说明受访者只有一半人的结果落在4.625～9.375的区间内。

(3) 标准差　标准差,又称均方差,是离均差平方的算术平均数的平方根,用 σ 表示。标准差是方差的算术平方根。标准差的计算方式已经在上文表述,此处不再赘述。

第三类分析,统计图表法。统计图表法是将调研资料所包含的各种关系用图或表直观地反映出来。统计图的主要形式有简单曲线图、复合曲线图、简单柱状图、复合柱状图、静态百分比图和动态百分比图等。曲线图一般用于表示一组数据的变化状况;柱状图一般用于表示一组数据的比较;饼图一般用于表示一组数据的占比情况;组合图用于对一组数据或多组数据在同一图上的展示。

应用统计图表法时应注意:题材必须使人一目了然、简明易懂,标题必须表达完整的内容精髓,必要时可适当注释;图中所记载资料按一定的逻辑顺序排列,如按数值大小、时间、地区等排列;图中互不相同的栏目必须画线区分;准确标明图中相关栏目名称及计量单位;注明资料来源,以便核对。

当今企业的各项决策越来越强调科学性,因而对调研信息的定量分析越显重要,而使用现代信息技术处理数据,可以大大提高信息处理的效率。

目前,企业数据分析工具中最常用的就是Excel,几乎可以完成所有的企业市场调研数据的统计分析工作。另外,企业还可以利用一些专用的数据分析工具,例如,SPSS(Statistical Product and Service Solutions)是目前使用最为广泛的数据统计分析软件,采用类似Excel表格的方式输入与管理数据,数据接口较为通用,能方便地从其他数据库中读入数据。SAS(Statistics Analysis System)是一个模块化、集成化的大型应用软件系统,功能包括数据访问、数据储存及管理、应用开发、图形处理、数据分析、报告编制、运筹学方法、计量经济学与预测等,曾被评选为建立数据库的首选产品。BMDP(Bio Medical Data Processing)为常规的统计分析提供了大量的完备的函数系统,如方差分析、回归分析、非参数分析、时间序列等,目前在国际上与SAS、SPSS被并称为世界级的三大统计工具软件。另外,大数据技术的引入,也为市场调研提供了更强大的信息洞察力。

调研人员可以根据自身状况和企业调研要求,使用这些数据分析工具,为有效调研服务。

8.1.2 高级处理

1) 调研资料的分析判断

在对调研资料进行处理之后,纷繁复杂的数据和市场现象变为系统的资料,接下来的工作就是调研人员对资料进行分析,从而发现事物、现象之间的联系。

(1) 资料分析的含义及功能　一般来讲,事实本身和经过统计的资料是不能直接使用的。这些资料只有经过研究人员的分析判断后才会有用。分析是把事物、现象、概念分成较简单的组成部分,找出其中的规律。例如,某化工公司新老洗衣粉品牌产品销售情况如表8.1.1所示。

表8.1.1　某公司新、老品牌产品2年销售情况统计表　　　　　　　　　　　单位:箱

品牌	1	2	3	4	1	2	3	4
老品牌	20 550	19 350	17 100	15 400	15 150	14 550	13 200	12 150
新品牌	1 350	3 300	15 900	37 950	60 000	69 600	79 500	91 500

公司营销部门经理从表中资料分析发现:老品牌的销售量2年来逐季缓慢下滑,新品牌的销售量逐季迅速上升,而且老品牌的销售量逐季下降与新品牌的销售量的上升有惊人的吻合。这就是分析。

(2) 单个问题的表格化分析　调查数据资料分析的第一步,通常是对每个问题的单独分析,常用的方法是频率分布分析和平均值分析。

① 频率分布分析:它是指出每个问题中各备选答案被选择的数量,如表8.1.2中应答者家庭中有无录像机的数目及其分布百分比,从而反映出被调查者家庭录像机的拥有比例。由表中可以看出百分比在对数据进行分析、判断时比回答绝对数量更直观、更方便。

表8.1.2　家庭有无汽车频率分布

有无汽车	回答频率	百分比(%)
有	220	29.33
无	530	70.67
合　计	750	100

② 平均值分析:对有些问题,特别是有关被调查者态度的问题的回答,常需用某个简单

数据,如样本平均值来进行描述,如表 8.1.3 所示。

表 8.1.3　对有关汽车看法的平均值分析

问　题	总平均值	分组平均值		差　别
		有汽车	无汽车	
汽车是必需品	4.6	5.6	4.0	1.6
汽车价格太高	5.3	4.1	6.0	−1.9
国产汽车尚可	3.9	4.2	3.7	0.5
调查人数(人)	750	220	530	

表 8.1.3 中描述了人们对与汽车有关问题的看法的平均情况。问题收集时,使用的是赖克梯量度表(完全同意 7 分,完全不同意 1 分)。第一栏数据给出了 750 位被调查者回答的总平均值。结果表明:总的来说,被调查者认为家庭需要汽车;汽车目前的价格太贵;对国产汽车的质量稍有不信任感。而按家庭是否有汽车来分,被调查者的回答又有一些差距:有汽车的被调查者认为家庭需要汽车的反应更强,汽车目前的价格稍贵,对国产汽车的质量有些不信任感;无汽车的被调查者认为家庭有无汽车并不十分重要;汽车目前的价格太贵;对国产汽车的质量稍有不信任感。

(3) 多问题和多因素的综合分析　资料分析的第二步是对每个问题针对不同的被调查者类型进行分解分析。对被调查者的分类有各种方法,如按年龄范围、职业、收入水平、文化程度等对顾客进行分类。表 8.1.4 对影响消费者购买保险的因素结合职业进行分析。

对多问题和多因素的综合分析,要根据实际情况选择与调查目的有关的因素。在简单的事实收集中,要考虑的因素是已知的,调查者只是把资料按需要的形式进行组合。在描述性的研究中,调查者有较大范围来选择使用的因素,但使用因素仍取决于调查委托人的要求和调查者直观的探索。在探索性的研究中,调查者可凭直觉选择所有可能的因素,但不管调查者有多大的自主权来选择,这些因素都应当在资料收集之前决定。

表 8.1.4　结合职业对影响消费者购买保险的因素分析

影响因素	工人	公司员工	机关人员	教师	学生	军人	其他
险种丰富程度							
条款清晰度							
价　格							
销售代表专业程度							
手续简便程度							
理赔速度							
企业声誉							
其　他							

调查资料的分析判断还可进行假设检验、多变量的分析等高层次的分析，读者可参阅其他有关教材专著等书籍。

2) 研究发掘

(1) 研究发掘的概念　可以这么说，市场调研的全部意义在于对资料进行客观、科学、合理的研究，进而得出恰如其分的调研结论和建议。对资料的研究发掘需要充足的资料、合理的模型、敏锐的思维、细微的观察、高超的综合能力，所以，它是市场调研最具有挑战性的环节，也是决定市场调研好坏优劣的关键环节。

表 8.1.1 例中某化工公司，检查发现了该厂洗衣粉销售量的异常情况，经分析老品牌产品和新品牌产品在过去 8 个季度里销售量的变化，公司营销部经理发现，老品牌的销售量的下降与新品牌的销售量的上升有惊人的吻合，因此，他在分析后得出了结论：老品牌产品的顾客转向了新品牌产品，并且建议在这个时刻让老品牌洗衣粉退出市场，这就是研究发掘。

(2) 对资料进行研究发掘的一般方法　对资料进行研究发掘尽管没有一个统一的模式可遵循，但归纳推理方法、演绎推理方法是两个最基本的方法，是常被用来从资料中获得结论推断的方法。此外，创造性的分析方法也很重要。

① 归纳推理方法：归纳推理法是把一系列分离的事实或观察到的现象放在一起从而得出结论。如铁是导体，铜是导体，得出金属是导体。归纳推理方法首先产生一系列个别的前提，然后把这些前提与其他前提组合在一起，得出结论。这些个别的前提可以从观察、实验、调查中获得。例如：某个计算机方面的调查表明，在 500 个被调查者中，有 200 人说可能购买联想计算机。根据这 200 个个别的发现，可以得出下面的结论：大约有 40% 的消费者在购买计算机时会选择联想品牌。

在归纳推理法中，任何结论都是从观察、实验或调查的事实中得出的证据。市场调研中通过对大量个体的调查研究得出一般性结论的方法，使用的就是归纳推理方法。

② 演绎推理方法：演绎推理方法是从一般的前提推出个别结论的方法。其结论取决于大前提和小前提。

例如：金属能导电（大前提），铁是金属（小前提），铁能导电（结论）。

演绎推理过程包括一系列的语句，其中最后一句是结论，它是从前提逻辑地推理出来的。前提的正确性决定结论的正确性。然而在管理方面的应用中，演绎法的大前提常常不是很可靠的。

例如：存款利率下降时，居民储蓄存款会减少（大前提）。某年，存款利率降低（观察到的事实，小前提），因此，银行存款额会减少（结论）。

又如：40% 的消费者在购买计算机时会选择联想品牌（大前提）。预计明年会有 100 万户购买计算机（事实预测，小前提），明年联想计算机的销售量可能是 40 万台（结论）。

在上述两个例子中，结论是从大前提和小前提逻辑推理出来的。但实际结果常常与上面的结论有一些差别，有时甚至差别很大。例如，虽然存款利率下降，但人们对未来预期不乐观，在医疗、保险、教育、住房等方面需要很大的支出，因此，银行的存款可能不会下降，反而会上升。又如，由于联想计算机竞争对手实力的增强、服务的改善、产品价格的下降，使得在 100 万的计算机消费者中，只有 35 万购买联想计算机。因此，尽管演绎推理法可用在资料分析中，但必须明白其使用的前提常常是较脆弱的，不能作为制定经营决策的唯一参考依据。

归纳推理方法和演绎推理方法常是相互作用、相互补充的。演绎推理法中的前提常是从归纳推理中得出的。比如通过归纳推理得出的结论"夏天是旅游旺季"可以作为演绎推理的前提,因为这个归纳结论是通过观察数年来每年各季节旅游人数而得出的。

在使用推理方法时,要建立适当的证据,使从这些证据推导出的结论更富有逻辑性。这种逻辑过程不仅对研究者是明显的,而且对任何其他人也应是明显的。演绎推理方法中的前提必须是正确而有效的,而在归纳推理方法中的前提则需要充足且真实的证据。

③ 创造性的分析方法:在市场调研活动中,对调研结果进行创造性的分析,可以开阔视野,挖掘出事物内部更深层次的规律,使市场调研水平大大提高,从而为企业提供更具指导意义的经营决策。

(3) 结论的客观性　研究者进行研究时的客观态度对资料的收集是非常重要的,这种对客观性的要求在对资料的解释中更重要。由于研究者控制着要解释的资料,他们可能会把那些跟他们预计结果相悖的资料搁在一边。

理想的研究课题要求研究者始终保持完全客观的态度。但在实际生活中,这是难以完全办到的。一位经理对他自己提议的某个产品方案进行市场检验时,他会客观到什么程度呢?一个广告公司预测该公司为顾客制定的广告的有效程度时,广告公司会客观到什么程度呢?

要求研究者必须绝对客观,否则研究就不该进行,这种想法是不实际的,因为研究者对研究结果没有自己的意见或没有个人兴趣是不可能的。但要求研究者把这些个人兴趣放在第二位,因为研究不是为证明某一观点而进行的,研究的目的在于客观地调查某个情形的所有方面。

8.2　市场调研报告的撰写与提交

市场调研报告属于调研报告的一种类型,它主要以书面形式对某项市场调研活动的目的、方法、实施、结果等加以直接反映,是评判一项市场调研活动质量高低的重要标志,更是有关管理者、决策者进行相关管理活动特别是进行决策的重要参考依据。因此,其撰写的质量及讲解的水平,直接关系到对一项市场调研成果的认识与利用。本节探讨的主要内容便是市场调研报告的内容结构,撰写调研报告应注意的问题及调研报告的提交等等。

8.2.1　市场调研报告的内容结构

所谓内容结构,就是考虑先写什么后写什么、详写什么略写什么、如何开头、如何结尾等等。虽说市场调研报告的内容结构不会是千篇一律,一成不变的,但基本上可分解为下列5个部分:

1) 调研活动说明

这是给委托研究的人或单位的说明,主要描述研究开始的情形以及完成的情况。该说明是对研究工作完成的正式认可,通常放在市场调研报告正文的开头,主要包括以下内容:

(1) 本次调研的起因、目的和中心问题　如用"按总经理的指令""受××公司委托"等语句点出起因,用"对××××问题进行调研"等语句点出调研的中心问题,用"以了解××××,为了××××"等语句点出调研目的。其长度和深度取决于读者的特点和性质。如果报告是给已经对企业背景和市场问题熟悉的人看的，这部分内容应该是简洁的。但如果读者对研究的背景不熟悉的话，这部分内容应该提供足够的信息以便他们能理解该市场研究进行的原因以及要解决的问题。

(2) 本次调研的地域、时间及调研方法　写明调研的地域、时间的目的在于点出资料来源、适用的区域性和时段，对调研方法的阐述则是描述调研资料是如何取得的。在报告的这部分可以包括对第二手资料的一个大略的描述，但其主要目的还是描述获得原始资料的方法。不仅要求对这些方法进行描述，还要说明使用这些方法的必要性，比如为什么要用邮寄问卷调研方法而不用其他方法。如果研究中包括抽样，除了描述样本数量、样本取得的方式和决定样本大小的方法外，还应描述样本构成，包括性别、年龄、文化程度、职业、经济收入等项，其目的在于使阅读者了解本次调研所得材料是否具有全面性或典型性。在技术性报告中，要用一定的篇幅来描述抽样的方法，而在一般性报告中有关抽样的深度信息可能是不重要的。如果使用个人访问，要描述怎样选择调研者以及如何训练他们。

(3) 写明对材料的审核鉴别情况　主要是写明是否进行过抽样复查？按什么百分比抽样复查？复查结果如何？对回收的问卷是否进行过审核？审核结果如何？对计算机的数据输入和处理，是否进行过校核？校核结果如何？写这些内容的目的在于说明材料是否具有客观性、真实性，本报告是否具有可信性和准确性。

(4) 资料分析方法　这部分主要描述用于资料分析的工具，如相关分析、回归分析等。而对这些分析工具的深度描述可以等到报告统计数据时再详细介绍。

(5) 研究的局限性　读者应当知道该研究的局限性，如"只有25%的问卷回收率"，或"样本只是从南京的工业企业中取得的"等，陈述研究局限性的目的在于指出研究结果的弱点，以便在应用研究结果时引起注意。在描述这些局限性时，研究者必须实事求是。对局限性的任何缩小，都可能带来对最终研究结果的错误选择；对局限性的任何夸大，都会带来对整个研究结果的怀疑。

(6) 承启性语句　一般用"现将统计数据综述如下"一语转入下部分内容，其目的在于将阅读者的注意力引导到对正文的研究上。

2) 统计数据

统计数据部分是市场调研报告的主要部分。介绍情况要有数据作依据，反映问题要用数据做定量分析，提出建议、采取措施同样要用数据来论证其可行性与效益。因此，在市场调研报告中，必须对所收集的数据资料进行去粗取精、去伪存真、由此及彼、由表及里的分析研究、加工判断，挑选出符合选题需要，最能够反映事物本质特征，形成观点，作为论据的统计数据。用统计数据说明观点，用观点论证主题，使观点与统计数据协调统一，以便更好地突出主题。

3) 基本结论

经常会有这样的情况，公司的决策者们并不一定都有足够的专门知识或兴趣去深入查询有关调研项目当中所包含的各种错综复杂的细节事项，他们的兴趣只是在于了解有关市场调研的基本结论，以便决定采取相应的措施。

正因为如此，基本结论部分才有可能成为市场调研报告中至关重要的组成部分，也是整篇报告中内容最丰富的部分。也许有很多人只需要报告中的这一部分内容便可能得到十分有益的启示。关于这一部分的写作，需要注意以下4点：

(1) 市场调研的基本结论，应该作为所有关键信息的一个总结　如当地顾客心目中对有关产品的正、反两方面的基本意见,企业产品可能的增长速度等等,其所占用的篇幅不宜过长,最好是以1~2页用纸为限,更不要列载太多的表格,1~2份足够了。

(2) 结论部分应该使用简练和准确的语言加以概括　有关的证明材料,可以不必写进结论,但要在其中适当引导读者,让他们知道,只要参阅报告正文的某些具体章节即可找到这些材料。

(3) 材料和观点要统一　在研究阶段,是先有材料,后有观点,从材料中抽出观点;在写作阶段,是先写观点,后举材料,以材料证实观点。所谓材料和观点的统一,是指文章中每个观点都要有材料来证实,每个观点下的材料都能证实该观点。材料要精,所用的材料应该是最能证实这一观点的材料。市场调研报告中常用数据来证实观点,为了直观地说明,常采用直方图、饼图、曲线图等,究竟采用何种图表,用多少图表,都要精心考虑。

(4) 要对数据进行可靠性分析　市场调研报告,尤其是量化研究报告,常用数据来证实观点。在运用数据时,不能停留在直观分析上,而要用数理统计原理对这些数据作可靠性分析,从而使观点合乎科学。

在此之后,则需要提出某些带有行动意义的建议。

4) 针对性建议

报告的这一部分,是企业的调研执行部门或市场调研公司针对调研所得的结论,运用市场经济理论和市场营销学原理,根据进行该项调研的企业的主客观条件所提出的对策,它使得基本结论转化为特定的可供选用的具体行动方案。如有必要,市场调研人员还可以针对关于怎样选择最佳方案提出建议,但是,必须要根据报告正文所提供的情况对每项建议加以论证和说明。

毋庸置疑,报告的这一部分是文章的最精粹的部分,也是企业决策层最为关注的部分,因此必须殚精竭虑地写好这一部分。在这一部分的写作中,有几点要予以特别注意:

(1) 应该提出什么样的建议具体要根据这次调研的范围和有关产品的市场变化情况,以市场经济理论、国家的方针政策、法律法规和市场营销学原理作指导来决定。如需要选择什么样的代理商;是否有必要采用广告和推广措施,如果已经采用了,有哪些不足之处;选择哪种分销渠道较好;什么样的价格水平较为适合;采用什么方法去应付竞争最奏效等等。

(2) 市场调研人员所提出的建议都应该是积极的,能够解决某些特定问题的具体措施,如降价、在当地市场组织适当数量的库存现货供应或采用某种推广措施等等。

(3) 要考虑到企业的主观可能性和市场竞争的客观必要性,兼顾两者,寻找出两者的最佳结合点。

(4) 要有创新意识,切忌人云亦云、亦步亦趋。同时,语言要简练而有力,并掌握分寸。

(5) 按常规而论,即使同时说明不应该采用哪些措施,也是十分有益的。类似这种从反面提出建议的方法,一般只要求提供简明扼要的陈述,一段简短的文字即可完整达意。例如:"如果要让本公司的产品能够在最有吸引力的细分市场逐步打开销路,即使不变更目前外销产品和采用的广告方式,也能取得预期的效果。"

5) 附录

市场调研报告一般都有附录。附录部分在市场调研报告中常处于结尾的位置,其根本目的是尽可能将有关资料集中起来,而这些资料正是论证、说明或深入分析报告正文内容所必需参考的资料。可以形象地称附录为调研报告中的杂货店,所有与调研结果有关的而放在报告正文中不利于正文逻辑次序的资料都可放在附录里。通常用作为市场调研报告附录

部分的资料有下列几种:
(1) 各种统计图表,而且,这些图表在报告正文中已略有提及。
(2) 提供资料人员的名单,标明作为案头调研和实地调研资料来源的单位和个人的名称和地址。
(3) 实地调研问卷的抄本,并加序言说明这份问卷要求达到的目标。
(4) 介绍选为样本而作实地走访对象的详细情况。
(5) 现场访问员约访时的抄本或日记,以便有必要再与对方联系约访时参考。
(6) 访问员走访的谈话记录。
(7) 今后可能需要保持联系的机构的名单,如销售代理商、广告代理商等。
(8) 在市场调研工作过程中获得但已归档备查的文件及其内容提要。

为市场调研报告制作附录,除了应注意每一份附录均应载明自身的编号外,还应遵循以下3个原则:
(1) 必要性原则　可附可不附的资料就不必作附录。
(2) 尊重受访者的原则　如有的受访者不愿把自己的姓名、职业、经济收入等让他人知道,在这种情况下,即使附录有此需要,也不应写上。
(3) 简明的原则　必须指出的是,一般一篇调研报告都有相当的篇幅,有时为了让决策领导者能用较少时间掌握调研的主要结论,对调查结果一目了然,在调研报告前增加"摘要",以简明的语言表述调研报告的精华所在。这种形式是十分可取的。

8.2.2　撰写市场调研报告应注意的问题

1) 应把报告的式样与委托人的需要联系起来

通常报告的使用者(或报告的阅读者,如决策者)与资料收集者(或报告的准备者)阅读调研报告的侧重点是有差别的。使用者需要的是研究的特定结果,而资料收集者则更关心进行资料收集的过程以及分析资料的方法。准备报告的人应当认识到这个差别并以适应报告使用者的方式去写报告。

在撰写调研报告时,调研人员必须考虑委托方的背景和兴趣,以及他们期望得到的信息的类型——用什么样的术语以及什么深度。当充分考虑这些问题后,最后所形成的报告通常会在某种程度上处于一个高度的技术性报告或一个低层次的普通报告以及介于两者之间的中性报告。

技术性报告是为那些懂得技术术语并且对该课题所涉及的技术性方面有兴趣的人准备的。为这类读者准备的报告,需要使用众多的技术语言并对主题作深度的处理。

一般性报告是为那些对研究方法和结果的技术性方面兴趣很少的人准备的,他们希望听到基本的资料而且要求这些资料以不复杂的形式出现。这些人包括企业里的非技术人员和某些高层经理们。一般性报告的形式有利于鼓励和帮助它的读者能够迅速地阅读和理解。

而当读者包含上述两种人(技术人员和非技术人员)时,有必要形成一个综合性报告以适合几类人。在这样的报告中,较多的技术上的资料可以放在附录里,而用总结形式反映研究的关键结果。结果的最重要的部分常出现在报告的前面部分,随后常是对研究结果作深度描述的章节。也有可能为特定的读者准备单独的报告。例如,某个企业希望知道在本企业开发使用管理信息系统的可行性,为此做了一个研究。在报告研究结论时,研究者可以为经理们准备一个报告,告诉他们所需要的设备和设施的费用以及该系统可能为企业带来的效益,如在时间、人力和其他成本方面的节约;也可为财务部门准备一个技术性更强的报告,这个报告告诉财务人员在使用计算机管理信息系统的情况下,企业的财务报表可能会发生什么样的变化;也可能有必要为低层的经理们准备一个报告以告诉他们使用计算机系统时,在他们的领域可能会有什么变化。

2)语言表述要清晰易懂,有条理

市场调研报告是供客户阅读的,其主要服务对象是市场第一线的经理人员。因为不同的经理人员在需要与阅读思维习惯上存在差异,所以要求给出的市场调研报告在格调、组织方面应有所不同。但是,一般而言,大多数的服务对象(经理人员)都很忙,而且对市场调研专业术语不太精通,因此,针对上述客观情况,市场调研报告总体要求必须紧扣调研主题,突出重点,语言表达要清晰易懂,简练而有条理,即务必把所说的问题写得明明白白、实实在在,尽量使用普通的术语。研究报告中的语句过长会使读者感到啰嗦费解,需要记住的是读者而不是作者支配着报告中使用的语言形式。语言应尽量简洁,能被大多数读者所理解,这并不是说放弃所有的技术术语。但在使用这些术语时,要加以定义以避免误解。有些重要的研究结果可能会因为报告的冗长和难以阅读而埋没在废纸堆里。另外,在组织语言时要条理清楚,切忌模棱两可,不着边际。

3)内容编排得当,重点突出

市场调研报告是从某一调研目的出发,去阐述经调研了解的情况及原因,最终要提出寻求解决问题的方案,显然后者是主要的。因此,市场调研报告在写作上必须有所侧重,注意在分析上特别是解决问题的看法方面多花笔墨,尽可能地深入细致,做到层层推进。切忌数据、资料堆砌,面面俱到,详略无异。如若这样,市场调研报告的针对性、利用价值将大打折扣。

4)尊重事实,辩证取材

市场调研报告不同于文学作品,它本质上要求反映客观实际情况,以帮助服务对象去认识事物的原因,并把握事物发展趋势。因此,在撰写中始终坚持实事求是的原则,辩证取材,对调研发现的某些不利信息资料勇于反映。这既是市场调研行业的职业要求,又是真正为客户着想的具体体现。

5)适当地选用图表可以起到很好的说明效果

一般来说,使用图表较之使用任何文字去说明某种变化趋势及其中各个因素的相互关系,经常可以收到更为明显的效果。使用图表说明可从下列方面去增加报告的说服力:

① 向报告的读者提供一个简明的、有关各种数据的组合形式,方便读者系统地查阅资料。

② 帮助读者迅速地而且容易地理解有关对比的结果、各种变化的趋势及其相互关系。

③ 帮助读者明白地分辨出哪方面的资料更为重要,因而引起相应的注意。

在使用图表说明时必须注意以下几个问题:

① 使用图表说明必须要有明确的目的性,不能只是为了装饰文章,以求悦目。作者应当使这些图表构造得能明确地表达意思。图表的符号和构造要组织得让读者知道图表里是什么资料、资料的来源等,并在没有参考文字部分的情况下就明白资料的意思。一般来说,在报告正文中所使用的图表,应该只是扼要地介绍资料的图表。详细地介绍一切所收集到的重要资料的图表,应该归入报告附录部分使用。

② 使用图表时应适当,图表太多会淹没整个报告;不要让一个图表表达过多的信息,多

个简单的图表要比一个复杂的图表容易解释和理解;使图表与相应的书面解释放在一起;要知道各种图表(曲线、柱状、饼分图等)的优缺点,在有些情况下有必要使用一种以上的图形来描述同组数据。

③ 使用图表说明还必须认真考虑图表的设计和格式。如果图表格式设计不当,不但无助于说明情况,甚至可能产生曲解事实真相的相反效果。

6) 报告的印制要精美

(1) 采用优质的纸张　采用比较高级的纸张印刷报告,能够间接地向阅读告者传递出这样的信息:"这是一份正式的报告""研究机构很重视这次调研",等等。从而使阅读者更加认真地阅读报告。

(2) 报告印刷要精美　报告形式的完美设计是要通过精美的印刷最终体现出来的。通常采用单面印刷,每页印有页码,整个报告装订整齐、牢固。报告的版面要考虑纸张的大小,妥善编排,上下左右四边都要留出一定的空白,使文字图表美观突出。如有插图,要请专家精心绘制,不可粗制滥造。

8.2.3　调研报告的提交

1) 要有一个正式的报告提交仪式

有时候,市场调研人员撰写的市场调研报告得不到主管部门经理的认真审阅。出现这种情况,可能是因为这些经理们没有认真审阅市场调研报告的习惯,或者根本就不喜欢这样做,因此,呈递到他们案前的调研报告写得越长,得到审阅的机会就越少。

有时候,也会出现另一种情形,经理们十分乐意尽职尽责地认真审阅有关市场调研报告,但却不知道市场调研人员写有一份市场调研报告。

因此,如果市场调研人员要想让所撰写的市场调研报告发生作用并取得应有的效果,就应该组织一个正式的报告提交仪式,向恰当人选呈交市场调研报告,这是调研人员必须亲自办的事情。

2) 要对委托方作详细的报告说明

市场调研报告说明是市场调研报告撰写者向委托方作口头报告,就调研方法、调研结果、有关建议等进行介绍解释,它是整个市场调研活动的有机组成部分。最基本的要求是要让对方了解报告中关于"调研的基本结论和针对性建议"这部分的具体内容。通常可以采用集中开会的形式向有关人员传达或介绍市场调研报告的具体内容;也可以使用预先准备好了的各种综合说明情况的图表协助传达;还可以借助投影器、幻灯片或大型图片等辅助器材,尽可能"直观地"向全体目标听众进行传达,以求取得良好的效果。

如有可能,应从市场调研人员当中抽选数人同时进行传达,各人可根据不同重点轮流发言,避免重复和单调,还应留适当时间,让听众有机会提出问题。

实际上,第一次向有关人选传达或介绍市场调研报告的会议最好安排在报告仍在起草尚未正式定稿时召开。与会人员可以是倡议有关市场调研项目的公司或企业的办事人员,也可以是政府有关部门的官员。与会期间,市场调研人员要将报告的内容切实地传达到每一位与会人员,包括调研项目的倡议人和市场调研报告的使用单位的办事人员,使他们确实了解市场调研报告的基本内容,以便考虑能否接受和实施报告中所提出的意见或建议;有机会就报告中的某些问题当面向市场调研人员询问,并提出某些补充或修改的意见。

如果市场调研项目的倡议人是政府机构的某些主管部门,这些主管部门的负责人员当然希望有关调研结果能够对该部门的工作起到良好的推动作用。因此,他们可能还会特别邀请有关的市场调研人员出席某些实业界人士的集会,并在会上专题报告他们的调研结果,其目的是:

(1) 使全体与会人士了解有关市场今后发展的前景。

(2) 向全体与会人士提供一次当面向市场调研人员免费咨询的机会。

(3) 促使有关行业的实业界人士从速采取有效措施,使产品能够尽早进入市场。

不过,由政府机构倡导和组织撰写的市场调研报告,很多时候都是采用公开报道的形式去吸引当地商界人士的注意。可以组织召开记者招待会,借此向报界人士报道调研结果及其对国内某些行业的发展所构成的直接影响;也可以只是向记者们散发新闻稿件,概括地报道市场调研报告中的主要内容。

总之,采取适当方式将市场调研的收获和结果提交给可以把它们付诸行动的人,也是市场调研人员的部分职责。

下面是一份市场调研报告实例,供读者进一步了解市场调研报告的结构格式。

附:

××商场市场营销环境调研报告(摘录)

一、调研说明

受××单位委托,××学院××系于××××年对××商场市场经营环境进行了调研。通过调研,了解该地区自然环境及社会经济发展情况、商业竞争对手状况、居民消费水平及需求情况,为正确决定商场的市场定位、经营方针提供依据。

调研采用抽样调研、重点调研和典型调研相结合的方法,主要有以下内容:① 在商场周围的××地区采用抽样调研的方法对居民消费需求进行调研。我们将周围居民住宅分为8个区,采用不等比随机抽样、入户问卷调研方式,发出调研问卷250份,共取得有效问卷206份,从而保证了调研的代表性和居民需求特点分布的均匀性。② 对商业竞争对手进行调研。对距商场3千米以内竞争对手和10千米以内大中型商场进行重点调研。③ 对当地企事业单位经营及发展情况进行典型调研,以了解经济发展现状、潜力及对当地居民生活的影响。④ 通过走访统计局、建委、百货公司、街道办事处、居委会和派出所等有关部门,取得相关的资料。

二、商场营销环境状况

包括自然区位状况、人口状况、交通条件、商业环境、企事业单位情况、规划发展和其他(因涉及委托单位的具体信息,本处内容省略)。

三、消费者情况

(一)消费者基本情况

居民性别构成中以男性居多,男性人口占总体的54%,女性为46%。年龄构成中居民年龄以31～40岁者最多,占总调研人数的26.5%;41～50岁者占23%;51～60岁者占21.5%,21～30岁者占17.5%;61岁以上者占8.5%;20岁以下者占3%。年龄结构分布偏向于中老年。

工作单位分布:该地区居民在全民所有制企业工作的最多,占51%,在事业单位工作的占25%,在三资企业工作的占8.5%,在政府机关和集体所有制企业工作的各占3%,从事个体职业的占2.5%,其他占11%,主要是退休员工和学生。

根据××区1990年人口普查资料,大专学历以上者占13.14%,高中文化程度者占

25.28%,初中文化程度者占33.23%,小学文化程度者占21%,半文盲者占7.35%。可见,当地居民的文化素质是比较高的。

家庭常住人口以3口之家为主要家庭构成,占45.5%,4口之家占26%,5口以上的占17.5%,两口之家占10.5%。平均每户家庭人口数为3.49人,高于1997年××区3.19人的平均水平。可见,当地居民家庭以人口较多的大家庭为主,但也应注意家庭规模向小型化(3口之家)发展的趋势,商品销售应与之相适应。

绝大多数居民在本地工作(占96%),非本地工作的仅占4%。因此,居民生活水平就必然受当地经济发展状况及企事业单位景气与否的直接影响。

居民类型以老住户为主,近2/3的居民在此居住5年以上,居住时间1年以下的新住户仅占7%。新、老居民在购物需求、习惯等方面均有着一定的差异。应该注意的是,新住户随小区建设的发展呈不断上升趋势。

(二)消费者购买力及消费水平

调研资料显示,当地居民的购买力及消费水平属中等偏下,这点可以从居民家庭生活费收支、居民自我评价以及居民家庭耐用消费品拥有量反映出来。

被调研者本人人均月收入(包括工资、福利、补贴、奖金和个人副业收入)为405.96元,被调研家庭的人均月生活费收入为339.32元,人均月生活费支出为256.24元。而北京市1994年2月份人均实际收入为496.25元,生活费收入为428.50元,生活费支出为337.90元。可见,本地区生活水平与北京相比有着较大的差距。

收支略有节余,生活水平自我评价为中等偏下。目前,本地区大多数家庭收支情况为:略有节余的占61.3%,收支平衡的家庭占34.2%,有较多节余的家庭占3.0%,入不敷出的家庭占1.5%。对自己家庭消费水平的层次进行自我评价时,有近一半(49%)的家庭认为属于中等,有33%的家庭认为属中下等,认为属于下等和中上等的家庭分别占9.5%和8.5%,没有家庭认为属于上等。

调研结果显示,本地区居民家庭拥有的耐用消费品配置属于基本生活配置。彩电、冰箱、洗衣机及手表等耐用消费品拥有率很高,而一些娱乐型、发展型耐用消费品拥有量明显低于城区,如录像机、组合音响、微波炉等,成套家具也因供应和住宅面积等原因拥有量较少,这些也在一定程度上反映出当地居民的生活水平。本地区每百户居民拥有耐用消费品资料如下表:

耐用消费品	拥有量	耐用消费品	拥有量	耐用消费品	拥有量
彩电	101	照相机	6	中高档单件家具	35
冰箱	98	高档手表	83	成套家具	48
录像机	51	组合音响	19	其他	41
洗衣机	93	微波炉	8		
燃气热水器	27	抽油烟机	37		

近年来收入有所增加但对未来增长信心不足。在问及"1998年与1997年相比家庭的收入水平变化情况"时,有50.5%的家庭认为略有增加,有14.5%的家庭认为持平,认为略有下降和下降很多的家庭各占2.5%,只有3%的家庭认为增加很多。

在问及"您认为家庭的经常性收入在近一两年内将会有何变化"时,有39%的家庭认为前景不明,有30%的家庭认为将有所增加,有25%的家庭认为维持现状、没有变化,6%的家庭则表示将有所减少。

（三）消费者购物行为情况

当地居民购买主要日常用品的地点是距家地点最近的商场,这部分消费者占58.6%,有17.7%的居民选择上下班路上的商场,6.5%居民则随意性选择商场。这就是说,大约有70%的消费者的购买活动是在离家庭和工作地点较近的商场发生的,这就为商场确定销售对象提供了依据。

有近2/3的消费者在购物时有明确的目标(71.7%),有21.7%的消费者购物时无固定目标,看什么好就买什么,有3.5%的消费者以逛商店作为娱乐和消遣,另有3.1%的消费者另有打算。

消费者在选择购物场所时,最注重的是商品质量因素,其他依次为商品价格因素、交通便利因素、服务因素、购物环境因素、品种因素、个人习惯因素和其他因素。

同时,有一半以上的消费者购物时注重商店环境和文化氛围,有1/3的消费者认为无所谓,另有少数消费者对此并不注重。

约有2/3的消费者认为广告对他们选择购物场所有一定的影响,有7.5%的消费者认为有很大影响,尚有28.5%的消费者认为没有影响。

当问及"您是否同意购买用品时宁可多花点钱要也买名牌产品的说法"时,有52.8%的消费者不同意这种看法,还有6.6%的消费者反对这种看法,他们以中老年消费者为主。但应引起注意的是,另有40.6%的消费者赞同这一说法,以青年为主。这反映当地居民在消费心理上存有差异,较多消费者的消费心理仍是"求实、求廉",而另一部分消费者的消费心理则是"求新、求美、求荣"。因此,如何满足不同消费心理消费者的需求,也是商场经营所面临的一个重要问题。

（四）对当地购物状况的评价及商场经营的建议

调研结果表明,有近2/3的消费者认为本地区现有的商店不能满足他们的主要购物需要,另有1/3的消费者则认为能够满足需求。

在不能满足需求的商品中,列前三位的分别是服装、家用电器和家具,其他依次为食品、日用品等。

有42.2%的消费者认为从居民居住处附近购买副食品和日常生活用品较为方便,感到很方便的占15.6%,一般的占23.6%,感到很不方便的占6%。

在与本地区邻近的大中型商场中,消费者最青睐的商场为××商场。××商场不仅成为本商场在外层经营圈的最大竞争对手,同时,它的成功经验也值得借鉴和汲取。

消费者普遍对建立一个建筑面积1万平方米商场表示欢迎,认为很有必要和有必要的住户分别占57%和31.5%,另有2.5%和9%的住户认为不必要和无所谓。

消费者希望商场所经营商品的档次为中高档者居多,占54.8%;希望档次为中档的占33%,中低档的占11%,低档的仅占1.2%,没有人希望最高档化。

绝大多数消费者希望商场所提供的服务是采用柜台服务和自选服务相结合的方式。单纯的柜台服务方式不受欢迎,这在一定程度上反映出当地居民对当地现有商业设施提供的服务不满足,也说明本地消费者已基本接受了自选服务这种新型服务方式。

四、竞争对手情况（涉及具体单位的信息,本处内容省略）

五、经营有利条件及风险因素分析

从上述情况我们可以看到,××商场有着许多有利条件和机遇,也面临着很多风险和挑战。对此进行客观分析，有利于企业寻找适合自己的目标市场，合理地进行市场定位。

（一）××商场经营的有利条件

当地人口众多，居民受教育程度较高，有着十分庞大的市场需求。尽管居民购买力因××行业不景气而受到一些抑制，但从改革发展角度看，本行业仍将是国家重点扶持且有着很好发展前景的行业。随着改革的深化，合资企业、股份制企业的增加，国有大中型企业转换经营机制，企业效益将会提高，员工收入也会随之增加。此次调研的企业尽管有盈有亏，但几乎所有的企业都对今后的发展持乐观态度。此外，新的工资制度改革也将使企事业单位和离退休人员收入有一定程度的增加。因此，该地区巨大的现实需求和潜在需求为商场经营提供了十分有利的条件。

本地区目前正处于发展上升阶段，新建成的××小区和×××小区以及即将兴建的××新区，使当地及周围人口数量激增。由于新居民来自各行各业，故具有较强的购买力。新区建设带动交通、商业环境改善，使本地区吸引力有所提高，有利于商场的不断发展。

当地商业不够发达，现有商场无论是在商业设施还是在经营商品上，均属较低档次，不能满足居民需要。××商场在购物环境、经营规模、经营内容等方面都将比现有商场有较大优势，加上当地居民普遍欢迎在此建立这样规模的商场，故商场目前进入本地市场的时机较好，难度不大。如经营有方，将吸引当地相当比例的购买力。

目前新实施的员工休假制度，使人们的闲暇时间增加，使进入商场的人数增加，有利于商业的繁荣。

（二）经营的主要风险

本地区所处地理位置较偏，商业繁华度低，离市中心较远，居民在消费习惯和心理上与市内居民有一定差别，加上市内到此交通不便，使四环以西的城区的顾客很少甚至不来此处，对城内有着很大购买力的消费者缺乏吸引力。此外，商场所处环境也不甚理想，离集中居民住宅区较远，距公交车站也有相当距离；商场虽临街，但能见度不太好，周围摊群杂乱，××河水有污染，这些将对商场经营及形象产生不利影响。

目前本地区大多数企业开工不足，生产滑坡，裁员较多，购买力水平较低，使需求受到一定程度的抑制。

尽管当前本地区商业竞争力相对较弱，但竞争的威胁依然存在，主要来自两个方面：一方面是当地商业设施的新建改建；另一方面是来自与本地区邻近的大中型商场的威胁。

当地社会治安情况不太好，居民安全感较低，加上地域较大，居民居住分散，也将对商场制定经营服务方式（如开架售货）和营业时间等方面带来一定的影响。

六、对商场经营的几点建议

1. 在服务宗旨上，考虑到当地的实际情况，该商场不能像××商场那样吸引外籍人员和外企等高薪收入阶层消费者，也不能像××商场那样以吸引流动性购买力为主，而应像××商场那样，以本地区工薪阶层为消费服务对象，树立"立足于本地，为本地居民提供优质服务"的宗旨。

2. 在辐射范围（营业圈）上，按照上述服务宗旨，商场的营业圈可分为两层，内圈为××地区至××地区，外圈是由内圈向外延伸5千米，也可通过提供一些特色服务吸引市内居民。

3. 在经营方针上，商场所经营的商品项目、品种及价格，都要适应当时、当地居民的消费水平和欣赏水平，不能过高，也不能过低，而应根据商业竞争要求、商业发展趋势要求、消费者要求，以及本地区今后发展等要求综合考虑。我们认为，商场应走中档化、齐全化的路子，创造出自己的经营特色，即坚持"中档商品为龙头、低档商品应有尽有、高档商品少量化"

的经营方针。这样,可使商场有较充分的回旋余地,并发挥其规模较大的优势。

4. 在商场设施和购物环境上,应对购物环境给予一定的重视,在力所能及的条件下,努力营造一个舒适的购物环境,给当地居民以全新的感觉,吸引更多的消费者来此购物。

5. 在服务质量和品种上,应把提高服务质量放在首位。服务质量包括商品质量、服务态度、售后服务等方面的内容。当地居民将商品质量因素排在选择购物场所第一位,对假冒伪劣商品深恶痛绝,同时普遍要求新商场的营业人员有较好的服务态度。因此,商场要想取得竞争的主动权,必须严把商品质量关,加强对营业员的培训,提高其素质,以取得消费者的信任。

在商品品种上,应尽量齐全并有特色。根据调研的情况,我们认为商品品种还是应以吃、穿类商品为主。比如,在吃上不妨引进几个老字号,像"稻香村"、"小绍兴"等,相信会受到居民的欢迎;在穿上也应适当引进几个老牌子的服装,如"蓝天"、"华都"等,这些服装牌子老,款式好,价格也适中,很受中老年消费者喜爱。现今流行的"罗曼"、"蒙妮莎"等名牌服装,也可适量购进,以满足部分中青年消费者的需要。其他方面,如家具、电器等,则应以名牌为主,比如"松下"、"春兰"电器等。

6. 要提高交通的便捷度。通过与公交部门协商,将目前路经商场的公共汽车站台移近商场或增设商场车站,要适当处理门前个体摊群,以增加商场的客流量。

7. 采用适当的广告方式加强广告宣传。当地有一半以上的消费者已知道本商场,但仍有许多居民不知其名。在广告宣传中除采取一般性大众媒介宣传外,还可通过居委会分发一些宣传材料,并注意加强与当地居民的感情沟通,重视和尊重群众建议,有可能的话,从事一些本地区的公益事业。这些都将有助于提高商场的知名度和增强顾客对商场的亲近感。

总之,作为本地区规模最大、现代化程度最高的商场,不仅要有琳琅满目的商品,还应有完善的服务设施、良好的服务质量、很高的商业信誉和便利的交通条件等。这些都离不开商场全体员工的长期共同努力。

附件(略)。

【本章小结】

调研活动收集到的各种原始资料,只有经过进一步的处理与分析,才能从中获得有益的信息,从而发挥这些资料的功能。在进行资料处理时,先是初级处理,然后再是高级处理。初级处理包括调研资料的校验、分类、统计;高级处理包括调研资料的分析判断、研究发掘。市场调研报告撰写的质量及讲解的水平,直接关系到对一项市场调研成果的认识与利用。虽说市场调研报告的内容结构不会是千篇一律,但也基本上可分解为5个部分:调研活动说明、统计数据、基本结论、针对性建议和附录。在撰写市场调研报告时应注意:报告的式样要与委托人的需要联系起来;语言表述要清晰易懂,有条理;内容编排得当,重点突出;尊重事实,辩证取材;适当地选用图表以增强说明效果;报告的印制要精美。最后应注意调研报告的提交:要有一个正式的报告提交仪式;要对委托方作详细的报告说明。

关键概念

初级处理　　高级处理　　资料校验　　资料的分类　　百分比法　　平均数法
指数法　　统计图表法　　资料分析　　频率分布分析　　研究发掘　　归纳推理方法
演绎推理方法　　市场调研报告

思考题

1. 什么是调研资料的初级处理?
2. 在资料校验过程中,校验人员应先检查哪些问题?应注意把握哪几项原则?
3. 在通常情况下,量化资料的分类和定性资料的分类分别要注意哪几个方面的问题?
4. 资料统计的方法通常有哪些?使用时应分别注意哪些问题?试举例说明。
5. 调查数据资料的分析通常分为哪两步?请结合实例说明。
6. 如何比较归纳方法和演绎方法?
7. 市场调研报告的基本内容由哪五部分构成?请简要说明。
8. 撰写市场调研报告应注意哪些问题?
9. 如何做好调研报告的提交工作?

实训题

实训项目:消费者购买微波炉行为调研报告的撰写

实训目的:通过实训,要求学员初步掌握市场调研报告撰写的基本方法与技巧。

实训指导:

(1) 调研报告撰写的准备说明。

(2) 调研报告撰写的步骤讲解。

(3) 调研报告撰写的技巧和格式传授。

实训组织:

(1) 教师应把消费者购买微波炉行为调查计划书、问卷、数据统计结果印发给每一位学生。

(2) 学生独立完成问卷的撰写。

实训考核:

(1) 教师对学生的调研报告给出书面成绩。

(2) 教师组织答辩活动,对每位学生的答辩给出成绩。

(3) 教师对每位学生给出最终成绩。

9 市场预测

【学习目标】
◎ 了解市场预测的概念与类型；
◎ 熟悉市场预测的原则和步骤；
◎ 掌握定性预测的方法及应用；
◎ 掌握常见定量预测的方法及其一般应用。

市场预测是对调研数据所包含的隐性事物本质及其规律进行深入研究的一系列方法，是对调研数据的深度挖掘。国家、社会机构、企业越来越重视市场预测工作，以期对未来市场的准确把握，保证企业的经营决策能适应未来的市场状况。

【导入案例】

2018 年中国经济将保持平稳较快增长

2018 年 1 月 18 日，中国科学院预测科学研究中心发布对 2018 年中国主要经济指标的预测。内容包括 2018 年中国经济增长、投资、消费、进出口、国内物价、货币和财政政策以及国际大宗商品价格、房地产、粮食产量、物流业、国际收支、需水量等方面的年度预测值。

据预测，2018 年中国经济将保持平稳较快增长，预计全年 GDP 增速为 6.7% 左右，增速较 2017 年下降约 0.2 个百分点。预计 2018 年中国第一产业增加值增速为 3.6%，第二产业为 6.0%，第三产业为 7.8%。消费、投资和净出口对 GDP 增速的拉动分别为 4.5 个百分点、2.0 个百分点和 0.2 个百分点。预计 2018 年中国经济增长呈现前高后低趋势，一季度为 6.8% 左右，二、三季度为 6.7% 左右，四季度为 6.5% 左右。

2017 年以来，中国固定资产投资累计增速稳中趋缓，投资结构继续优化。预计 2018 年固定资产投资增长呈现缓中趋稳、稳中向好态势的可能性较大，2018 年全年投资增长 6.4% 左右，较 2017 年下降 0.7 个百分点～0.8 个百分点。

同时，我国已进入消费需求持续增长、消费结构加快升级、消费拉动经济作用明显增强的重要阶段。预计 2018 年我国最终消费将保持持续增长趋势，达到 47.24 万亿元，同比名义增长 9.1%，较 2017 年增加 0.14 个百分点。

进出口方面，2018 年，中国总进出口额将延续 2017 年的增长势头，但受高基数效应、投资增长减缓和货币政策收紧影响，增速将低于 2017 年。预计 2018 年中国进出口总额约为 4.40 万亿美元，同比增长约 7.2%，其中，出口额约为 2.42 万亿美元，同比增长约 7.0%；进口额约为 1.98 万亿美元，同比增长约 7.5%；贸易顺差约为 4 400 亿美元。

在不出现较大变数的前提下，预计 2018 年 CPI 全年大约上涨为 1.9%，PPI 和 PPIRM 全年分别上涨 4.2% 和 4.8% 左右，三大物价指数月度同比涨幅高点预期出现在年中，下半年随着经济增速回落，物价涨幅趋于回落。

货币政策方面，受企业补库存周期逐渐走弱、PPI 回落和 CPI 低位增长等趋势影响，总需求仍较弱，经济有下行压力；同时高杠杆与低投资效率风险并存，2018 年不具备实施宽松货币政策的条件，预计将继续实施稳健中性货币政策。

再看财政政策，2018 年，在经济增速稳定、PPI 涨幅回落的情况下，我国财政收入增速有望稳中趋降。按照中央经济工作会议的部署，2018 年积极的财政政策取向不变，将继续减税降费，调整优化财政支出结构，加强地方政府债务管理。

在国际大宗商品价格走势方面，在全球经济增速加快、OPEC 原油减产的基准情景下，预计 2018 年国际大宗商品价格将上涨。2018 年 CRB 商品期货价格指数均值将在 194 点左右，同比上涨约 5%。预计 2018 年 WTI 原油价格将主要在 54~66 美元/桶之间波动，均价在 60 美元/桶左右，同比上涨约 18%；LME 3 个月铜期货价格也将实现明显上涨；CBOT 大豆、玉米和小麦等农产品价格预计将维持底部震荡。

房地产行业的发展情况是社会关注的热点之一。预测报告显示，预计 2018 年全国商品房销售均价约为 8 122 元/平方米，同比上涨 3.7%，其中住宅平均销售价格较 2017 年同比增长 4.2%。在调控政策的影响下，预计 2018 年商品房销售面积将保持平稳增长，房地产开发完成投资额增速保持低速增长，新开工面积较 2017 年保持上涨。

农业方面，预计 2018 年我国粮食播种面积将可能持平略增。如果天气正常，不出现大的自然灾害，预计 2018 年全年粮食产量持平，其中夏粮产量持平略减，秋粮产量将持平略增。预计 2018 年我国棉花播种面积将略减，但棉花产量将持平略增。预计 2018 年我国油料播种面积将持平略增，其中油菜播种面积减少，花生播种面积增加。如果后期天气正常，预计油料产量将持平略增。

物流业方面，预计 2018 年物流行业有望继续保持景气运行状态，社会物流总额有望接近 280 万亿元，较 2018 年同比增长 6.5%，物流需求进一步多样化；社会物流总费用达到 12 万亿元，占 GDP 比重继续下降至 14% 左右，物流业运行成本不断优化；社会物流总收入有望超 9 万亿元，创新驱动物流运行效率不断提升；交通运输、仓储和邮政业基础投资增速将经历调整，维持在 10% 左右。绿色物流、智慧物流、与供应链深度融合将成为 2018 年物流业发展的重要趋势。

观察国际收支走势，预计 2018 年人民币兑美元将呈现双向波动的态势，预计将在 6.4~6.6 区间波动。预计 2018 年我国国际收支将总体保持平稳，经常账户顺差规模将略有下降，其中货物项目顺差规模基本持平，服务项目逆差将持续扩大，但增速会进一步放缓；非储备性质的资本和金融账户将保持平稳，其中直接投资资产方规模将持续扩大。

此外，报告还预计 2018 年我国需水总量约为 5 846.6 亿立方米，继续保持 2017 年的略减趋势。其中农业需水量占比约为 61.7%，生产需水量占比约为 21.3%，生活需水量占比约为 14.5%，生态补水量占比约为 2.5%。（上文摘自《经济日报》）

上篇文章中对中国 2018 年的诸多经济现象做出了分析和预测，这些预测采用了哪些经济数据？对哪些方面的经济现象做了预测？又采用了什么样的预测方法呢？

9.1 市场预测概述

现代企业经营管理的重心在企业决策，企业决策的基础是信息。市场预测是给企业决策提供信息的重要手段,做好市场预测有益于决策者提高市场预见能力和判断能力。市场预测越可靠,企业决策越正确,经营管理越有效,创造财富也就越多。

9.1.1 市场预测的概念与类型

1) 市场预测的概念

市场预测属于预测的一个分支。要了解市场预测的概念,有必要首先了解预测的含义。对"预测"一词的含义,可以从两个方面理解:从广义上理解,预测是根据已知事件的规律性,去预计和推断未知事件,它既包括对目前尚未发生的事件的推测,也包括对现在已经发生但尚未观察到的事件的推测。从狭义上理解,预测仅指对目前尚未发生的事件的推测,但不包括对现在已经发生而尚未被观察到的事件的推测。在文献资料和日常生活中所讲的预测,一般是从狭义上理解,即预测是通过对过去的探讨,而得到对未来的了解。或者说,预测是在调查过去和现在情况的基础上,通过分析研究,发现和掌握事物发展过程固有的规律性,用以预计和推断未来。总之,科学的预测不是任意的猜测,而是依据对事物客观规律的认识,去预见、分析和推断未来的发展变化。

了解了预测的含义之后,市场预测的含义就容易理解了。由于市场是指一定空间上商品和服务交换关系的总和,所以市场预测是对市场的未来交换关系状态进行预计、分析和推断。或者说,市场预测是在对影响市场供求变化的诸多因素进行系统的调查研究和掌握信息资料的基础上,运用科学的方法,对未来市场的供求发展趋势以及有关的各种变化因素进行分析、预见、估计和推断,并做出一种合乎逻辑的解释说明。

日本"尿布大王"尼西齐公司就是通过人口普查资料进行市场预测找到经营思路,并成功地占领市场的。公司董事长川多巴博从日本政府的人口普查资料中发现,日本每年都要出生250万名左右的婴儿。这个数字给了他很大的启示,若每个婴儿每年即使只用两块尿布,那么就是500万条。除此之外,潜在的市场需求也很大。所以尼西齐公司转产去专门生产尿布。现在日本婴儿使用的尿布每3条中就有1条是他们生产的。不仅如此,公司产品还远销世界70多个国家和地区,被日本政府评为"出口有功企业",并被誉为"尿布大王"。

2) 市场预测的类型

在社会主义市场经济条件下,为使企业生产经营活动适应瞬息万变的市场需求,市场预测工作必须做到经常化和多样化,必须进行多种类型的预测。

市场预测,从不同角度有多种分类标志,大体上可分为以下几种:

(1) 按预测要求质与量的侧重点不同,可分为定性预测与定量预测。

① 定性预测:是指就预测对象目标运动的内在机理进行质的分析,据以判断未来质的变化情况,并辅以量的表述。

② 定量预测:是运用一套严密的预测理论和根据这些理论所建立的数学模型,对预测对象目标运动质的规律进行描述,据以预测未来量的变化程度。

(2) 按时间层次,市场预测按未来一定时间期限(称预测期)的长短,分为短期预测、近期预测、中期预测、长期预测4种。

① 短期预测:预测期一般在半年以下至1周,主要是为企业日常经营决策服务,讲究预测时效性。

② 近期预测:预测期一般在半年至2年之内,主要是预算年度需求量,为企业编制年度计划、安排市场、组织货源提供依据。

③ 中期预测：预测期一般在2年以上5年以内，一般是对政治、经济、技术、社会等影响市场发展起长期作用的因素，在调查分析后，做出未来市场发展趋势预测，为企业制定中期规划提供依据。

④ 长期预测：预测期一般在5年以上，是为企业制定发展的长期规划提供依据。

预测的准确性随着预测期的长短而不同，预测期越长，误差越大，准确性就越差。预测期的长短服从企业决策的需要，一般企业的市场预测常常为短期预测、近期预测、中期预测3种预测。

9.1.2 市场预测的原则

1）连续性原则

连续性原则又称连贯性原则或惯性原则，是指一切客观事物的发展都具有符合规律的连续性。一切社会经济现象都有它的过去、现在和未来，没有一种事物的发展会与其过去的行为没有联系，过去的行为不仅影响现在，还会影响未来。市场作为一个客观经济事物，从时间上考察，它的发展也是一个连续的过程，即未来的市场是在过去和现在的基础上演变而来的，是其过去和现在的延续。因此，企业在进行市场预测时，必须从收集过去和现在的资料入手，然后推测出将来的发展变化趋势。应用最多的两类预测技术——利用回归法建立因果关系预测模型和时间序列外推法建立趋势预测模型，就是以这一原则为前提的。

在市场预测中，运用连续性原则需注意以下两个问题：

（1）要求预测目标的历史发展数据所显示的变化趋势具有一定的规律性。如果事物的变化是不规则的，预测目标的变化带有很大的偶然性，就不能依据连续性原则进行预测。

（2）要注意分析预测目标历史演变规律发生作用的客观条件，在未来预测期内是否发生变化。事物发展的内在规律是在一定的条件下显示出来的，是会随客观条件的变化而变化的。应用连续性原则进行预测，要以经济系统的稳定性为前提，即只有在系统稳定时，事物之间的内在联系及基本特征才有可能延续下去。然而，由于企业所处的营销因素的影响，绝对稳定的企业系统是不存在的。一般只有认为企业在系统阶段的条件下，才可以运用连续性原则进行预测。

2）类推原则

类推原则，是指许多事物相互之间在发展变化上常有类似之处，利用预测对象与其他事物的发展变化在时间上有前后不同，但在表现上有类似之处的特点，人们有可能根据已知事物基本类似的结构和发展模式，通过类推的方法对后发展事物的前景做出预测。这种类推既适用于同类事物之间，又适用于不同类事物之间。之所以如此，是因为客观事物之间存在着某些类似性，这种类似性表现在事物之间结构、模式、性质、发展趋势等方面的接近。与社会、企业乃至家庭经济活动都有一定的模式一样，市场经济活动也有自己的模式：竞争往往导致买方市场，垄断形成卖方市场；供过于求，价格下跌，供不应求，价格上涨。经济运动的模式是可以认识的，它有基本规律性。观察到某种现象（征兆），就可以根据以往的经济发展来预测将来会发生什么样的变化，并进一步预测到未来的情况。

世界上存在着许多相似、类同的事物，掌握了其中一种事物的发展变化规律，就可以推测出其他类似事物的演变规律。人们常说的"举一反三""以此类推"，说的就是这个道理。

3）相关原则

世界上各种事物之间都存在着直接或间接的联系。事物之间或构成一种事物的诸多因素之间存在着或大或小的相互联系、相互依存、相互制约的关系，要么相生，要么相克。任何事物的发展变化都不是孤立的，都是与其他事物的发展变化相互联系、相互影响的。市场需求量和供应量的变化,也存在着各种相关因素,如随着我国经济体制改革的深入发展,城乡人民收入增加,会引起消费水平的提高和消费结构的变化;商品价格的上涨,会刺激生产资料需求量的增加等等。因此,当人们知道影响市场需求量的某一个因素发生变化时,就可以预测出需求量的增减。一元线性回归和多元回归中的因果关系法,就是根据这一原则建立起来的。因果关系是相关性多种表现形式中最重要的、应用最广的一种形式。同时,相关性还包括表示为因果关系的某一事物伴随着其他事物变化而变化的相关现象,因此,相关性和因果性并不完全等同。因果关系是指任何事物的发展变化都是有原因的,它的变化状况是原因作用的结果,人们可以从已知的原因推测结果。一般情况下,原因在前,结果在后,或者原因与结果几乎同时出现。但在一定条件下,原因和结果可以互相转化。此时此地是结果,在彼时彼地就成为原因。而且在事物的发展过程中,还存在着一因多果、一果多因、互为因果等种种复杂情况。因此,在市场预测中,必须对客观事物的因果关系进行具体的、多面的分析,才能在事物发展的因果关系中正确提示出对预测目标起作用的主要和次要、内部和外部原因,把握住影响预测目标的诸因素的不同作用,预测出事物发展的必然趋势和偶然因素可能产生的干扰。

相关原则常常是进行预测工作时考虑的一个重要原则和方法。特别是对于定量分析方法,如果能找到一个或几个与预测对象密切相关的、可控的或可以预先知道其变化情况的经济变量,利用历史数据建立起它们与预测对象之间的数学模型,一般能收到较好的预测效果。

4) 质、量分析结合原则

质、量分析结合原则,是指在市场预测中要把量的分析法(定量预测法)与质的分析法(定性预测法)结合起来使用,才能取得预测的良好效果。质、量分析相结合的原则,是现代企业预测得以科学进行的一项重要原则。

5) 可控制原则

可控制原则是指企业对所预测的客观社会经济事件的未来发展趋向和进程,在一定程度上是可以控制的。根据可知性原理,客观世界是可知的;客观事物的发展变化是有规律的,这种规律性是可以认识的。当人们认识了客观事物发展的规律性以后,就可以创造条件,使预测对象在企业自觉控制下朝着所希望的方向发展。在预测中,企业之所以可以利用可控制性原则,对于本来属于不确定的未来事件,可以通过有意识的控制,预先较有把握地使其不确定性极小化,其理论依据是唯物主义的认识论和反映论,即世界是可知的,虽然物质决定意识,但意识对物质也有反作用。因此,人可以发挥主观能动性,在认识客观世界的基础上有意识地改造客观世界。反映到预测实践中,就是说在影响预测对象发展变化的诸因素中,有些是可控因素,有些是不可控因素;有些因素可以直接控制,有些因素则只能间接控制。具体到某一企业,如果预测其目标市场的发展变化趋势,那么在诸多的影响因素中,如国际政治局势、经济形势、科技状况、竞争状况以及其他企业的发展情况等等,都属于不可控因素;可控因素主要指本企业的人、财、物的潜力挖掘,有可能采取的改善经营管理的方法、措施及本企业经营战略的修正等等。利用可控制原则,就是要利用可控性因素,研究不可控因素,尽量避免不可控因素预测目标可能产生的干扰。因此,可控制原则的运用应当与以随机现象为研究对象的数理统计方法——概率法结合起来。

9.1.3 市场预测的步骤

市场预测活动有一定的程序。它由若干互相关联并相互牵制的预测活动所构成,预测中的前一项作业往往会给后一项作业以很大的影响,因此,弄清楚市场预测活动中每一项作业间的相互关系,有利于整个预测工作的顺利进行,有利于提高工作效率。

市场预测的步骤如图9.1.1所示。

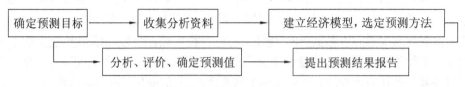

图 9.1.1　市场预测程序示意图

1) 确定预测目标

市场预测要确定预测的主题,规定要达到的目的。预测的目的应尽量具体、详尽,不能含混、抽象。它既关系到整个预测活动的成败,又关系到预测的其他步骤的进行,如收集什么样的资料,怎样收集资料,采用什么样的预测方法,以及如何制定该次预测的具体工作计划和进度计划等。预测目标的确定,应包括预测的对象、目的、时间范围、空间范围等内容。

2) 收集分析资料

根据预测目标,确定所应收集的有关文件、数据等内容,通过市场调查广泛、系统地收集所需要的历史和现实的资料,既包括说明事物成绩的情况和反映存在问题的资料,也包括企业内部资料,如企业自身生产经营情况的统计资料和市场动态分析、调研报告和其他外部资料等。其中,外部资料包括政府部门公布的统计资料、科研单位的研究报告、报刊发表的市场资料等。外部资料往往是企业的环境资料,能说明企业生产经营的背景。

在信息社会,能收集到的有关资料很多,因此,必须根据预测目的筛选出最有价值的资料,把它缩减到最基本、最必要的限度。筛选的原则是:① 相关性,即该资料是最直接有关的有用资料。② 可靠性,即从资料来源等方面保留准确可靠的资料。③ 最近性,即保留下来的资料是最新、最有用的资料。对收集到的、打算用以进行预测分析的资料,一定要做认真审核,对不完整的、不适用的资料,特别是历史统计资料,要做必要的推算、插补或删除,以保证该统计资料的完整性和可比性。在完成收集整理工作之后,就应对资料进行科学的分析,辨别不同因素对市场需求变化的影响,以及它们之间的内在联系,从而找出市场发展变化的规律。这一步是市场预测的基础性工作,也是很重要的一步。

3) 建立经济模型,选定预测方法

资料审查、整理后,即对其进行分析、绘制散点图和推理判断,以提示预测对象的结构特征和变化趋势。作出各种假设,拟订出预测对象的结构和变化模型,也就是建立一个或一组数学程式,用以描述经济现象之间的关系,这又被称为数学模型。而定性预测,一般称为经济模型,建立经济模型是搞好定量预测的重要一步。

市场预测模型有三大类:一是表示预测对象与时间之间的时间关系模型;二是表示预测对象与影响因素之间的相互关系模型;三是表示预测对象与另外的预测对象之间相互关系的结构关系模型。

数学模型建立之后,就要选定预测方法,主要是定量预测方法,用以估计预测模型中的各个参数值。预测方法多种多样,一种预测模型可以有几种不同的预测方法,一种预测方法可应用于几种不同的预测模型。每种预测方法有各自的特点和适应条件,应根据预测对象的特征,具体选定合适的预测方法,并尽可能对同一预测对象采用不同的预测方法,以便比较分析。预测方法选用得是否适当将直接影响预测值的可靠性和精确性。

根据已掌握的数据资料,运用选定的预测方法,就可求出参数估计值,从而得到预测方程。根据预测方程,再输入有关资料、数据,经过运算,即可得到初步预测值。这一步是市场预测中关键的一步。如前所述,采用不同的预测方法来确定的参数估计值是不同的,因而常常会得到不同的预测结果,所以应对不同的预测值进行检验、分析和比较。

4) 分析、评价、确定预测值

这一步是对初步预测结果的可靠性和准确性进行验证,估计预测误差的大小。预测误差越大,预测准确度就越小,误差过大,就失去了预测应有的作用。此时,应分析原因,修改预测模型。同时,进行统计检验,看预测对象的影响因素是否有了显著变化,看过去和现在的发展趋势和结构是否能延续到未来。如果判断是否定的,就应对预测模型作必要的修改。在分析评价的基础上,修正初步预测值,得到最终的预测结果。通过预测能解决一些问题,但再好的预测也存在着不实情况,因而预测不是预言,预测值与实际值总会有一定的误差。

5) 提出预测结果报告

预测报告应概括预测主要活动过程,列出预测目标、预测对象及有关因素的分析结论、主要资料和数据、预测方法的选择和模型的建立,以及预测值的评价和修正,实现预测结果的政策建议等内容。

9.1.4 市场预测的方法

市场预测方法众多,既有定性的预测方法,又有定量的预测方法。定性预测法是从事物的质的规定性方面去分析判断,作出预测。定量预测法是在认识事物质的规定性基础上,依据数据资料建立数学模型的描述作出预测。

1) 定性预测法

定性预测法也叫质的分析预测法。它是由预测者根据占有的历史资料和现实资料,依靠个人经验、知识和综合分析能力,对市场质的变化规律性做出判断。从定性的方面去分析判断事物,容易把握住事物的发展方向。再说,市场预测中常常会涉及一些难以量化的因素,如政治因素、心理因素、社会因素等等。所以,在预测实践中,这类方法被广泛采用。

定性预测法很多,本章主要介绍对比类推法、集合意见法、专家调查预测法。这些方法不需要高深的数学知识,可以充分利用人的经验、判断能力、想象力,能节约时间,节约费用,便于普及推广。但是,这类方法难免使预测结果带有主观片面性或数量不明确的缺点。为此,要将这类方法的运用建立在广泛的市场调研的基础上,结合定量分析预测方法,使定性的分析结果有科学的数量概念。

2) 定量预测法

(1) 时间序列分析法　时间序列分析法,是以事物的时间序列数据为基础,运用一定的数学方法建立数学模型描述其变化规律,以其向外延伸来预测市场未来的发展变化趋势及其可能水平。

这类方法的应用是以假设事物过去和现在的发展变化规律会照样延续到未来为前提,它撇开对事物发展变化过程因果关系的具体分析,直接从时间序列统计数据中寻找事物发展的演变规律,建立模型,据此预测未来。在定量分析预测方法中,时间序列分析方法涉及的数学知识比较简单,方法较直观,在实践中经常被采用。常用的时间序列分析法有时间趋势延伸法、指数平滑法等。

(2) 因果关系分析预测法　因果关系分析预测法是从事物变化的因果关系出发,寻找市场发展变化的原因,分析原因与结果之间的联系结构,建立数学模型据以预测市场未来的发展变化趋势的可能水平。

因果关系分析预测法需要的数据资料比较完整、系统,建立模型要求一定的数理统计知识,在理论上和计算上都比时间序列分析预测法复杂,其预测精度一般要比时间序列分析预测法高。因果分析预测法最常用的是回归分析预测法。

9.2 定性预测法

9.2.1 对比类推法

世界上有许多事物的变化发展规律带有某种相似性,尤其是同类事物之间。所谓对比类推法是指利用事物之间具有共性的特点,把已发生事物的表现过程类推到后发生或将发生的事物上去,从而对后继事物的前景做出预测的一种方法。对比类推法,依据类推目标,可以分为产品类推法、地区类推法、行业类推法和局部总体类推法。

1) 产品类推法

有许多产品在功能、构造技术等方面具有相似性,因而这些产品的市场发展规律往往又会呈现某种相似性,人们可以利用产品之间的这种相似性进行类推。

例如:彩色电视机与黑白电视机的功能是相似的,因此可以根据黑白电视机市场的发展过程类推彩电的市场需求变化趋势。电视机与家电产品的发展过程遵循萌芽—成长—成熟—衰退的生命周期演变过程,不同阶段其市场需求特征是不同的。据调查,黑白电视机产品在5%以下家庭使用时,尚处萌芽期;在15%以下家庭使用时,属成长期;有30%家庭使用时,就进入成熟期;有70%家庭使用时,就属衰退期。所以通过对黑白电视机的发展过程进行分析,掌握黑白电视机各个阶段的市场需求特征及发生转折的时机,就可以对彩电市场需求进行估计。

2) 地区类推法

地区类推法是依据其他地区(或国家)曾经发生过的事件进行类推。这种推算方法是把所要预测的产品同国外同类产品的发展过程或变动趋向相比较,找出某些共同或类似的变化规律性,用来推测目标的未来变化趋向。例如,我国银行个人消费信贷在20世纪90年代开展以来,由于种种原因发展缓慢,但随着经济的发展和借鉴国外的经验,在北京、上海、深圳等大城市得到了发展,在运行过程中,银行发现在3个领域内最易推广,即住房、汽车、教育,这个结论和国外个人消费信贷发展过程相似,从而也指导了在我国其他城市推出个人消费信贷的重点。

当然,在利用地区类推法进行市场预测时,要注意结合所要预测的地区或国家的具体情况和特色。

3) 行业类推法

这种对比类推法往往用于新产品开发预测,以相近行业相近产品的发展变化情况,来类比某种新产品的发展方向和变化趋势。例如,我国吉林省通化市是有名的人参产地,所产人参白酒有很大市场,主要原因是人们认为其不仅是一种酒,更重要的是它还具有营养保健作用和药物作用,于是我国各类名贵中药入酒就成为各地名酒特色,如云南的三七酒,广西的蛤蚧酒等。同样,在其他食品行业进行类推,如烟草行业推出人参烟、田七烟;糖果行业推出一定药效的梨膏糖、驱虫宝塔糖等;家化行业也推出有药效的牙膏(如草珊瑚牙膏)和洗头膏等。由此可见,把行业类推法用于新产品的市场预测,是一种常用的具有效果的预测法。

4) 局部总体类推法

局部总体类推法是指以某一个企业的普查资料或某一个地区的抽样调查资料为基础,进行分析判断、预测和类推某一行业或整个市场的市场状况。在市场预测中,普查固然可以获得全面系统的资料,但由于主客观条件的限制,不可能都进行全面普查,只能进行局部普查或抽样普查。因此,在许多情况下,运用局部普查资料或抽样普查资料,预测和类推全面或大范围的市场变化就成为客观需要。例如,某家电用品公司打算开拓 5 个城市的太阳能热水器市场而进行了调查,获得了 2018 年太阳能热水器市场销售量,如表 9.2.1 所示。

表 9.2.1　5 城市 2018 年太阳能热水器市场销售量

	x_1	x_2	x_3	x_4	x_5
实际销售量(台)	19 000	3 600	2 800	7 800	4 000
城市家庭户数(万户)	200	180	130	490	210

经过对市场 200 万家庭住户的抽样调查,2019 年对太阳能热水器的需求量为每百户 4 台,即需求率为 0.04,得出市场预测值为 8 万台。但这仅是对一个城市的抽样调查,其他 4 个城市需求量如何,就要采用局部总体类推法,以一个市场资料为基础来类推其他 4 个市场的需求量,最后加以综合。

在应用局部总体类推法进行预测时应注意,该方法建立在事物发展变化的相似性基础上。事实上,事物发生的时间、地点、范围等许多条件的不同,常会使对比的事物在发展变化上有一定差异。如太阳能热水器的市场需求量是受多种因素影响的,它不仅直接受消费者家庭收入水平的影响,而且受员工的购买动机、购买习惯、兴趣爱好、品牌偏好,以及供求情况和价格水平的影响,还受气候条件其他耐用家电消费的供求情况和价格的影响。因此,以某一个市场的资料预测其他市场的需求量,显然会发生误差。然而在实践中,太阳能热水器作为一种正在进入成熟期的家电产品,销售基本上是稳定的,起伏波动较小,因而实际销售量的差异又可以近似地综合反映各地市场需求状况的多种差异。所以为简化运算,可以不再另外引入消除其影响的变数。同时由表 9.2.1 可以看到,各地市场实际销售量的差异是很大的,除需求和水平差异外,显然家庭户数也有很大的差异。这样预测时,要根据这些差异进行一定的修正,以提高类推预测法的精度。例如,为消除家庭户数对需求量的影响可以引入销售率:

$$销售率 = \frac{实际销售量}{家庭户数} \times 100\%$$

销售率反映着各地市场的消费水平。各地市场销售率的差异可以近似地反映各市场之间需求水平的差异。这样,就可以根据各市场销售率的差异以市场为基准,预测其他各市场的需求量。下面以表 9.2.1 中数据为预测样本,试对太阳能热水器在这 5 个城市今年销售情况作一预测。

首先设:Y 代表实际销售量;a 代表销售率;m 代表需求率;N 代表家庭户数;x_i 代表各地市场($i=1,2,3,4,5$),具体步骤为

(1) 计算各市场销售率,公式为:$a_{x_i} = \dfrac{Y}{N}$。

(2) 以 x_1 市场的销售率为基准,计算各市场的销售率比。销售率的比是指以 x_1 的市场销售为基准的销售率指数,如 x_2 的市场销售比为 $\dfrac{a_{x_2}}{a_{x_1}}$,其含义为当 x_1 市场量为 100 时,x_2

市场的销售量即为100×销售率比。

(3) 计算需求率 x_i 市场的销售率比为 $\frac{a_{x_i}}{a_{x_1}}$，需求率比则为 $\frac{m_{x_i}}{m_{x_1}}$，销售率比约等于需求率比。所以，x_i 市场的需求率 $(m_{x_i}) \approx m_{x_1} \cdot \frac{a_{x_i}}{a_{x_1}}$。经计算，各市场的需求率分别为：$m_{x_1}=0.04$；$m_{x_2}=0.0084$；$m_{x_3}=0.009$；$m_{x_4}=0.0067$；$m_{x_5}=0.008$。

(4) 根据各市场的需求率和家庭户数，计算需求量。

$$x_i \text{ 市场的需求量} = \text{家庭户数}(N_i) \times \text{需求率}(m_{x_i})$$

x_1 市场的需求量 $=200 \times 0.4 = 8$ (万台)

x_2 市场的需求量 $=180 \times 0.0084 = 1.51$ (万台)

x_3 市场的需求量 $=130 \times 0.009 = 1.17$ (万台)

x_4 市场的需求量 $=490 \times 0.0067 = 3.28$ (万台)

x_5 市场的需求量 $=210 \times 0.008 = 1.68$ (万台)

(5) 根据各市场的需求相加即可得到整个市场的预测需求量。

5个城市总市场需求量 $=8+1.51+1.17+3.28+1.68$
$=15.64$ (万台)

9.2.2 集合意见法

集合意见法又称集体经验判断法，它是利用集体的经验、智慧，通过思考分析、判断综合，对事物未来的发展变化趋势做出估计。由于企业内的经营管理人员、业务人员等比较熟悉市场需求及其变化动向，他们的判断往往能反映市场的真实趋向，因此它是进行短期、近期预测常用的方法。

应用集合意见法预测的步骤有以下几步：

(1) 由若干个熟悉预测对象的人员组成一个预测小组，向小组人员提出预测项目和预测的期限要求，并尽可能地向他们提供有关资料。

(2) 小组人员根据预测要求，凭其个人经验和分析判断能力提出各自的预测方案，同时每个人说明其分析理由，并允许大家在经过充分讨论后，重新调整其预测方案，力求在方案中既有质的分析，也有量的分析；既有充分的定性分析，又有较准确的定量描述。在方案中要确定3个重点：① 确定未来市场的可能状况。② 确定各种可能状态出现的概率(主观概率)。③ 确定每种状态下市场销售可能达到的水平(状态值)。

(3) 预测组织者计算有关人员的预测方案的方案期望值，即各项主观概率与状态值乘积之和。

(4) 将参与预测的有关人员分类，由于预测参加者对市场了解的程度以及经验等因素不同，因而他们每个人的预测结果对最终预测结果的影响作用有可能不同。所以要对每个预测人员分别给予不同的权数表示这种差异，最后采用加权平均法获得最终结果。若给每个预测者以相同的权数，表示各预测者的重要性相同，则最后结果可直接采用算术平均法获得，也可用中位数统计法获得结果。

(5) 确定最终预测值。

例如，某企业为使下一年度的销售计划制定得更为科学，组织了一次销售预测，由经理主持，参与预测的有销售科、财务科、计划科、信息科等科的科长，他们的预测估计值如表

9.2.2所示。

表9.2.2　某企业年度销售额预测估计表　　　　　　　　　　单位：万元

	最高销售额(概率)	最可能销售额(概率)	最低销售额(概率)	预测期望值
销售科长	4 000(0.3)	3 600(0.6)	3 200(0.1)	3 680
财务科长	4 000(0.2)	3 800(0.5)	3 500(0.3)	3 750
计划科长	3 700(0.2)	3 500(0.6)	3 000(0.2)	3 440
信息科长	3 900(0.2)	3 600(0.6)	3 300(0.2)	3 600

表内"预测期望值"栏的数据为各种情形下的销售额估计值与概率乘积之和。例如对销售科长而言，其预测期望值为

$$4\,000 \times 0.3 + 3\,600 \times 0.6 + 3\,200 \times 0.1 = 3\,680 \text{（万元）}$$

其他各位预测者的预测期望值计算方法同上，其结果列于表9.2.2。

由于预测者对市场的了解程度以及经验等因素不同，因而他们每个人的预测结果对最终结果的影响及作用有可能不同，可分别给予不同的权数表示差异，最后采用加权平均法。若各位预测者的重要性相等，则可用算术平均法。在此例中，调查预测人员从各方面因素考虑，给各人的权数分别为销售科长6、财务科长5、计划科长5、信息科长7，则该企业下一年度销售额的最终预测值为

$$\frac{3\,680 \times 6 + 3\,750 \times 5 + 3\,440 \times 5 + 3\,600 \times 7}{6+5+5+7} = 3\,618.7\text{（万元）}$$

应用集合意见法最明显的优点是可以集思广益，避免个人独立分析判断的片面性，但它同样也存在着不足。例如，有许多企业都把完成销售计划的情况作为考核销售人员业绩的主要依据，故销售人员一般都希望尽量把计划压低，从而超计划部分可获得更多的奖励。这样在预测时，销售人员就不愿把那些有可能争取到的销售数字估计进去，这一切的最终结果是降低销售预测的准确性。因此，在使用销售人员预测时，可采取一定的措施加以限制，如把预测结果同评定销售业绩分开。国外用得比较多的方法是用一个经验系数去修正每个销售人员的原预测结果，具体做法是统计每个销售人员历年的预测值与实际销售额的差距，并计算出这一差距的百分比（与实际销售额比）作为调整系数，用调整系数来修订预测值。如某销售人员预测下一年度企业的销售额为2 200万元，依据以往资料分析，实际值总是比该销售员的预测值高5％，因此预测的修正值为：2 200×(1+5％)=2 310万元，最后由每个销售人员的预测修正值得到最终销售预测值。

9.2.3　专家调查预测法

专家调查预测法又称专家意见法，是指根据市场预测的目的和要求，向有关专家提供一定的背景资料，请他们就市场未来的发展变化作出判断，提出量的估计。专家调查预测法在具体运用中，基本上采用两种形式，即专家会议法和专家小组法。这里重点介绍专家小组法。

专家小组法又称德尔菲法，是美国兰德公司(Rand Corporation)于20世纪40年代首创的。这种方法是市场预测定性方法中最重要、最有效的一种方法，应用十分广泛，可用于预测商品供求变化、市场需求、产品的成本价格、商品销售、市场占有率、商品生命周期等方面。这种方法不但在企业预测中发挥作用，还在行业预测、宏观市场预测中采用。不仅用来进行

短期预测,还可用来进行中长期预测,效果比较好。尤其是当预测中缺乏必要历史数据,应用其他方法有困难时,采用德尔菲法预测能得到较好效果。

(1) 拟订意见征询表　根据预测的目标要求,拟订需要调查了解的问题,列成预测意见征询表。征询的问题要简单明确,而且数目不宜过多,以便于专家回答。意见征询表中还需要提供一些已掌握背景的材料,供专家预测时参考。制定意见征询表应遵循以下原则:

① 问题要集中,要有针对性;问题要按等级排队,先易后难,先简单后复杂,先综合,后局部。这样可以使各个事件构成一个整体,容易引起专家回答问题的兴趣。

② 调查单位和领导小组的意见不应强加于调查的意见之中,要防止出现诱导现象,使专家的评价向领导小组靠拢,从而得出领导层观点的预测结果,这样将会大大降低预测结果的可靠性。

③ 避免组合事件,如果一个事件包括两个方面,一方面是专家同意的,另一方面是专家不同意的,这样专家就难以回答。

(2) 选定征询对象　选择的专家是否适合是专家小组法成败的关键,这是因为预测的准确性在很大程度上取决于参加预测的专家水平。对专家的要求应当是对预测主题和预测问题有比较深入的研究、知识渊博、经验丰富、思路开阔、富于创造性和判断力。要坚持专家来源广泛,并且自愿参加的原则,选择专家的人数要适度,以 20 人左右为宜。

(3) 反复征询专家意见　预测主持者通过给专家寄送意见征询表,调研者主动回收或请专家在限期内寄回结果。接到各专家的结果之后,将各种不同意见进行比较,再寄给专家,请其修正或发表自己的意见,并对他人意见进行评价。第二轮答案寄回后,加以综合整理与反馈。经过这样几轮的反复征询,使各位专家的预测意见趋向一致。

(4) 做出预测结论　根据几轮反复征询后,一般情况下专家意见会基本趋于一致,然后把最后一轮的专家意见加以统计归纳处理,得出代表专家意见的预测值和离散程度。然后预测的组织者对专家意见做出分析评价,确定预测方案。

现以无锡小天鹅公司以往的市场预测实例对专家小组法作如下介绍:

小天鹅洗衣机厂采用专家小组法,对某地区 1999 年下半年到 2000 年洗衣机的需求情况进行预测。具体步骤如下:

① 确定征询对象:预测小组选了 17 位在家电行业工作、熟悉各类洗衣机销售,并有预测性和分析能力的销售人员和统计人员,包括该地区各市的家电协会的行业负责人、洗衣机厂的营销经理,各市的销售主管、有影响力的代理商及销售额较高的大商场人员。人员比例为行业协会人员、厂销售人员、销售商各 1/3。

② 给专家发送意见征询函:函中要求专家了解征询目的和要求,在 10 天之内对本地区 1999 年下半年和 2000 年本厂洗衣机的销售量做出预测,并要有较详细的依据、意见和建议,并附有为专家提供参考的资料。如本厂洗衣机在该地区前 5 年的销售,该地区各种品牌洗衣机的销售总量,1999 年上半年的销售量,不同家庭对不同类型洗衣机选择的情况分析等等。

③ 汇总征询意见:回收第一轮征询函后,进行汇总,预测 1999 年下半年该地区该厂洗衣机销售量最低 2 万台,最高 3 万台,平均数为 2.5 万台;2000 年销售量最低 3.7 万台,最高 5.4 万台,平均数为 4.5 万台。同时专家们提出了许多对洗衣机市场的分析及如何促进洗衣机销售的意见等等。

④ 反馈汇总意见:将征询意见汇总整理归纳后,得出以下 4 条意见:一是 20 世纪 80 年代末 90 年代初的老洗衣机都将淘汰,新一轮的洗衣机更新换代将在 1999 年下半年开始,到

2000年下半年完成;二是人们对洗衣机的要求趋向于功能新颖、节水型;三是不同家庭对洗衣机容量的大小有不同要求,不同季节也有不同的要求的组合;四是由于目前各家庭收入预期有所降低,估计到2000年下半年,销售量将受到影响,需加大促销力度。将以上这些看法分别寄给专家们进行第二轮征询。为使专家们了解本厂今年在洗衣机类型上的创新情况和经营决策部门对销售部门实行的新激励机制,他们又补送了两份资料:第一份是本厂1999年推出的吸收国家最新技术的节能节水型洗衣机的产品类型介绍,第二份是本厂为激励销售部门人员的积极性,对销售有功人员可以奖励10万元以上的奖励措施,请专家们再次进行预测。函件收回后进行汇总,预计1999年下半年可达3.5万台,2000年可达6.8万台,均高于第一次平均预测水平,同时,对厂里采取的积极进取的措施专家们表示赞同,并就改革营销体制,完善激励机制等方面又提出了一些意见。

1999年下半年,该厂在该地区的洗衣机销售量达3.8万台,与专家预测的误差为8.5%;2000年为7万台,误差为2.9%。这说明运用专家小组法进行预测是接近事实的,由于对中长期趋势的预测是比较准确的,起到了定性预测的作用(资料来源:无锡小天鹅股份有限公司,《销售动态》,2001(1))。

2) 专家小组法的特点

(1) 多次反馈 采用专家小组法要多次轮番征询意见,每次征询,都必须把预测主持者的要求和已参加应答的专家意见反馈给他们。经过多次反馈,可以不断修正预测意见,使预测结果比较准确可靠。

(2) 集思广益 在整个预测过程中,每一轮都将上一轮的意见与信息进行汇总和反馈,可以使专家们在背靠背的情况下,能充分了解各方面的客观情况和别人意见以及持不同意见的理由,有助于专家们开拓思路,集思广益。

(3) 匿名性 在进行函询调查中,专家彼此不交流信息,不受领导、权威的约束和其他人的干扰,可以充分发表各种不同意见。

(4) 统计性 这种方法重视对专家意见和预测结果做出定量化的统计归纳,它对各种不同类型的预测问题采用相应的统计数理方法,专家的意见经过几轮反馈后,有可能趋向集中,统计结果趋于收敛。

专家小组法的主要缺点是:这种方法主要是凭专家们主观判断,缺乏客观标准,预测需要的时间较长。因此,这种方法一般多用于缺乏历史资料和数据的长期预测。

9.3 定量预测法

9.3.1 时间趋势延伸法

时间趋势延伸法,就是通过建立一定的数学模型,对时间序列拟合恰当的趋势线,将其外推或延伸,用以预测经济现象未来可能达到的水平。趋势延伸预测法又可以分为直线(线性)趋势预测法和非线性(曲线)趋势预测法。

1) 直线趋势延伸法

当时间序列的每期数据按大致相同的数量增加或减少时,即逐期增减量(一次差)大体相同,则可配以直线方程并利用最小二乘法进行预测。直线趋势预测模型为

$$y_t = a + bt \tag{9.1}$$

式中：y_t——预测值；

a，b——方程式的参数；

t——时间（一般用序号表示）。

根据最小二乘法的原理：$\sum(y-y_t)^2=$最小值，y为实际值，可以推导出两个标准式：

$$\left.\begin{array}{l}\sum y = na + b\sum t \\ \sum ty = a\sum t + b\sum t^2\end{array}\right\} \quad (9.2)$$

式中：n——时间序列的项数。

解标准方程式得

$$\left.\begin{array}{l}b = \dfrac{n\sum ty - \sum t \sum y}{n\sum t^2 - (\sum t)^2} \\ a = \dfrac{1}{n}\sum y - \dfrac{b}{n}\sum t = \bar{y} - b\bar{t}\end{array}\right\} \quad (9.3)$$

在运用过程中，a、b的公式很复杂，为简化a、b的计算，可采用一定的技巧将其简化，设法使$\sum t=0$。如果n为奇数，则令中间一项为零，上面记为$-1,-2,-3,\cdots$，下面的记为$1,2,3,\cdots$；如果n为偶数，则上面记为$-1,-3,-5,\cdots$，下面的记为$1,3,5,\cdots$。同样$\sum t=0$，则a、b可简化为

$$\left.\begin{array}{l}a = \dfrac{\sum y}{n} \\ b = \dfrac{\sum ty}{\sum t^2}\end{array}\right\} \quad (9.4)$$

例1：某企业2010—2019年商品销售额的资料如表9.3.1所示。

表9.3.1 某企业2010—2019年商品销售额汇总表

年份	商品销售额(y/万元)	按一般顺序排序的t			简化计算排序的t'			势值y_t
		时间序号t	t^2	ty	时间序号t'	t'^2	$t'y$	
2010	7	1	1	7	−9	81	−63	8.8
2011	12	2	4	24	−7	49	−84	12.2
2012	17	3	9	51	−5	25	−85	15.6
2013	20	4	16	80	−3	9	−60	19
2014	23	5	25	115	−1	1	−23	22.4
2015	26	6	36	156	1	1	26	25.8
2016	29	7	49	203	3	9	87	29.8
2017	32	8	64	256	5	25	160	32.6
2018	35	9	81	315	7	49	245	36
2019	40	10	100	400	9	81	360	39.4
合计	241	55	385	1 607	0	330	563	241

观察资料可发现，商品销售额按大致相同的数额增加，因此拟定直线趋势方程$y_t=a+bt$。根据表中资料，按一般序号计算，可导出

$$\begin{cases} b = \dfrac{n\sum ty - \sum t \sum y}{n\sum t^2 - (\sum t)^2} = \dfrac{10 \times 1607 - 55 \times 241}{10 \times 385 - 55^2} = 3.4 \\ a = \bar{y} - b\bar{t} = \dfrac{241}{10} - 3.4 \times \dfrac{55}{10} = 5.4 \end{cases}$$

则直线趋势方程为

$$y_t = 5.4 + 3.4t$$

将代表各年度的 t 值代入方程即可计算出各年的预测值。如预测 2022 年的商品销售额，相对应的 $t = 13$，$y_t = 5.4 + 3.4 \times 13 = 49.6$。

用简化法计算，见表 9.3.1 中后半部分。

【分析提示】

$$\begin{cases} b = \dfrac{\sum t'y}{\sum t'^2} = \dfrac{563}{330} = 1.7 \\ a = \dfrac{\sum y}{n} = \dfrac{241}{10} = 24.1 \end{cases}$$

代入方程得

$$y_t = 24.1 + 1.7t'$$

也将代表各年度的 t' 值代入方程，则可发现与上一种方法计算的预测值相同，且 $\sum y_t = \sum y$。仍预测 2022 年的商品销售额，相对应的 $t' = 15$，$y_t = 24.1 + 1.7 \times 15 = 49.6$。

2）曲线趋势延伸法

在市场预测中，经常会遇到经济现象的发展呈非线形变化，其发展趋势表现为各种不同形态的曲线。此时则用相应的曲线趋势方程进行拟合，用以描述其发展的长期趋势。

（1）二次曲线趋势延伸预测法　如果时间序列各期水平的二级增减量大致相同（即二次差近似相同），则其发展趋势描绘近似一条二次曲线，可以配合相应的趋势方程：

$$y_t = a + bt + ct^2 \tag{9.5}$$

式中，a、b、c 3 个待定参数同样可使用最小平方法求得。因为有 3 个待定参数，根据最小平方法可推导出 3 个标准方程：

$$\left.\begin{array}{l} \sum y = na + b\sum t + c\sum t^2 \\ \sum ty = a\sum t + b\sum t^2 + c\sum t^3 \\ \sum t^2 y = a\sum t^2 + b\sum t^3 + c\sum t^4 \end{array}\right\} \tag{9.6}$$

由此可以推出

$$\left.\begin{array}{l} b = \dfrac{\sum ty}{\sum t^2} \\ c = \dfrac{n\sum t^2 y - \sum t^2 \sum y}{n\sum t^4 - (\sum t^2)^2} \\ a = \dfrac{\sum y - c\sum t^2}{n} \end{array}\right\} \tag{9.7}$$

例 2：根据资料，某煤矿 2010—2018 年原煤产量如表 9.3.2 所示。

表 9.3.2　某煤矿 2010—2018 年原煤产量　　　　　　　　　　　　　　　单位：万吨

年份	产量(y/万元)	序号(t)	t^2	t^4	ty	t^2y
2010	158	-4	16	256	-632	2 528
2011	171	-3	9	81	-513	1 539
2012	187	-2	4	16	-374	748
2013	206	-1	1	1	-206	206
2014	228	0	0	0	0	0
2015	253	1	1	1	253	253
2016	281	2	4	16	562	1 052
2017	312	3	9	81	936	2 808
2018	346	4	16	256	1 384	5 536
合计	2 142	0	60	708	1 410	14 670

该企业产量的二级增减量大体相同，其发展趋势应属二次曲线型，模型为
$$y_t = a + bt + ct^2$$

根据表中计算资料，运用最小平方方法可导出：

$$\begin{cases} b = \dfrac{\sum ty}{\sum t^2} = \dfrac{1\,410}{60} = 23.5 \\ c = \dfrac{n\sum t^2 y - \sum t^2 \sum y}{n\sum t^4 - (\sum t^2)^2} = \dfrac{9 \times 14\,670 - 60 \times 2\,142}{9 \times 708 - 60^2} = 1.27 \\ a = \dfrac{\sum y - c\sum t^2}{n} = \dfrac{2\,142 - 1.27 \times 60}{9} = 229.53 \end{cases}$$

【分析提示】

将 a、b、c 值代入抛物线方程，即得
$$y_t = 229.53 + 23.5t + 1.27t^2$$

若要预测 2020 年的产量，则其对应的 $t = 6$ 代入上述方程：
$$y_t = 229.53 + 23.5 \times 6 + 1.27 \times 36 = 416.25 \text{（万吨）}$$

即 2020 年该煤矿的产量预测为 416.25 万吨。

(2) 指数曲线趋势预测法　在前面介绍了当时间序列的一次差或二次差近似相同时的趋势变化的预测方法，如果当时间序列的一次差按近似相同的百分比变化时，则应相应地拟合一条指数曲线进行模型预测。模型公式为

$$y_t = k + ab^t \qquad (0 < b < 1) \tag{9.8}$$

指数曲线模型的数字特征如表 9.3.3 所示。

表 9.3.3　指数曲线模型数字特征表

年度	$y_t = k + ab^t$	一次差($y_t - y_{t-1}$)	一次差比率 $\dfrac{y_t - y_{t-1}}{y_{t-1} - y_{t-2}}$
0	$k + a$	—	—
1	$k + ab$	$a(b-1)$	—
2	$k + ab^2$	$ab(b-1)$	b
…	…	…	…
$t-1$	$k + ab^{t-1}$	$ab^{t-2}(b-1)$	b
t	$k + ab^t$	$ab^{t-1}(b-1)$	b

对于指数曲线模型,通常采用分组法进行转换运算,即将所有的观察值 y_1, y_2, $\cdots$, y_n 分成3组,每个组的个数为 m,若 n 不能被3整除,则将起始的余数个数观测值舍去。3组数据的和分别记为 $\sum y_1$、$\sum y_2$、$\sum y_3$。经整理计算,可推导出 k、a、b 3个参数值:

$$\left. \begin{aligned} b &= \left[\frac{\sum y_3 - \sum y_2}{\sum y_2 - \sum y_1} \right]^{\frac{1}{m}} \\ a &= \frac{b-1}{(b^m-1)^2} \cdot \frac{\sum y_2}{\sum y_1} \\ k &= \frac{1}{m} \left(\sum y_1 - a \cdot \frac{b^m - 1}{b - 1} \right) \end{aligned} \right\} \quad (9.9)$$

将这3个参数值代入模型公式,即可计算出预测值了。

9.3.2 指数平滑法

指数平滑法是一种通过对预测目标历史统计序列的逐层的平滑计算,消除随机因素造成的影响,找出预测目标的基本变化趋势,以此预测目标的未来变化趋势的方法。这种方法的预测效果比移动平均法要好,因而应用范围也更广泛。指数平滑法按平滑次数的不同又分为一次指数平滑、二次指数平滑和三次指数平滑。本节将介绍一、二次指数平滑法。

1) 一次指数平滑法

(1) 指数平滑法的基本形式和特点 指数平滑法是根据对权数递增快慢的要求,选择权数 α ($0 < \alpha < 1$,又称为平滑系数),对本期的实际值 y_t 加权平均来推算下一期的预测值 $\bar{y}_{t+1}$ 的一种预测方法,因此又称指数加权平均法。计算公式为

$$\bar{y}_{t+1} = \alpha y_t + (1-\alpha)\bar{y}_t \quad (9.10)$$

上式也可表示为

$$\bar{y}_{t+1} = \bar{y}_t + \alpha(y_1 - \bar{y}_t) \quad (9.11)$$

该式的意义是下一期预测值是本期预测值加上 α 乘以本期的预测误差 $(y_1 - \bar{y}_t)$。α 值反映并确定了预测误差中需要调查的比例大小。这种预测方法称为一次指数平滑法。

公式(9.10)的展开式为

$$\begin{aligned} \bar{y}_{t+1} &= \alpha y_t + (1-\alpha)\bar{y}_t \\ &= \alpha y_t + \alpha(1-\alpha)y_{t-1} + \alpha(1-\alpha)^2 \bar{y}_{t-1} \\ &= \alpha y_t + \alpha(1-\alpha)y_{t-1} + \alpha(1-\alpha)^2 \bar{y}_{t-2} + \alpha(1-\alpha)^3 y_{t-3} \\ &\quad + \cdots + \alpha(1-\alpha)^{t-1} y_1 \end{aligned} \quad (9.12)$$

当 t 很大时,式中最后一项 $\alpha(1-\alpha)^{t-1}\bar{y}_0$ 接近于零,可略去,则上式可表示为

$$\bar{y}_{t+1} = \sum_{i=0}^{t-1} \alpha(1-\alpha)^i y_{t-i} \quad (9.13)$$

指数平滑法具有以下两个特点:

① 由公式(9.10)可见,一次指数平滑法不需要存储近 n 期的观察值,只需要第 t 期的观察值 y_t 和预测值 $\bar{y}_t$,再由预测者选择一个合格的平滑系数 α 即可预测 $t+1$ 期。

② 该方法得到预测值是对整个序列的加权平均,且权数符合近期大、远期小的要求。当观察数据很多时,其权数之和接近于1。

$$S = \sum_{i=0}^{t-1} \alpha(1-\alpha)^t = \alpha\left[\frac{1-(1-\alpha)^t}{1-(1-\alpha)}\right] = 1-(1-\alpha)^t$$

当 $t \to \infty$ $\lim\limits_{t \to \infty} S = \lim\limits_{t \to \infty}[1-(1-\alpha)]^t = 1$ (9.14)

这从客观上保证了各加权系数的一致性,消除了权数确定的随意性。

(2) 平滑系数 α 的选择 在应用指数平滑法进行预测时,平滑系数 α 的选择是非常重要的。平滑系数 α 值的大小直接影响权数 $\alpha(1-\alpha)^t$ 按指数规律衰减的速度,而且决定了预测模型修匀误差 $[即\alpha(y_t - \bar{y}_t)]$ 的能力。

从理论上讲,α 取 0~1 之间的任意数值均可以。具体选择使用时,应先分析时间序列的变化趋势:

① 当时间序列呈稳定的水平趋势时,α 应取较小值,如 0.1~0.3。

② 当时间序列呈较大的波动趋势时,α 应取居中值,如 0.3~0.5。

③ 当时间序列波动呈明显的上升或下降的斜坡趋势时,α 应取值较大些,如 0.6~0.8,以使预测的灵敏度增高。

④ 在实用中,可取若干个 α 值进行比较,选择预测误差最小的 α 值。

(3) $\bar{y}_1$ 的确定 根据公式(9.10)可知,当 $t=2$ 时,有 $\bar{y}_2 = ay_1 + (1-\alpha)\bar{y}_1$,这里的 $\bar{y}_1$ 不能通过运算得出。因此初始值 $\bar{y}_1$ 的选择可以按资料的项数多少来确定。当资料项数很多时(一般超过 20 项)初始值对预测结果影响较小,可以选择第一期的实际值作为初始值,即 $y_1 = \bar{y}_1$;当资料项数较少时(一般少于 20 项),初始值对预测结果影响较大,可选择研究时间以前一段时间数据的平均值作为初始值。

例 3:某发电厂周发电量如表 9.3.4 所示,用一次指数平滑法预测该发电厂第 21 周的发电量。

表 9.3.4 某发电厂周发电量及一次指数平滑预测值计算表

周数	t	生产量 y_t	$\alpha=0.2$ 的预测值 $\bar{y}_t$	$\alpha=0.5$ 的预测值 $\bar{y}_t$
1	1	128	130	130
2	2	132	129.6	129
3	3	130	130.08	130.8
4	4	129	130.064	130.04
5	5	130	129.851 2	129.532
6	6	134	129.881	129.925 6
7	7	128	130.704 8	131.940 5
8	8	136	130.163 8	129.352 4
9	9	135	131.331 1	133.081 9
10	10	134	132.064 8	133.165 5
11	11	130	132.451 9	133.032 4
12	12	135	131.961 5	131.225 9
13	13	133	132.569 2	133.480 7
14	14	137	132.655 4	132.784 6
15	15	135	133.524 3	134.827 7
16	16	130	133.819 4	134.262 1
17	17	134	133.055 5	131.909 7
18	18	136	133.244 4	133.527 8
19	19	135	133.795 5	134.622 2
20	20	137	134.036 4	134.397 8
21	21	—	134.629 2	135.518 2

2）二次指数平滑法

一次指数平滑法只适用于时间序列有一定波动但没有明显的长期递增或递减的短期预测,若进行中长期预测,则会造成显著的时间滞后,产生较大的预测误差。为弥补这一缺陷,可采用二次指数平滑法。

二次指数平滑法是在一次指数平滑的基础上再进行一次平滑,利用两次平滑值建立的线形趋势模型进行预测。计算公式为

$$S_t^{(2)} = \alpha S_t^{(1)} + (1-\alpha)S_{t-1}^{(2)} \tag{9.15}$$

式中：$S_t^{(1)}$——一次指数平滑值,即 $\bar{y}_{t+1}$；

$S_t^{(2)}$——二次指数平滑值；

α——平滑系数。

当时间序列 $\{y_t\}$ 从第 t 期开始以后具有直线变化趋势时,可建立如下线形趋势模型：

$$\bar{y}_{t+T} = a_t + b_t T \qquad (T=1,2\cdots) \tag{9.16}$$

式中

$$\left. \begin{array}{l} a_t = 2S_t^{(1)} - S_t^{(2)} \\ b_t = \dfrac{\alpha}{1-\alpha}(S_t^{(1)} - S_t^{(2)}) \end{array} \right\} \tag{9.17}$$

需要注意的是：二次指数平滑法适用于具有线性趋势数据的处理分析。若时间序列呈非线性变化趋势,则可用三次指数平滑法。

9.3.3 回归分析法

回归分析法是预测学的基本方法,它是在分析因变量与自变量之间的相互关系,建立变量间的数量关系近似表达的函数方程,并进行参数估计和显著性检验以后,运用回归方程式预测因变量数值变化的方法。其中,表达经济变量间的数学表达式称为回归方程。

1）一元线性回归法

一元线性回归法是回归分析预测中最基本的方法。

影响经济变化的众多因素中有一个起决定作用的因素,且自变量与因变量的分布呈线性趋势的回归,用这种回归分析来进行预测的方法就是一元线性回归法。一般地,一元线性回归方程为

$$y_t = a + bx \tag{9.18}$$

式中：y——因变量；

x——自变量；

a、b——参数,b 又称回归系数,用以说明 x 每增加一个单位所引起的 y 的增加值。

下面通过举例,说明一元线性回归法的使用。

例4：根据经验,企业的商品销售额同广告费支出之间具有相关关系。某企业2009年至2018年的商品销售额和广告费支出的资料如表9.3.5所示。

表 9.3.5　某企业商品销售额与广告费支出表

年份	广告费支出(x_i/万元)	商品销售额(y_i/百万元)	xy	x^2	y^2
2009	4	7	28	16	49
2010	7	12	84	49	144
2011	9	17	153	81	289
2012	12	20	240	144	400
2013	14	23	322	196	529
2014	17	26	442	289	676
2015	20	29	580	400	841
2016	22	32	704	484	1 024
2017	25	35	875	625	1 225
2018	27	40	1 080	729	1 600
合计	157	241	4 508	3 013	6 777

预测该企业 2021 年的广告费支出为 35 万元,要求在 95% 的概率下预测该年的商品销售额。

预测步骤:

(1) 进行相关分析　在坐标系上将广告费支出和商品销售额的数据标出,形成散点图,可以发现二者关系呈现直线趋势,从而判定二者呈一元回归。

(2) 建立回归方程　回归方程为:

$$y_t = a + bx$$

关键是求参数 a、b 的值。

根据表 9.3.4 的有关数据,利用最小平方方法可以求出:

$$b = \frac{n\sum xy - \sum x \sum y}{n\sum x^2 - (\sum x)^2} = \frac{10 \times 4\,508 - 157 \times 241}{10 \times 3\,013 - (157)^2} = 1.321$$

$$a = \bar{y} - b\bar{x} = \frac{\sum y}{n} - b \times \frac{\sum x}{n} = \frac{241}{10} - 1.321 \times \frac{157}{10} = 3.36$$

所求回归方程是

$$y_t = 3.36 + 1.321x$$

(3) 进行检验

① 计算相关系数:相关系数用来衡量两个变量之间是否存在线性相关以及相关程度的强弱。用公式表示为:

$$\gamma = \frac{n\sum xy - \sum x \sum y}{\sqrt{n\sum x^2 - (\sum x)^2} \cdot \sqrt{n\sum y^2 - (\sum y)^2}}$$

$$= \frac{10 \times 4\,508 - 157 \times 241}{\sqrt{10 \times 3\,013 - 157^2} \times \sqrt{10 \times 6\,777 - 241^2}}$$

$$= 0.999\,4$$

取显著性水平 $\alpha = 0.05$, $df = n - 2 = 8$(df 为自由度)。查相关系数临界值表得

$$\gamma_{0.05(8)} = 0.632$$

因为 $\gamma > \gamma_a$,说明广告费支出与商品销售额存在很强的正相关关系。

② 决定系数 γ^2 检验和 F 检验：决定系数 γ^2 检验和 F 检验都是用来检验回归方程线性关系的显著性，二者在检验原理上大体相同，均借助了方差分析：

$$\sum(y-\bar{y})^2 = \sum(y-y_t)^2 + \sum(y_t-\bar{y})^2$$

式中：$\sum(y-y_t)^2$—— 总变差；

$\sum(y-y_t)^2$—— 剩余变差；

$\sum(y-\bar{y})^2$—— 回归变差。

上例 4 的一元线性回归推算表见表 9.3.6

表 9.3.6　一元线性回归推算表

时间	x	y	y_t	$(y-y_t)^2$	$(y_t-\bar{y})^2$	$(y-\bar{y})^2$	$(x-\bar{x})^2$
1	4	7	8.644	2.703	238.888	292.41	136.89
2	7	12	12.607	0.368	132.089	146.41	75.69
3	9	17	15.249	3.066	78.340	50.41	44.89
4	12	20	19.212	0.621	23.893	16.81	13.69
5	14	23	21.854	1.313	5.045	1.20	2.89
6	17	26	25.817	0.033	2.948	13.61	1.69
7	20	29	29.78	0.608	32.262	24.01	18.49
8	22	32	34.422	0.178	69.256	62.41	39.69
9	25	35	36.385	1.918	150.921	118.81	86.49
10	27	40	39.027	0.947	222.815	252.81	127.69
合计	157	241	240.997	11.755	956.457	968.90	546.10

决定系数 γ^2 利用回归变差、点变差、总变差的比重说明回归直线的代表性，这个比例越大，说明 x 与 y 之间关系越密切，回归直线代表性越好。一般地，γ^2 的取值在 0~1 之间。

$$\gamma^2 = \frac{\sum(y_t-\bar{y})^2}{\sum(y-\bar{y})^2} = \frac{956.547}{968.90} \times 100\% = 98.71\%$$

F 检验法将自变量作为一个整体来检验与因变量之间的线性关系是否显著。其计算为

$$F = \frac{\sum(y_t-\bar{y})^2}{\sum(y-y_t)^2/(n-2)} = \frac{956.457}{11.755/8} = 651.20$$

取显著水平 $\alpha = 0.05$，$df_1 = 1$，$df_2 = n-2 = 8$，查 F 分布得

$$F_{0.05(1, 8)} = 5.32$$

因为 $F > F_\alpha$，说明广告费支出与商品销售额线性关系显著。这与决定系数 γ^2 检验结论一致。

（4）进行预测

① 点预测：2021 年的广告费支出预计为 35 万元。

将 $x_0 = 35$（万元）代入回归方程：

$$y_t = 3.36 + 1.321 \times 35 = 49.595（百万元）$$

即 2021 年的商品销售额可望达到 4 959.5 万元。

② 区间预测：计算估计标准误差

$$S_y = \sqrt{\frac{\sum(y-y_t)^2}{n-2}} = \sqrt{\frac{11.755}{8}} = 1.212$$

因为，$\alpha = 0.05$，$df = 8$，查 t 分布表得

$$t_{\frac{\alpha}{2}, n-2} = t_{0.025, 8} = 2.036$$

当广告费支出达到 $x_0 = 35$ 万元时，商品销售额的预测值区间为

$$= y_t \pm t_{\frac{\alpha}{2}, n-2} S_y \sqrt{1 + \frac{1}{n} + \frac{(x_0 - \bar{x})^2}{\sum(x-\bar{x})^2}}$$

$$= 49.595 \pm 2.306 \times 1.212 \times \sqrt{1 + \frac{1}{10} + \frac{(35 - 15.7)^2}{546.1}}$$

$$= 49.595 \pm 3.731$$

即若以 95% 的把握程度预测，当广告费支出达到 35 万元时，商品的销售额在 4 586.4～5 332.6 万元之间。

2）多元线性回归分析法

在进行市场预测时，常常遇到变量并非两者之间的关系，而是几个因素共同发生作用，用一元线性回归分析法已不能进行预测，这时可以使用多元线性回归分析法进行预测。

(1) 多元线性回归分析法的概念　影响因变量的因素有两个或两个以上，且自变量与因变量的分布呈线性趋势的回归，用这种回归分析来进行预测的方法就是多元线性回归分析法。例如影响商品销售额的因素除广告费以外，价格、销售网点和居民收入等因素均发挥作用，这时就需要建立多元回归分析预测模型。

(2) 多元线性回归分析法的使用　具体的回归方程的一般式是

$$y_t = a + b_1 x_1 + b_2 x_2 + \cdots + b_n x_n \tag{9.19}$$

式中：$x_1, x_2, \cdots, x_n$——n 个影响 y 的自变量；

$a, b_1, b_2, \cdots, b_n$——回归参数。

存在两个自变量条件下的多元线性回归方程称为二元回归方程，即

$$y_t = a + b_1 x_1 + b_2 x_2 \tag{9.20}$$

它是多元线性回归方程中的特例。

多元（以二元为例）线性回归分析的步骤如下：

① 建立线性方程

$$y = a + b_1 x_1 + b_2 x_2$$

参数 a、b_1、b_2 仍使用最小平方法推算，得到

$$\left.\begin{array}{l}\sum y = na + b_1 \sum x_1 + b_2 \sum x_2 \\ \sum x_1 y = a \sum x_1 + b_1 \sum x_1^2 + b_2 \sum x_1 x_2 \\ \sum x_2 y = a \sum x_2 + b_1 \sum x_1 x_2 + b_2 \sum x_2^2\end{array}\right\} \tag{9.21}$$

将相关数据代入上述方程组，得到系数 a、b_1、b_2。

所以，二元线性回归方程为

$$y_t = a + b_1 x_1 + b_2 x_2 \tag{9.22}$$

② 检验：利用复相关系数检验回归方程整体显著性

$$R = \sqrt{1 - \frac{\sum(y - y_t)^2}{\sum(y - \bar{y})^2}}$$

简算公式为

$$R = \sqrt{1 - \frac{\sum y^2 - a\sum y - b_1\sum x_1 y - b_2\sum x_2 y}{\sum y^2 - n\bar{y}^2}}$$

取一个特定的 α,并计算出 $df = n - k - 1$(k 为自变量个数),查相关系数临界值表得到 $R_{\alpha, df}$。如果 $R > R_\alpha$,说明 x_1、x_2 与 y 线性关系显著。

③ 预测

A. 点预测:将 x_1、x_2 代入公式得到预测值 y_t。

B. 区间预测:计算估计标准误差

$$S = \sqrt{\frac{\sum(y - y_t)^2}{n - 3}}$$

取 α,$df = n - 3$,查 t 分布表得到:$t_{\alpha/2, df}$,所以,预测区间为 $y_t \pm t_{\alpha/2} S$。

在掌握基本的定量预测知识的基础上,可以借助 Excel、SPSS 等计算机软件,以及大数据技术,对调研数据作更多样、深入、精确的预测,从而提高预测的效率。例如,利用 Excel 绘制散点图,为散点图添加各种趋势线,直接显示趋势线的公式和 R^2 值等功能,可以便捷地做出定量预测。

【本章小结】

本章介绍了市场预测的概念与类型、原则、步骤以及市场预测的定性预测和定量预测。定性预测法中详细介绍了对比类推法、集合意见法、专家调查预测法;定量预测法中介绍了时间趋势延伸法、指数平滑法和回归分析法。进行市场预测,首先应以市场调查为基础,坚持连续性、类推以及相关分析、质与量分析相结合的原则,市场预测由于分类标志的不同而表现为定性、定量等种类,一般市场预测是以市场需求、市场供给或市场营销环境为内容的,在市场预测中,需按照确定目标,收集分析资料,并依靠一定的经济模型或预测方法进行分析、评价、确定预测值的程序进行。市场预测是企业对未来经营状况进行预计、分析和推断的重要途径。

全面了解和掌握定性预测和定量预测,掌握定性预测和定量预测的几种方法,了解定性预测方法和定量预测方法的优点及局限性,会有助于你对定性预测的理论和实践更深刻的认识和理解。

关键概念

市场预测　　对比类推法　　集合意见法　　专家调查预测法　　时间趋势延伸法
指数平滑法　　回归预测分析法

思考题

1. 什么是市场预测?市场预测应遵循哪些原则?
2. 市场预测的一般步骤是怎样的?
3. 对比类推法有哪几种应用形式?它们的类比依据是什么?

4. 集合意见法有何特点？其结果如何处理？
5. 何谓专家调查预测法？它的预测程序、预测特点是什么？
6. 一次指数平滑法中平滑系数 α 应如何选取？
7. 在使用直线趋势延伸法预测时，一般应将序号 t 如何处理才能使计算过程简便但又不影响预测效果？
8. 回归预测分析通常分哪几个步骤？

实训题
1. 请调查某商品的市场销售情况（使用二手资料也可），并使用时间趋势延伸法中某一合适的方法进行下一周期商品销售情况的预测。
2. 用本章学过的一元线性回归预测方法，通过市场上某商品的销售量与价格之间的关系，预测以后该商品的销售情况。

10 环境调研

【学习目标】
◎ 了解环境调研的意义和内容；
◎ 熟悉经济环境、政法环境、社会文化环境、科学技术环境和自然环境的构成要素；
◎ 掌握经济环境调研的对象与方法；
◎ 掌握政法环境调研的对象与方法；
◎ 了解社会文化环境、科学技术环境和自然环境调研的对象与方法。

企业不可能是一个"孤岛"，实际上，任何企业的经营活动都与外部环境紧密相关，企业从事生产经营活动的资源需要从外部环境中获取，企业的产品最终需要在环境中实现销售、实现使用价值。而企业面对的是一个怎样的环境呢？怎样对环境进行准确的分析和界定？如何避免环境威胁，寻找环境机会呢？本章从环境的构成要素、调研对象、调研方法等三方面，对经济环境、政法环境、社会文化环境、科学技术环境和自然环境等进行分析。

【导入案例】　　　　　　　　哈默的酒桶

美国人哈默从苏联经商回国时，正是富兰克林·罗斯福逐步走上总统宝座的时候。罗斯福提出解决经济危机的"新政"，获得一些人的赞同，同时也有一些人对"新政"能否成功持怀疑态度。哈默研究了当时美国国内的政治形势，认为罗斯福肯定会掌握美国政权。正是从这点出发，具有商人头脑的哈默找到了一条发财新路。他认为，一旦罗斯福执政，"新政"就会施行，1920年公布的禁酒令肯定会被废除。为了满足全国对啤酒和威士忌酒的需求，那时将需要空前数量的酒桶，尤其是需要经过处理的白橡木制成的酒桶，而当时美国市场上却没有酒桶出售。身居苏联多年的哈默，很清楚地知道苏联有制作酒桶用的桶板可供出口，于是他向苏联订购了几船桶板，并在国内建起现代化的酒桶厂。当哈默的酒桶从生产线上滚滚而下时，恰好赶上罗斯福废除禁酒令，人们对啤酒、威士忌的需求大增。酒厂生产量急剧增加，这就需要大量酒桶。于是哈默的酒桶被最大的威士忌和啤酒厂家用高价抢购一空。哈默又掘到一桶金。这是哈默对政治形势变化的准确观察判断并预测到经济形势和市场需求变化，从中获得的商机。

哈默是环境研究与分析的受益者，那么影响企业经营的外部环境因素有哪些？这些环境因素又包括哪些具体指标？环境调研的方法有哪些呢？这是本章要讨论的问题。

10.1 环境调研概述

10.1.1 环境调研的意义

企业的经营活动是在复杂的社会环境中进行的，企业的经营活动要受企业本身条件和外部环境的制约,对外部环境一无所知的决策是不可想象的,企业的产品和服务,只有满足了消费者的需求,才能得到社会承认。外部环境对于企业来说是"不可控"因素,但环境的变化,既可以给企业带来市场机会,也可以形成某种威胁。企业可以通过环境调研,了解"不可控"因素状况,及时调整其"可控"因素(经营策略),以避免环境威胁,捕捉新的市场机会。

由此可见,环境调研具有两个方面的意义:

1) 寻找企业机会

如前例,哈默预测到罗斯福"新政"必将得以实施,根据国内政策的调整趋向及其对市场、企业的影响,先抓住机会,又掘了一桶金。

2) 避免环境威胁

环境既能为企业提供机会,也经常会造成障碍和限制,甚至形成威胁。企业通过环境调研,主动预测、分析,完全可以预见性地采取相应的应变措施,以适应外部环境变化,达到避开威胁、利用机会的目的,保证企业的健康发展。

例如:1973年全球出现了一次石油危机,油价暴涨,对世界经济产生了很大的冲击,汽车行业首当其冲。但由于这次危机持续时间不长,克莱斯勒公司没有注意到这一重要情况,继续生产美国人当时非常喜欢的大型汽车。而当时美国通用汽车公司、福特汽车公司以及日本丰田汽车公司都注意到这一意外事件,他们预测到新的石油危机在不久会到来。为此,这3家公司都及时地改变了经营方针,改为生产小型汽车,同时采用各种技术手段降低油耗。当1978年第二次石油危机爆发时,通用、福特、丰田3家公司乘机推出低油耗小型的汽车,销量大增。而克莱斯勒公司却受到猛烈冲击,1979年突然亏损7亿多美元,打破了美国有史以来企业亏损的最高纪录,企业几乎倒闭。

从上述案例中,人们可以受到许多启发。同样的环境因素变化,在对有的企业产生威胁时,也可能为其他企业带来机会,企业在环境面前不是无能为力的,企业应保持对环境因素变化的敏感性,要及时采取相应的措施来调整其经营战略和策略,主动适应其变化,避开威胁,把握机会。为达到这个目的,就需要对影响企业的环境因素进行具体分析,弄清影响企业经营的环境因素现状及变化趋势。

企业外部与企业经营有关的因素,都称环境因素,它包括经济、政法、社会文化、科技、自然等环境因素,这些外部环境因素对企业的作用是间接的,影响的范围更为广泛,因此,企业必须密切关注并对其变化及时做出反应。

10.1.2 环境调研的内容

1) 经济环境

经济环境是指企业所面临的社会经济条件及其运行状况和发展趋势。有两种经济因素反映一个国家(或地区)的市场吸引力,即国家(或地区)的产业结构及其收入分配。在经济环境调查中,应着重把握一国(或一个地区)总的经济发展前景。一般而言,经济发展速度快的国家(或地区)市场机会较多,市场前景光明;而经济发展停滞的国家(或地区),购买力有限,市场机会相对较少,市场前景暗淡。

2) 政法环境

政法环境是政治环境和法律环境的合称。企业的一切经营活动都要受政治与法律环境的规范、强制和约束。政治环境是由政治体制、政府、政策、政局等构成,法律环境则是由法律法规及执行状况、社会法治水平等因素构成。

企业总是在一定的政法环境中运行的,因此,环境调研中应密切注视政治与法律环境的变化。政治环境可以分为国内政治形势和国际政治形势两部分。国内政治形势调研,主要是分析研究政府的路线、方针、政策的制定及其调整对市场、对企业产生的影响。国际政治形势调研,主要是分析研究相关国家的社会性质、政治体制、与本国政府关系等情况。

从某种意义上讲,市场经济就是法制经济,法律环境调研就是要分析研究国家的各项法规、法令、条例等,尤其是经济立法,如合同法、专利法、商标法、知识产权法、进出口关税条例等;在国际贸易中,还要熟悉国际贸易惯例和要求、WTO 的规则。这些因素会从不同角度对企业经营活动产生影响,对市场消费需求的形成和实现产生一定的调节作用,企业经营者不仅要熟悉,而且要善于适应和运用。

3) 社会文化环境

社会文化环境不像其他环境因素那样显而易见和易于理解,但又无时不在地影响着企业的经营活动。

文化的涵盖面很广,一般是指人类在社会发展过程中所创造的物质财富与精神财富的总和,是人类创造历史的发展水平、程度和质量状态。人们在其成长过程中自觉不自觉地接受了其所处的社会文化环境给予的基本信仰、价值观和行为规范,而且,随着社会经济的发展,人们的信仰、观念、行为也在发生着变化。

企业进行市场调研所要分析的社会文化环境,是指市场所在地整体消费者的民族特征、价值观念、宗教信仰、道德规范、社会习惯、生活准则、民风民俗、教育水平、语言文字等的总和。社会文化因素对企业经营和销售的影响是多层次、全方位、渗透性的。社会文化因素既是市场构成的主要因素之一,又是企业在市场调研和市场策划时必须分析的主要环境因素,更是决定企业市场开拓能否成功的关键因素。因此,认真分析研究企业所处的社会文化环境是十分必要的。

4) 科技环境

科学技术是决定人类社会发展的关键力量,是社会生产力中最重要的构成要素。科学技术深刻影响着人类的社会历史进程和社会经济的各个方面,自然也影响着企业的经营活动。菲利普·科特勒说过,每一项重大的科学技术的发明与进步,都是一种"破坏性"创造,即在一个新产品、新产业开始蓬勃发展的同时,也意味着一些旧产品和旧产业正在走向衰落。目前,社会正处于第三次技术革命浪潮中,人类在生物技术、新材料技术、能源技术、空间技术、海洋工程技术等方面得到空前发展。企业应密切关注所在领域和相关领域科技环境的发展变化,及时采用新技术和调整企业经营,为企业的发展创造机会,否则会给企业的生存带来威胁。

5) 自然环境

自然环境主要是指作为生产投入或对企业经营活动有影响的自然物资环境,包括资源、气候、地理环境等。目前,这方面的环境正处于深刻变化之中,如自然原料日益短缺,环境污染日益严重,政府对自然资源的干预不断加强。

自然环境会使消费者对商品的选择具有一定的针对性,而且会导致消费习惯、消费结构、消费方式等方面的差异。此外,产品在不同的自然环境中的适用程度和需求程度也会有很大差异,由此引发市场需求规模、结构等方面的不同。

宏观环境因素是不可控因素,是不以企业意志为转移的,因此,市场调研首先要对企业所处的外部环境进行调研,以便对这些不可控制因素的特征有充分了解,从而避免在经营活动中出现与周围环境相冲突的情况,并尽量利用环境中有利于企业发展的方面,保证企业经营活动的顺利进行。

10.2 经济环境调研

10.2.1 经济环境调研要素

1) 经济发展状况

经济发展状况主要影响市场容量和市场需求结构。不同的经济发展状况,消费者的消费需求规模和结构会有很大差别。经济发展水平快,就业人口相应增加,居民收入水平提高,社会购买力扩大,会引起消费需求增加和消费结构改变,企业市场机会会增多;反之需求量则减少,企业市场机会也会较少。我国各地区经济发展水平很不平衡,在东部、中部、西部三大地带之间,经济发展水平客观上存在东高西低的梯度。同时,在各地带的不同省市,又呈现多极化发展趋势。可以通过调查当地国民生产总值、经济增长速度、对外贸易增长率、社会商品购买力水平、人均年收入、储蓄额、失业率等指标,分析一国或一个地区的经济发展水平,以确定该地区的市场容量和市场需求结构,并密切关注各地经济发展的变化给企业带来的机会或威胁。

2) 经济结构特点

经济结构包括产业结构、需求结构、地区结构、所有制结构等方面。我国现阶段正处于经济结构调整期,经济结构的升级优化促进了经济的发展,同时带来了社会结构的变化。例如,城市化趋势就是经济结构调整的典型体现,以江苏为例,1982年城镇人口占全省人口的15.82%,至1990年为21.58%,2000年为42.25%,2017年达到68.8%。城市化是一个综合过程,伴随着人口的地域移动和居住地转移,全社会的就业水平与结构、收入水平与结构、消费水平与结构都发生变化。产业结构方面,第一产业增长速度减缓,比重下降,从业人员数下降,第二、三产业增长速度加快,比重上升,从业人员数上升;所有制结构中国有企业比重下降,民营企业比重上升,这是我国经济结构调整的方向和目前的特点,这对企业决定投资方向、确定目标市场、决定营销战略都有重大影响。

3) 消费者收入及分布特点

消费者收入是指消费者个人从各种来源所得到的货币收入,通常包括工资、奖金、补贴等基本收入,以及红利、馈赠、租金等特殊收入。消费者收入决定消费资料购买力,是社会购买力的重要组成部分,而且,由于生产资料需求是由消费资料需求引发、派生出来的,因而对经营生产资料的企业的经营活动也会产生重大影响。

消费者收入调研的两个重要指标是个人可支配收入和可任意支配收入。个人可支配收入,是指个人收入减去直接负担的各种税款和非税性负担之后的余额。作了这种扣除,消费者收入才成为消费者个人可以支配的收入,可以用于消费支出、储蓄或投资。可任意支配收入是指个人可支配收入减去维持生活所必需的支出(如食品、衣服、住房)和其他固定支出(分期付款、学费)所剩下的那部分个人收入。这部分收入是消费者可以任意投向的收入,因而是影响消费需求构成最活跃的经济因素。可任意支配收入越多,社会成员的消费水平亦越高,企业的机会也就越多。

当然,在研究消费者收入时,还应考虑货币收入和实际收入的区别,即考虑物价因素(通货膨胀)对货币购买力(实际收入)的影响。当消费者货币收入不变时,物价下跌,则实际收入上升;反之,则实际收入下降。另一种情况是当货币收入增加,但通货膨胀率大于货币收入增长率,则实际收入减少;反之,则增加。分析实际收入变动的意义在于,这种变动直接影响着消费者的支出行为和购买意向。

4) 消费者支出结构及特点

消费者收入的变化直接影响到消费者支出模式的变化。消费者支出分为商品性支出和非商品性支出两大块。商品性支出主要指各种有形的产品消费,如吃、穿、用、住、行方面的支出,非商品性支出主要指无形的服务消费,如通讯、交通、教育、娱乐、休闲等。随着收入水平的提高,商品性支出占总支出的比重会相应下降,而非商品性支出所占比重会不断上升。对消费者支出结构的调研,有利于认识一、二、三产业结构和消费发展的趋向。

对消费支出因素的调研,除了要研究商品性消费支出和非商品性消费支出之间的比例关系外,还要注意调研商品性支出和非商品性支出内部各个部分之间的比例关系。一般来说,随着收入的上升,食品消费支出的比重会下降,而住房、交通、通讯、教育、文化、娱乐等支出上升,而且后一部分的支出会出现持续上升的趋势。调研者掌握"恩格尔定律"分析消费支出的模式与消费结构的变化特点,能为企业经营提供重要的信息。

恩格尔定律是 19 世纪中叶,德国统计学家厄恩斯特·恩格尔(Ernst Engel)在研究英、法、德、比等国不同阶层的家庭支出时发现的一个规律,即一个家庭或个人的收入越低,其食品支出比重越大,随着家庭收入的增加,食品支出与总支出的比例下降。这一规律被称为恩格尔定律,并由此得出恩格尔系数:

$$恩格尔系数 = \frac{食品支出}{家庭总支出} \times 100\%$$

恩格尔系数提示的是食品消费同收入之间的定量关系,为研究消费结构提供了很好的启示。现在恩格尔系数已成为衡量一个地区或国家消费水平的重要指标,常被作为判断一个国家(或地区)生活水平的重要标志,如表 10.2.1 所示。

表 10.2.1 恩格尔系数与生活水平对照

恩格尔系数(%)	生活水平
20 以下	最富裕
20～40	富裕
40～50	小康
50～60	勉强度日
60 以上	绝对贫困

调研者掌握这一规律,分析消费者支出模式和消费结构的变化,能为企业经营决策提供必要的信息。

10.2.2 经济环境调研的对象及方法

1) 政府机构

经济环境调研中的几个主要要素:经济发展水平,经济结构及其调整趋势,有关经济指标,如国民生产总值、国民收入、人均 GDP 总值、国家预算水平及其分配状况、经济增长率、失业率、利率调整、保持适度通胀还是采取紧缩、汇率等等,这一切经济指标及有关因素的变化,最清楚的是政府机构,最准确、最权威的数据掌握在相关的政府机构之中。因此,经济环境调研的首要对象是政府机构。可以通过案头调研法,获得政府机构的有关统计数据,如从统计、计划、财政、商务、工商、税务等政府部门获得有关经济信息。这些信息可以从这些政府机构发布的统计资料中获取,也可以从这些机构的网站上直接快速地得到,或者从报纸、期刊上得到。

2)行业组织

行业组织往往拥有特定行业比较权威的综合信息,包括各类行业内的统计数据和报告,通过行业组织自办的业内刊物可以获得相关信息。

3)研究机构和人员

各类研究机构、高等院校及其专家、学者,大型企业调研咨询机构、学术团体等,为提高知名度、接受调研委托、进行学术研究等所撰写的调研报告、年度报告、行业报告、分析报告等,对社会经济各领域的存在状况和发展趋势进行的分析、预测,都提供了非常珍贵实用的经济信息。可以通过案头调研和相关专家访谈法、问卷调查获得。

4)其他组织机构

从国际经济信息中心、中国贸易促进会经济信息部、专业市场调查公司、咨询服务公司、股票交易所、消费者组织等机构经常发表的有关统计资料和分析报告中,也可以获得有价值的经济信息。

从上述调研对象中获得所需的信息资料,主要是通过案头调研法和询问法。案头调研的资料在国家统计局网站(www.stats.gov.cn)、中国网(www.china.org.cn)和各地方政府统计部门的网站上可以免费得到相关的经济数据,并且相当可靠;在《中国统计报》《中国国情国力》《中国信息报》《中国经济形势分析与预测》等报刊、书籍上信息资料非常丰富,时效性较强;广播电台、电视台各大众媒体经常播出国际或国内关于经济、市场的信息,并分析社会经济、市场发展趋势等基本走向,有时也播出一国或一地的经济发展背景或者行业经营的基本情况;一些高等院校刊物,经常有专家们的最新科学研究成果。通过对上述渠道的调研,可以获得很多有价值的信息,当然也可以通过对目标市场的消费者采用发放问卷的方法,获得有关经济信息。

10.3 政法环境调研

10.3.1 政法环境调研要素

先介绍一则关于政法环境的例子:1973 年 3 月,扎伊尔发生叛乱,远在日本东京的信息分析人员注意到了这一政局变化,他们知道与扎伊尔比邻的赞比亚是全球重要的铜矿生产基地,对此,不能掉以轻心,于是命令经济人员密切注视叛军动向。不久,叛军向赞比亚铜矿转移。接到这一情报后,他们分析交通将被叛军切断,此举势必影响全球市场上铜的价格。而此时,伦敦五金交易所却反应迟钝,铜价毫无变化。三菱公司趁机购进大批铜,待价而沽。后来,果然每吨铜价上涨 60 多英镑,三菱公司赚了一大笔钱。这就是利用政局变化,及时捕捉商机、获得利润的一个例子。

企业的经营活动总是在一定的政治与法律环境下运行的,这些政法因素是企业自身难以驾驭和影响的,但只要在了解的基础上去适应它,并将其为我所用,就能使企业经营趋利避害,取得成功。

政法环境调研要素包括以下几个方面:

1) 政治体制、政党与政局

对于要进入国际市场的企业,一定要对目标市场所在地的政治体制、政党、政局的稳定性进行调研,搞清该国的体制是否与本国相同,是社会主义还是资本主义,是民主制还是专制,国内政党是多党制、一党制、还是两党轮流制,各政党的主要政见如何,在国内的地位如何,企业要进入目标市场期间是谁执政,是否处于大选期或大选前期,哪个政党的呼声较高等问题,大选是否会引起政局动荡,主要政党对外国投资和产品的态度,对国家经济政策、法规调整的影响力等等,都是调研的重点,要认真分析。

2) 政府与政策取向

政府的稳定性直接影响到对外经济政策的连续性。由于政府的不断更迭所引起的政策多变,换届政府不继续履行上届政府的诺言或政策,对外国投资采取没收或国有化的政策,这些都会直接影响外国投资的收回和利益,使投资企业蒙受损失。

例如,1988 年,俄罗斯引发全球经济危机,卢布贬值,政府换届,新政府不承担其全球债务,这使得在俄罗斯进行贸易的西方公司蒙受巨大损失。政策的取向和政策的连续性对于企业的投资和经营都有着重大影响。虽然政策的相对稳定性是必需的,但相对于一国的法律、法令而言,政策的改变是经常的。企业应对政府有关经济政策的现状、未来一段时间内是否调整、会在何时何情况下调整及时了解,及时捕捉政策调整的信息可以获得市场先机,如美国的哈默,中国最早在深圳、珠海投资房地产的商人,他们都是预先嗅到政策调整的信息,先走一步,获得巨额利润的。

对于进入国际市场的企业,应注意所在国的金融政策,对国际采购的态度,是否有以高关税、配额、禁运、外汇税制、非关税、壁垒等方式限制外国企业进入的事实。

对于国内市场,也同样应该了解目标市场所在地的经济政策。例如,当地政府和各种权力机构对于开放本地市场和支持外地企业进入本地市场的政策、具体措施和目前状态,当地的地方保护主义现象是否存在、严重程度如何,当地执法部门的工作作风和廉政情况以及当地社会治安状况和发展趋势等,都属于要调研的内容。

3) 法律与法制状况

法律和法规是政府用来管理企业的一种手段,政府机构将依照有关法律、法规监控企业的经营活动。法律、法规的作用是双重的,一方面它对企业的行为有种种限制,另一方面它又保护着企业的合法竞争与正当权益。而且,通过立法还可以保证全社会的共同利益不会受到不规范商业活动的侵害,可以保护消费者的利益,避免他们受到不正当商业行为的侵害。每一次新的法令、法规的颁布,或者原有法令法规的修改,都会影响企业的经营活动。

就我国当前的情况而言,一方面要进一步完善法制建设的程度和执法的力度,另一方面要克服官僚主义,改善执法部门的工作作风。同时,要遵守 WTO 规则,为国内外企业在 WTO 下运行创造良好环境。在目前的 WTO 背景下,贸易全球化是一种必然趋向,因此,还必须进行海外法律环境调研,这方面的调研有以下几个重点:

(1) 对国外立法状况和立法规划的调研 关注东道国的法律制度的完备健全程度、稳定性以及是否有新的立法规划和新法律出台等。例如,在美国有联邦法、州法、地方法,这些法律互相重叠,而且规范企业行为的法律也涉及竞争、公平交易、环境保护、产品安全、广告真实性、定价等各个方面,没有周密的法律环境调研,将很难在美国立足和发展。

(2) 对外国投资法律制度的调研　尤其是投资范围、股权安排、资本转移以及税收待遇等。即使是 WTO 的成员国,也不会在所有的市场领域都给予外国企业以国民待遇。例如,美国就规定,外国资本在电报企业和通讯公司中所占比例不得超过 20%。

(3) 对贸易法律制度的调研　包括国际贸易制度和国内贸易制度两方面。在国际贸易制度方面,重点关注进出口限制、贸易壁垒、对外国商品的特殊规定等;在国内贸易制度方面,主要关注广告管理、价格管理、消费者保护、产品质量等法规和制度。例如,特朗普政府的一系列贸易保护主义政策,对很多企业产生了影响。

(4) 对知识产权制度的调研　对知识产权制度的调研重点是专利法和商标法。以美国专利法为例,美国专利法规定专利申请人必须是发明人,即使是职务发明也不例外,而且职务发明的专利申请也必须以雇员的名义申请,申请提出后才由雇员让给雇主。这样,中国企业如果要向美国申请专利,要确定专利申请人必须是发明人,而不能是企业或其他单位。

4) 对企业营销工作有重要影响的相关法律

(1) 反不正当竞争法　制止不正当竞争行为和部分限制竞争行为。

(2) 消费者权益保护法　保障消费者在有偿获得商品和接受服务时应享有的正当权益。

(3) 广告法　广告应真实、合法,不得以虚假的内容欺骗和误导消费者。

(4) 价格法　产品定价必须根据相应的规定定价,不正当的价格行为将受到制裁。

(5) 产品质量法　生产经营者应向消费者提供符合一定质量标准的产品。

(6) 商标法　保护和管理独有的品牌名称和商标。

(7) 食品卫生法　企业生产的食品必须符合相应规定,婴幼儿食品的营养须符合专门的标准。

(8) 环境保护法　企业经营不得以损害社会环境为代价,不符合环境保护法要求的企业和产品将会受到限制和制裁。

10.3.2　政法环境调研的对象及方法

1) 政府机构

在市场经济条件下,政府是经济运行过程的调节者、经济活动秩序的制定者和维护者、执行经济活动规则的仲裁者以及战略规划的制定者。政府的职能都是通过具体的政府机构来完成,因此,政法环境的调研对象首先是政府机构(如市场监督管理局、质量技术监督机构、环境保护机构等)。可以通过案头调研获悉宏观信息资料,查找到来自政府部门的信息,如可以在政府机关的公开刊物、统计报表、年鉴、政府公报、政府信息网、图书馆、档案馆等地获得资料,也可以通过对政府官员的访谈来了解有关政策的调整信息。

2) 立法、执法机构

各种法律条文的制定都是由立法机构完成的,新法律条文的拟定和旧法律条文的修改、调整、废止等,立法机构最为清楚;已颁布法律的执行情况,在经济活动中发生的经济类案件、纠纷,这方面情况掌握得最全面的是执法机构,因此,对立法、执法机构进行调研,将获得有价值的信息资料。这方面情况的调研除了对执法机构的案头调研外,还应采用询问调研法、观察法获得更为真实的信息,尤其是对执法机构的态度、行为、工作作风、廉政情况等,不能只听执法部门负责人的表态,而应到当地所在企业了解已经发生的情况和执法机构的实际行为。

3) 政法研究机构及人员

政法研究机构及专业人员对自身研究范畴内的问题具有高度的敏锐性、前瞻性、权威性,他们有自己独特的信息渠道,许多资深研究人员甚至是政府部门的智囊团成员,他们掌握着最新的政策信息、政策动态,有些研究机构及人员与国外的研究机构联系密切,因此,对研究机构及人员进行调研,会获得一些极有价值的信息资料。可以通过案头调研,获取研究机构或人员发布的研究报告、专题报告,可以登录研究机构的网站,了解其最新研究动态和成果,也可以采用专家会议调查法、德尔菲法、个人或小组访谈法等获得有关信息。

4) 政党组织

政党组织对政策、法令的制定执行具有相当的影响力,因此,可以对政党组织的负责人进行面谈调研,了解有关信息。

5) 其他组织机构

对政治与法律环境有影响的组织机构,也是政法环境调研的对象。如为维护消费者利益而成立的中国消费者协会、为保护社会环境而成立的环境保护协会等公众团体,它们的立场和活动也会影响立法、政策和舆论,并对企业经营活动产生一定的影响和压力。在西方社会,还要注意一些政治经济利益团体,他们会通过其合法代表发挥利益团体的影响力,对政策法令的制定、修改施加影响。

10.4 其他环境调研

10.4.1 社会文化环境调研

社会文化环境调研包括一个社会的基本价值观念、行为偏好、风俗习惯、宗教信仰和其他因素。在企业经营管理活动中,文化环境是极其重要而又容易被忽视的因素,文化差异往往会成为国际贸易的无形壁垒,其中对国际营销影响较大的有语言、宗教、审美观、价值观、教育和风俗习惯等,因此,现代企业应充分做好社会文化背景调研,调研的重点放在社会文化背景的主要构成要素上。

下面来看一看忽视文化环境中相关因素调研,企业付出高昂代价或处境尴尬的例子:

麦当劳和可口可乐把沙特阿拉伯的国旗印在包装上,从而得罪了整个伊斯兰世界。国旗的图案中包含了《古兰经》的一篇文章,穆斯林强烈要求他们的圣书永远不能用来装东西,或者会被扔到垃圾桶里。

"耐克"在阿拉伯国家面临着类似的问题,穆斯林反对鞋上的"Air"标识,因为它很像阿拉伯文"Allah"(真主),耐克公司为此道歉,并把销售中的鞋收了回来。

全球公司在开拓市场时,常会遇到语言障碍,如翻译的品牌名称不好。20世纪20年代可口可乐最先在中国推出可乐时,设计了许多发音与产品名称相似的汉字词组,不幸的是,最终被选中的是"口渴口蜡",可以理解为"口渴了喝一口蜡",结果必然难以取得良好的市场业绩。

高露洁在法国推出"Cue"牙膏时,"Cue"让法国人想到的是一家声名狼藉的色情杂志名称。一家公司用"EVITOL"的名字在巴西出售洗发水,不久他们意识到原来"EVITOL"

竟然是"头皮屑避孕药"。

在阿拉伯国家,虔诚的穆斯林每日祈祷,无论居家还是旅行,都守时不辍。穆斯林祈祷的一大特点是祈祷者一定要面向麦加。比利时的一个地毯商非常精明,他把指南针嵌入祈祷地毯。指南针指的不是正南正北,而是指向伊斯兰教的圣城麦加,这样伊斯兰教徒不管走到哪里,只要把地毯往地上一铺,麦加方向便可准确找到。这种地毯一问世,在伊斯兰教的国家和地区,立即成为抢手货,很快就卖掉25万块。

总结以上事例可以得出如下结论:了解和适应社会文化环境,能帮助企业取得成功,而违背社会文化环境,则会导致企业遭受损失。

1) 社会文化环境调研要素

(1) 价值观　特定社会中的人会有特定的信仰和价值观,而且不会轻易改变,核心价值观由父母传给孩子,并通过学校、政府加以巩固,从属价值观相对容易改变。人们的信仰和价值观影响着他们在日常生活中的具体态度和行为。在调研中,要注意预测从属价值观的转变趋势,以确定机遇和威胁。

例如:人们都要工作,这是一个核心价值观,工作能带来满足感、成就感则是从属价值观,但现在许多人都认为工作并不是产生满足感的源泉,而是一种为了挣钱供非工作时间娱乐的必需劳动。这一观念的转变,意味着人们更加注意提高生活质量,在休闲、娱乐、保健方面将会有更多的支出。

(2) 民族风俗习惯　民族风俗习惯是长期传统、约定俗成的,它具有地方性、民族性、独特性、习惯性和稳定性,它直接影响着消费者的购买动机、行为和意愿。企业应该仔细调研,任何违背民族习惯与风俗的经营活动必然以全盘失败收尾,并可能带来意想不到的损失和尴尬。

(3) 宗教信仰　世界上大部分人有宗教信仰,由此也形成了若干宗教信仰各异的消费者群体。不同宗教信仰的人需求具有显著差异性,同时在分布上,宗教信仰具有显著的地域性。例如东亚、东南亚以信仰佛教为主,西亚、中东以穆斯林教徒为主,北美、欧洲主要信仰基督教等等。宗教信仰中的禁忌在调研中尤应重视,以免引起不必要的麻烦,如前例麦当劳、可口可乐、耐克公司的教训。

(4) 语言体系　语言是营销活动的最基本工具,各国语言由于不同的历史背景,同样的语言在不同场合有不同的含义,因此在调研中要熟悉目标市场的语言背景,特别是商标、广告语的选择尤应引起重视,否则会犯一些令人啼笑皆非的错误,产品也不会受用户欢迎,很难打开市场。

(5) 社会阶层　社会阶层是指一个社会的相对稳定和有序的分类,每位成员都有类似的价值观、兴趣及行为。社会阶层是以职业、收入、教育、财富和其他因素综合衡量的,不同社会阶层在房屋、家具、服装、汽车、休闲方式、投资方式、品牌爱好等方面有较大差异,同一阶层的消费者有较为类似的购买行为和方式。其他如教育程度、家庭等可作为社会文化环境的调研要素。

2) 社会文化环境调研的对象与方法

一些专门的研究机构(如文化、教育方面的机构等)、宗教事务所、有关的政府机构(如外事部门、外交部驻各国的大使馆、文化交流机构等)、驻外商务机构、专家(如社会学家、宗教人士、资深翻译等)、长期在国外工作和生活的人士、外籍人士等可以作为社会文化环境的调研对象。调研方法可采用案头调研法、访问法等。

10.4.2 科学技术环境调研

科学技术直接影响人类的命运,并持续改善着人类的生活方式。企业对技术环境的调研是因为,任何一种新技术出现都可能会引出新的行业和产品,为公司带来发展的机会;也可能使采用旧技术的行业和产品衰落下去,给企业的生存带来威胁。例如,晶体管的出现损害了真空管行业,光盘的出现使唱片公司大量倒闭。因此,企业只有及时采用新技术、不断开发新产品并相应调整经营结构和营销方案,才能使企业长久保持兴旺发达。

1) 科学技术环境调研要素

(1) 基础科学研究、应用科学研究的最新动态。

(2) 最新的科技发明和科技水平状况。

(3) 新技术能够给企业经营带来的商机和新的利润增长点。

(4) 新技术的应用可能产生的新产品和新行业,会给哪些产业和产品带来影响。

(5) 科学技术转换为科技成果的情况,企业自身的科技开发能力。

(6) 新技术、新工艺、新材料、新发明、新产品的开发、推广和应用状况,科研经费投入、科研人员的水平、开发的进度、先进程度。

(7) 新科技对企业经营或消费者购买行为带来的影响。

2) 科学技术环境调研的对象与方法

科学技术环境的调研对象主要有政府机构(如科学技术部)、科学研究机构、大学科研开发部门、有关教授、专利发明者等。可采用案头调研、访问调研、观察调研法等获取信息。

10.4.3 自然环境调研

1) 自然环境调研要素

自然环境包括天然环境和人为条件环境两部分内容。因此,与此相关的因素都可作为自然环境的调研要素,包括气候、地势、资源、交通、通讯、基础设施等。气候对消费者的饮食习惯、衣着、住房及住房设施、商品需求都有影响。例如在南方十分畅销的藤制家具,在北方则销路不畅,其主要原因是北方气候干燥,藤制家具运到北方后极易发生断裂,影响产品的声誉和销路。

2) 自然环境调研的对象与方法

自然环境调研的对象主要有政府机构(主要了解政府对自然资源的干预程度)、环保部门、气象部门、交通部门、通讯部门及有关研究机关和人员,调研方法以案头调研为主,结合实地调研中的询问法和观察法。

以上所述社会环境的各个因素对企业营销的影响是不以企业的意志为转移的,而且这些因素对企业的经营和发展影响颇大,因此,对社会环境因素的调研应给予足够的重视,以便对其有充分的了解,避免在经营和营销活动中出现与环境因素冲突的情况,要尽量利用环境中有利于企业发展的方面,使企业取得经营的成功。

【本章小结】

企业的经营活动是在不断变化的社会环境中运行的,其经营好坏、营销活动开展顺利与否,不仅受微观环境(供应商、中间商、顾客、竞争对手、社会公众)影响,而且还受宏观环境(经济、政法、文化、科技、自然、人口)等因素的影响。

经济环境调研是对于一国经济发展指标的要素，如经济发展水平和经济结构、消费者收入及分布特点、消费者支出结构及特点等进行调查分析。调研对象为政府机构、行业组织、研究机构及其人员、其他组织机构等。一般采用案头调研与实地调研相结合的方法，获得所需的信息资料。

政法环境调研是对政治体制、政党、政局、政府与政策取向、法律和法制状况这几个具体要素进行调研，主要调研对象是政府机构、立法机构、执法机构、研究机构及人员、政党组织及其他组织机构。

社会文化环境、科学文化环境、自然环境也都对企业的经营活动有相当的影响，是环境调研的要素，不容忽视。

关键概念

经济环境　　政法环境　　社会文化环境　　科学技术环境　　自然环境

思考题

1. 为什么要对环境进行调研？
2. 经济环境调研的要素有哪些？怎样进行经济环境调研？
3. 政法环境调研的要素有哪些？对于欲进入国际市场的企业，在进行政法环境调研时应侧重调研哪些内容？
4. 社会文化环境调研的要素有哪些？民族习惯和风俗的调研对象和方法有哪些？
5. 科技环境调研的要素有哪些？如何调研？
6. 自然环境中的哪些因素会对企业经营产生影响？如何调研？

实训题

1. 找一则反映违背社会文化因素，造成营销失败的案例，分析原因。
2. 调查麦当劳进入中国市场前是如何进行市场调研的，他们调查了哪些内容？中国市场的麦当劳汉堡与韩国、印度的麦当劳汉堡配方有何不同？为什么？
3. 如果北京同仁堂的中药要进入美国市场，应该考虑哪些宏观环境因素？

11 需求调研

【学习目标】
◎ 掌握需求调研的含义；
◎ 掌握需求调研的对象和方法；
◎ 理解需求调研分析的基本概念；
◎ 了解需求规模分析和需求特点分析；
◎ 了解经销商选择调研和顾客满意度调研。

现代市场经济条件下，企业的生命在于能不能将顾客需要的产品及时送到顾客的手中。在这中间包括两个主要环节：一是根据顾客的需要开发和生产有关的产品；二是根据顾客最能接受的方式将产品销售给顾客。由于产品的开发、生产及营销都要花费一段时间和一定的成本，企业都希望产品一进入市场就能受到消费者的青睐，而有效的调查研究，较准确地把握一段时间内市场需求的发展与变化趋势，就成为企业市场营销的一项重要基础和先决条件。

但是，由于顾客需求的高度复杂性以及高度的市场竞争和快速的技术进步，企业要准确地了解未来市场需求的趋势并非易事，必须客观地、科学地、系统地进行市场调研与预测。

【导入案例】

我国居民消费生活的三次大变迁

第一次大变迁：1979—1984 年。家用电器的使用和推广成为这一时期人们消费的重要特征。各地大量引进新兴家用电器生产线，电冰箱、电视机、洗衣机、收录机等家用电器开始进入寻常百姓家庭。家用电器的使用和推广是我国将工业化、信息化发展成就延伸至居民消费生活的表现。应当说，以这一时期家用电器生产和供应为代表，我国经济步入了以满足市场消费需求为重要导向的新增长期，也由此加速了经济结构向"轻型化"的转型。

第二次大变迁：1985—1998 年。高收入增长推进了城镇居民消费生活实现了改革开放以来的第二次变革，多数城市职工家庭实现了从电冰箱、洗衣机、收录机和电视机的"三单一黑"转变为"三双一彩"(单门冰箱变为双门冰箱、单缸洗衣机变为双缸洗衣机、单卡收录机变为双卡收录机、黑白电视机变为彩色电视机)的消费升级。传统的四大件(收音机、缝纫机、手表和电风扇)消费品出现滞销，转而寻求升级换代的发展。这一时期，农村改革仍在继续，农作物大幅度增产，农民收入大幅度增加，乡镇企业异军突起。广大农民购买力的增加不仅用于新建住宅，自行车、缝纫机、收音机、手表"四大件"和一些高档消费品进入普通农民家庭。

第三次大变迁：1999—2012 年。购买商品房成为我国居民，特别是城镇居民消费生活中的一大领域；汽车消费也日益兴起，汽车销售呈现爆发式增长。在这一时期内，我国城镇居民逐步从小康型向富裕型消费水平转变,比农村居民的转换步伐更快;居民消费生活进入一个以提高生活质量为重心的新时期,消费结构开始第三次跃迁。发展型、享受型消费比重明显上升。

2013年至今的特点:消费能力显著提升;消费需求日趋多样化;消费结构迈向富裕型;消费更加追求个性化。

(信息修改自"国家信息中心、国家电子政府外网管理中心"网站,作者邹蕴涵。)

11.1 需求调研的几个概念

需求调研的重要目的就是对市场需求、企业需求、市场潜量等指标的掌握。

11.1.1 市场需求

某一产品的市场需求是指在一定的地理区域、一定的时期内、一定的营销环境与一定的营销计划下,一定的顾客群体可能购买的产品总量。

测量市场需求时要注意以下七个方面:

(1) 产品 测量市场需求首先要做好产品的分类,要明确产品的类别范围。例如,某空调企业要估计其产品市场的需求,首先要弄清其市场是全部空调用户还是柜机用户,才能着手估计市场需求。

(2) 问题 市场需求可以用实物数量、金额数量或相对数值来衡量。例如南京市电冰箱的需求量可以用10万台或2亿元来表示,也可以用占全国总需求的百分比来表示。但在通货膨胀期间,则只有实物数量需求的估计才有意义,因为在销售数量不变甚至减少时,产品的单位价格上升,会导致销售上升的现象。

(3) 顾客群体 市场需求不仅要测量全部市场的需求,而且还要测量某一细分市场的需求。例如,服装企业既要测量服装市场的总需求,还要测量老年服装或者青年服装等细分市场的需求。

(4) 地理区域 市场需求应根据非常明确的地理界线来测定。例如,预测明年的空调销售量时,应明确是南京市区还是整个南京地区。

(5) 时期 市场需求应根据一定时期来测量,例如,过去一年到目前的市场需求规模有多大,未来3年、5年或10年的市场需求又是多少。一般来说,进行预测间隔的时间越长,预测结果越不准确。

(6) 营销环境 市场需求要受到许多不可控制因素的影响。每一项需求预测都应说明关于人口统计的、经济的、技术的、政治的、文化环境的各种假设。

(7) 市场营销计划 市场需求还受可控因素的影响,特别是受企业制定的营销计划的影响,这就是说,市场需求使产品价格、产品改进、促销和分销等一般都表现出某种程序的弹性。因此,预测需求必须掌握产品价格、产品特征以及市场营销预算等的假设。

需要指出的是,市场需求并不是一个具体的数据,而是一个函数,通常称为市场需求函数或市场反应函数,如图11.1.1所示。

图中,横轴表示在一定时间内的行业市场营销费用,纵轴表示受市场营销费用影响的市场需求的大小,曲线表示行业市场营销费用与市场需求之间估计的对应关系。

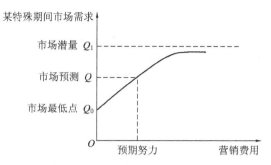

图 11.1.1 行业市场营销费用

可以想象,即使没有任何需求刺激,不开展任何市场营销活动,市场对某种产品的需求仍会存在,这种情形下的销售额称为基本销售量(亦称市场最小量)。随着行业市场营销费用的增加,市场需求一般亦随之增加,且先以逐渐增加的比率,然后以逐渐降低的比率增加。在市场营销费用超过一定数量后,即使市场营销费用进一步增加,但市场需求却不再随之增长。一般把市场需求的最高界限称为市场潜量。

市场最小量与市场潜量之间的距离表示需求的市场营销灵敏度,即表示行业市场营销对市场需求的影响力。市场有可扩张的和不可扩张的市场之分。可扩张的市场,如服装市场、家用电器市场等,其需求规模受市场营销费用水平的影响很大。不可扩张市场,如食盐市场等,几乎不受市场营销水平影响,其需求不会因市场营销费用的增长而大幅度增长。需要指出的是,市场需求函数并不是随时间变化而变化的需求曲线,即它并不直接反映时间与市场需求的关系。市场需求曲线只表示当前市场营销力量与当前需求的关系。

11.1.2 企业需求

企业需求就是在市场总需求中企业所占的需求份额,用数学公式可表示为

$$Q_i = S_i Q$$

式中:Q_i——企业 I 的需求;

S_i——企业 I 的市场占有率,即企业在特定时间内,在特定市场上某产品销售额占总销售额的比例;

Q——市场总需求。

同市场需求一样,企业需求也是一个函数,称为企业需求函数或销售反应函数。根据上式可以看出,企业需求不仅受市场需求决定因素的影响,还要受任何影响企业市场占有率因素的影响。

11.1.3 市场潜量

1) 总市场潜量

总市场潜量是指在一定期间内,在一定水平的行业市场营销力量和环境条件下,一个行业中所有企业可能达到的最大销售量,用公式表示为

$$Q = nqp$$

式中:Q——总市场潜量;

n——既定条件下,特定产品的购买者数量;

q——平均每个购买者的购买数量;

p——产品价格。

由此,可推导出另一种计算总市场潜量的方法,即连锁比率法。当估计一个量的各个组成部分比直接估计该量更容易时,可以考虑采用这种方法。假定某啤酒厂开发出了一种新啤酒,在估计其市场潜量时,可以借助下式:

新啤酒＝人口×人均个人可随意支配收入×个人可随意支配收入中用于购买食物的百分比×食物花费中用于饮料的平均百分比×饮料花费中用于酒类的平均百分比×酒类花费中用于啤酒的平均百分比

企业在应用连锁比率法时,应从一般有关要素移向一般产品大类,再移向特定产品,如此层层往下推算。

企业计算出总市场潜量后,还应将它同现有市场规模进行比较。现有市场规模是指目前实际购买的数量或金额。显然,它总是小于总市场潜量。估计现有市场规模占总市场潜量的比例,对于制定正确的市场营销决策十分重要。如图11.1.2中,a、b表明现有市场规模占总市场潜量的很大比例,也就是说,可能购买该产品的顾客大部分都已经购买了。c、d表明现有市场规模只占总市场潜量的一半左右,这是典型的新产品进入市场的情形。

从市场占有率来看,a、b表示企业的市场占有率很小,c、d表示企业的市场占有率较大。无论企业的市场占有率大还是小都有两种选择:一是争取竞争者的顾客;二是争取尚未开发的市场潜量。在d的情况下,企业的市场占有率已经很大,所以,它的最佳选择是争取尚未开发的市场潜量。而在c的情况下,企业可以采取上述二者之一。

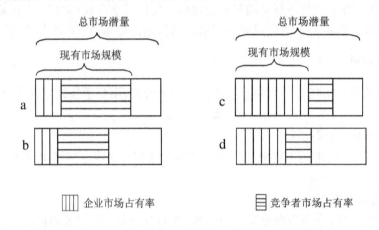

图11.1.2 总市场潜量、现有市场规模和企业市场占有率

另外,还有一个重要概念,即可达市场。所谓可达市场,是指企业产品可达并可吸引到的所有购买者。如在图b的情况下,由于企业的价格对其他竞争者的顾客没有吸引力,所以它无法渗透其他竞争者的市场。然而,由于企业产品只销售到全国某一区域,尽管其现有市场占有率极低,但其可达市场占有率却很高。因此,企业的最佳选择是争取其可达市场中尚未开发的部门,而不是去争取竞争者的顾客。

2) 区域市场潜量

企业不仅要计算总的市场潜量,还要选择欲进入的最佳区域,并在这些区域内最佳地分配其市场营销费用,评估其在各个区域的市场营销效果。为此,企业有必要估计各个不同区域的市场潜量。目前较为常用的估计方法是市场累加法和购买力指数法。产品用品生产企业一般使用前者,而消费品生产企业则多采用后者。

3)估计实际销售额和市场占有率

企业不仅要估计总市场潜量和区域潜量,还要了解本行业的实际销售额。这就是说,企业还要识别竞争者并估计它们的销售额。根据国家统计部门公布的统计数字,企业可以了解到本行业的总的销售状况,并将企业销售状况与整个行业发展相比较,评价企业发展状况。例如,如果某行业总的销售增长率达15%,而企业的销售增长率为10%,这就意味着企业的市场占有率在下降,企业在行业中的地位已被削弱,而竞争者却发展迅速。

当企业进入产权经营阶段,企业发展战略策略显得越来越重要,个人决策的非理性因素可能导致"一招不慎满盘皆输",加强市场需求调研已是刻不容缓的大事。

11.2 需求调研的方法

11.2.1 购买者意向调查法

市场总是由潜在购买者构成的,调研就是预估在给定条件下现在购买者的可能行为,即要调查购买者。这种调查的结果是比较准确可靠的,因为只有购买者自己才知道将来会购买什么和购买多少。

在满足下面三个条件的情况下,购买者意向调查法比较有效:

(1)购买者的购买意向是准确清晰的。
(2)这种意向会转化为顾客购买行动。
(3)购买者愿意把其意向告诉调查者。

对于耐用消费品,如汽车、房屋、家具、家用电器等的购买者,一般要定期进行抽样调查。另外,还要调查消费者目前和未来个人财力情况以及他对未来经济发展的看法。对于产业用品,企业可以自行从事顾客购买意向调查。通过统计抽样选取一定数量的潜在购买者,访问这些购买者的有关部门负责人。通过访问获得的资料以及其他补充资料,企业便可以对其产品的市场需求作出估计。

尽管这样费时费钱,但企业可从中间接地获得某些好处。首先,通过这些访问,企业分析人员可以了解到在没有公开发布资料的情况下考虑各种问题的新途径。其次,可以树立或巩固企业关心购买者需要的形象。最后,在进行总市场需求的预测过程中,也可以同时获得各行业、各地区的市场需求估计值。如日本三菱电机公司第五任总经理进藤贞和,20世纪70年代为扭转企业的困难局面,亲自调查了全国3 000多个销售点。店主们对产品提出了许多意见,有的店主向他抱怨,有的对产品的缺点抓住不放。进藤贞和再三道歉,并表示要加以改进。由于获得了确切的信息,企业及时改进了生产,使得三菱电机公司的销售额翻了10倍。

用购买者意向调查法预测产业用品的未来需要,其准确性比预测消费品的未来需求要高。因为消费者的购买动机或计划常因某些因素(如竞争者的市场营销活动等)的变化而变化,如果完全根据消费动机作预测,准确性往往不是很高。一般来说,用这种方法预测非耐用消费品需要的可靠性较低,预测耐用消费品需要的可靠性稍高,预测产业用品的可靠性则较高。

11.2.2 销售人员综合意见法

在不能直接与顾客见面时,企业可以通过听取销售人员的意见来估计市场需求。销售人员综合意见法的主要优点是：

（1）销售人员经常接近购买者，对购买者意向有较全面深刻的了解，比其他人有更充分的认识和更敏锐的洞察力，尤其是对受技术发展变化影响较大的产品。

（2）由于销售人员参与企业预测，因而他们对上级下达的销售配额的完成有较大的信心。

（3）通过这种方法，也可以获得按产品、区域、顾客或销售人员划分的各种销售预测。

一般情况下，销售人员所做的需求预测必须经过进一步修正才能利用，这是因为：

（1）销售人员的判断总会有某些偏差，受其最近销售成败的影响，他们的判断可能会过于乐观或过于悲观，即常常走极端。

（2）销售人员可能对经济发展形势或企业的市场营销总体规划不了解。

（3）为使其下一年度的销售大大超过配额指标，以获得升迁或奖励的机会，销售人员可能会故意压低其预测数字。

（4）销售人员也可能对这种预测没有足够的知识、能力或兴趣。

尽管有这些不足之处，但是这种方法仍为人们所用。因为各销售人员过高或过低的预测可能会相互抵消，这样使预测总值仍比较理想。有时，有些销售人员预测的偏差可以预先识别并及时得到修正。

11.2.3 专家意见法

企业还可以利用诸如经销商、分销商、供应商及其他一些专家的意见进行预测。由于这种方法是以专家为索取信息的对象，用这种方法进行预测的准确性主要取决于专家知识和与此相关的科学知识基础，以及专家对市场变化情况的洞悉程度，因此依靠的专家必须具备较高的水平。

利用专家意见有多种方式。如组织一个专家小组进行某项预测，这些专家提出各自的估计，然后交换意见，最后经过综合，提出小组的预测。这种方式的缺点是，小组成员容易屈从于某个权威或者大多数人的意见（即使这些意见并不正确），不愿提出不同的看法；或者虽然认识到自己的意见错了，但碍于情面不愿意当众承认。

现在应用较普遍的方法是德尔菲法，具体见第9章。

专家意见法的主要优点是：

（1）预测过程迅速，成本较低。

（2）在预测过程中，各种不同的观点都可以表达并加以调和。

（3）如果缺乏基本的数据，可以运用这种方法加以弥补。

专家意见法的主要缺点是：

（1）专家意见未必能反映客观现实。

（2）责任较为分散，估计值的权数相同。

（3）一般仅适用于总额的预测，当用于区域、顾客群、产品大类等的预测时，可靠性较差。

美国洛克希德飞机制造公司在做销售预测时，把专家意见法略作改动。一组洛克希德公司的经理人扮作该公司的主要顾客，十分认真、冷静地评价公司的销售条件（包括产品、价格、售后服务等）以及竞争者的条件。接着每人模拟顾客做出购买什么和向哪里购买的决策；把各"顾客"向本公司购买的数量加起来，并与其他独立的统计预测协调，即得到公司的销售预测值。

11.2.4 市场实验法

企业收集到的各种意见的价值,不管是购买者、销售人员的意见,还是专家的意见,都取决于各种意见的成本、意见可得性和可靠性。如果购买者对其购买意向并没有认真细致的计划,或意向变化不定,或专家的意见也并不十分可靠,那么就需要利用市场实验这种预测方法。特别是在预测一种新产品的销售情况和现有产品在新的地区或通过新的分销渠道的销售时,利用这种方法效果最好。

11.2.5 时间序列分析法

很多企业以过去的资料为基础,利用统计分析和数学分析预测未来需求。这种方法的根据是:

(1) 过去的统计数据之间存在着一定的关系,而且这种关系利用统计方法可以揭示出来。

(2) 过去的销售状况对未来的销售趋势有决定性影响,销售额只是时间的函数。因此,企业可以利用这种方法预测未来的销售趋势。

时间序列分析法的主要特点是,以时间推移研究和预测市场需求趋势,不受其他外界因素的影响。不过,在遇到外界发生较大变化,如国家政策发生变化时,根据过去已经发生的数据进行预测往往会有较大的偏差。

产品销售的时间序列,可以分为以下四个组成部分:

(1) 趋势 它是人口、资本积累、技术发展等方面共同作用的结果。利用过去有关的销售资料描绘出销售曲线就可以看出某种趋势。

(2) 周期 企业销售额往往呈现出某种波状运动的特征,因为企业销售一般受到宏观经济活动的影响,而宏观经济活动总是呈现出某种周期性波动的特点。周期因素在中期预测中尤其重要。

(3) 季节 指一年内销售变动的形式。季节一词在这里可以指任何按小时、月份或季度周期发生的销售量变动形式。这个组成部分一般同气候条件、假日、贸易习惯等有关。季节形式为预测短期销售提供了基础。

(4) 不确定事件 包括自然灾害、战争恐慌、一时的社会流行时尚和其他一些干扰因素。这些因素属不正常因素,一般无法预测。应当从过去的数据中剔除这些因素的影响,考虑较为正常的销售活动。

时间序列分析就是把过去的销售序列 Y 分解成为趋势(T)、周期(C)、季节(S)和不确定因素(E)等组成部分,通过对未来这几个因素的综合考虑,进行销售预测。这些因素可构成线性模型,即

$$Y = T + C + S + E$$

也可构成乘数模型,即

$$Y = TCSE$$

还可以是混合模型,如

$$Y = T(C + S + E)$$

11.2.6 直线趋势法

直线趋势法是运用最小平方方法进行预测,用直线斜率来表示增长趋势的一种外推预测方法。其调研模型为

$$Y = a + bx$$

式中:a——直线在 y 轴上的截距;

b——直线斜率,代表年平均增长率;

Y——销售预测的趋势值;

x——时间。

11.2.7 统计需求分析法

时间序列分析法把过去和未来的销售都看做是时间的函数,即仅随时间的推移而变化,不受其他任何现实因素的影响。然而,任何产品的销售都要受到很多现实因素的影响。统计需求分析就是运用一整套统计学方法发现影响企业销售的最重要的因素以及这些因素影响的相对大小。企业经常分析的因素,主要有价格、收入、人口和促销等。

统计需求分析将销售量 Q 视为一系列独立需求变量 $X_1, X_2, \cdots, X_n$ 的函数,即

$$Q = f(X_1, X_2, \cdots, X_n)$$

但是,这些变量同销售量之间的关系一般不能用严格的数学公式表示出来,而只能用统计分析来揭示和说明,即这些变量同销售之间的关系是统计相关。多元回归技术就是这样一种数理统计方法。它运用数理统计工具在寻找最佳预测因素和方程的过程中,可以找到多个方程,这些方程均能在统计学意义上符合已知数据。

在运用统计需求分析法时,应充分注意影响其有效性的问题:

(1) 观察值过少。

(2) 各变量之间高度相关。

(3) 变量与销售量之间的因果关系不清。

(4) 未考虑到新变量的出现。

需要说明的是,需求预测是一项十分复杂的工作。实际上只有特殊情况下的少数几种产品的预测较为简单,如未来需求趋势相当稳定,或没有竞争者存在(如公有事业),或竞争条件比较稳定(如纯粹垄断的产品生产)等。在大多数情况下,企业经营的市场环境是在不断变化的,由于这种变化,总市场需求和企业需求都是变化的、不稳定的。需求越不稳定,就越需要精确的预测。这时准确地预测市场需求和企业需求就成为企业成功的关键,因为任何错误的预测都可能导致诸如库存积压或存货不足,从而使销售额下降以至中断。在预测需求的过程中所涉及的许多技术问题需要由专业技术人员解决,但是市场营销经理应熟悉主要的预测方法以及每种方法的主要长处和不足。

11.3 需求调研分析

11.3.1 需求调研分析概述

市场需求和市场供给是组成市场的两大要素,是社会生产、流通、交换赖以产生的最本

质的要素。宏观上,市场需求和市场供给的存在,是国民经济管理产生的基础;微观上,市场需求和市场供给是企业生存的源泉,是企业努力实现的目标。

市场需求的表现是多样的。从宏观的角度,它表现为社会商品购买力;从微观的角度,它表现为对商品的具体需求。因此,可以按商品的类别、层次,将市场需求分为全社会全部商品的总需求、各种类别的商品需求和各种具体商品的需求。

调研市场需求,就是要从总量上对市场需求的总规模进行描述,并对未来的发展变动趋势以及各个不同类别、层次的商品需求做出定性和定量的估计,以帮助政府和企业对市场需求有一个准确的了解。对于宏观管理,它是在产业发展的定向上进行生产和经营的前提。

1)社会商品购买力研究

(1)社会商品购买力的含义　社会商品购买力的概念有广义和狭义之分。广义的社会商品购买力是指为满足生产和生活的需要,在一定时期内通过市场购买的商品和服务的总量。实践中常用货币来表现,也就是社会商品购买力总额。广义的社会商品购买力反映了全社会在市场上有货币支付能力的全部商品需求总量。

社会商品购买力包括生产资料购买力和消费资料购买力两部分。生产资料购买力还可以进一步按形成购买力的部分划分,如农业生产资料购买力、工业生产资料购买力等等;也可以按经济用途分为生产经营用生产资料购买力,维修用生产资料购买力或基本建设、技术改造用生产资料购买力等等。消费资料购买力按购买对象,可以划分为居民消费品购买力和社会集团购买力。

狭义的社会商品购买力是指全社会一定时期内在零售市场上购买商品和服务的总量,或表现出来的社会商品购买力的货币总额。它只反映全社会在商品零售市场上有货币支付能力的那部分商品需求总额,这是为适应商品流通和人民生活水平问题的研究而专门划定的。对社会商品购买力的研究,大多数从这个角度展开。

如果在一定地区范围内,一定时期的社会商品购买力已经全部实现,社会商品零售额就是已实现的社会商品购买力。

(2)社会商品购买力研究的目的　社会商品购买力研究,是从宏观的角度对全国或一定地区范围内当前或未来时期零售市场的商品需求总额及其投向的特征和变动趋势进行的定性和定量的判断和估计。其目的有以下几方面:

① 预见商品需求的特征和增长变动趋势以及市场容量的大小,以判断在总额和构成上是否与社会商品可供量相匹配,为零售市场上的商品供需平衡及早做准备。

② 为国民经济管理的产业发展规划和宏观经济调控提供依据。

③ 为企业的生产经营活动提供目标和方向。

④ 为研究人民的物质和文化生活状况提供分析资料。

(3)社会商品购买力研究的内容

① 社会商品购买力总量研究:其目的是反映社会商品购买力的总水平及其变动情况。

② 社会商品购买力构成研究:其目的是社会商品购买力内部构成的现状及其变动特点,为不同部门和不同企业的市场前景预测提供有价值的资料。社会商品购买力构成研究要从划分居民购买力(按城镇居民和农村居民分别计算其未来的购买力水平和增长幅度)、社会集团购买力和农业生产购买力着手。

③ 社会商品购买力投向研究:它是从商品的经济用途的划分着手,站在消费的角度,研究社会商品购买力将在商品和服务市场的哪一部分。

2) 商品需求研究

(1) 消费品需求研究　消费品需求研究是对消费品(个人和社会集团)在一定时期内有货币支付能力的各种消费需求,在数量、品种、规格、型号、款式、花色、包装、需求时间等方面的特点及变动趋势进行研究。它可以为生产经营部门按照市场需求进行生产经营活动指明方向,以便克服生产经营的盲目性,提高企业的生存竞争能力,促进社会经济的协调发展。

消费品需求的特点是消费品需求具有多样性、伸缩性、层次性、可替代性,有的消费品还具有明显的季节性和流行性。

(2) 生产资料需求研究　生产资料既包括劳动资料(劳动手段)又包括劳动对象。按行业它又可以分为工业生产资料、农业生产资料和其他生产资料等。生产资料需求研究就是对各种生产资料的需求总量以及按品种、规格、型号、质量等划分的各种类别的生产资料需求状况及其变动趋势作出定性、定量的估计,为国民经济管理和企业的生产经营活动提供依据。

11.3.2　需求规模调研分析

企业的市场营销活动是在一定的社会环境下进行的,环境作为一个动态多变的因素,对企业的市场营销活动具有重要的影响和制约作用。环境的变化既可能给企业带来新的市场机会,也可能给企业造成某种威胁。因此,企业必须经常调查研究环境的变化趋势,分析其可能对企业市场营销活动造成的影响,以便适时采取有关对策,使企业能够不断适应环境的变化,顺利开展营销工作,并取得理想的效果。

市场营销环境包括影响企业营销能力和效果的各种社会影响力,这种影响力可能来自企业外部,也可能来自企业内部。据此,企业面临的市场营销环境可分为宏观环境和微观环境两种。市场营销环境调研就包括对这两种环境的分析与研究。

1) 宏观环境因素调研

宏观环境是指可能给企业的生存发展带来机会或威胁的外部不可控力量,具体包括人口、经济、自然、技术、政治、社会文化等因素。要分析掌握宏观环境对企业的影响方法和程度,就必须对这些方面进行调查和研究。

(1) 人口环境　市场是由具有购买欲望和购买能力的人构成的,人口状况对市场需求具有重要的直接的影响,因此进行市场宏观环境调研首先要分析人口因素。具体调查内容则包括总人口规模、人口的地理分布、性别、年龄、教育、家庭结构以及民族状况等。

① 总人口:消费品市场的需求与总人口数的多少直接相关。例如,我国是世界上人口最多的国家,虽然我国的经济发展水平较低,但其市场需求规模在整个世界市场上具有重要的地位。因此,要了解一个国家或地区的需求规模,就必须调查总人口数,同时还要调查该市场的人口增长率、人口死亡率等,以便分析市场规模的发展变化规模。

② 人口的地理分布:地理分布是指不同区域人口的密集程度。一个市场不同区域人口分布的平衡状况,是直接影响该城市各地区之间、城乡之间需求差异的重要因素,也是人口环境调查的内容之一。

③ 人口的年龄与性别:不同年龄群体和不同性别群体的消费者有不同的市场需求的特点,对年龄结构和性别比例的调查有利于研究分析该市场的需求差异。

④ 人口的教育状况:教育水平的高低直接影响消费者的购买行为,是研究市场时必须考虑的重要因素。调查人口的教育状况一般需要了解该市场人口的平均教育水平,以及不

同教育水平的人口比例等。

⑤ 家庭：很多消费品是以家庭为单位消费的，家庭对消费者个人的消费习惯、消费行为具有不可忽视的影响。家庭调查一般包括对以下指标和数据的了解：家庭数量、平均家庭人口数、家庭成员构成、家庭生命周期各阶段的分布情况等。

⑥ 民族构成：不同民族有不同的风俗习惯和文化传统，从而形成了不同的消费特点。民族构成调查就是要了解一个市场上居住的民族数、各民族的人口数量以及消费习惯和风俗习惯等。

(2) 经济环境　经济环境调研的主要内容包括市场规模、经济发展水平以及基础设施三大类因素。市场规模的大小是多种因素影响和制约的结果，不同产品的市场规模面临的影响因素也不同，但影响大多数产品市场规模的主要因素是人口和收入。因此，市场规模调查的主要内容就包括这两方面。其中人口调查的具体内容是目标市场上的人口总量、人口分布、人口的年龄结构等所有构成状况的因素；收入调查的具体内容有该市场上人们的收入水平、贫富差别程度以及消费结构等。

经济发展水平决定了一个国家或地区的消费特点。经济学家罗斯托(Walt W Rostow)将世界各国的经济发展水平分为五个阶段，即传统社会、发展初期、发展时期、成熟经济和大众高消费经济。不同发展水平的市场具有不同的消费需求规模和市场特性，因此，调研目标市场的经济发展水平对于企业正确把握市场机会和制定市场营销策略有重要参考价值。反映经济发展水平的主要指标是国民生产总值和国民收入，另外，三大产业产值及其比重、价格指数等也是分析经济发展水平的重要指标。

基础设施主要是指一个市场上的运输条件、能源供应、通讯设施以及商业基础设施等。基础设施水平直接影响企业市场营销活动的进行。例如，运输条件直接决定实体的分配决策；企业的市场营销效率与通讯设施的先进水平有关；商业基础设施状况则对企业是否能够顺利进入该市场造成直接影响。总之，基础条件设施越好，在该市场上开展营销活动障碍越小，市场的吸引力就越大。反之，则会使企业退出或放弃该市场。因此，要了解经济环境，就必须调查基础设施。基础设施各构成要素的具体调查内容有以下几方面：

① 运输：要调查一个市场运输能力的大小、运输方式是否发达、运输成本高低及浮动范围等。

② 能源供应：要了解市场的能源供求状况、能源价格以及有关能源供应的政策法令等。

③ 通讯设施：主要是调查通讯方式有哪些、通讯技术是否先进、通讯服务质量状况等。

④ 商业基础设施：商业基础设施包括金融机构、广告代理、销售渠道、咨询服务以及市场调研组织等。商业基础设施调查就是要了解目标市场上这些机构和组织的数量、专业水平、服务能力和效率等情况。

宏观环境因素还包括政法环境、社会文化环境、科学技术环境及自然环境，参见第10章。

2) 微观环境因素调研

市场营销的微观环境是指和企业紧密相连，对企业为目标市场顾客服务的能力和效率造成直接影响的各种参加者。微观环境因素主要有供应商、营销中介、顾客和竞争者。微观环境调研的内容就是对这些因素的调查分析。

(1) 供应商　企业从事任何一种生产经营活动都需要有关资源供应商的支持。资源供应商是影响企业竞争能力的重要条件和微观环境因素。对资源供应商的调查主要有以下内容：

① 资源供应商的数量和地理位置：资源供应商越多，企业选择供应商的余地就越大，可以避免供应商数量过少而带来的风险，同时还可以利用供应商之间的竞争来获得价格优惠等利益。资源供应商的地理位置距离企业越近，运输成本越低。如果供应商数量少、距离远，企业就必须开辟其他供应渠道，以保证资源的需要。

② 资源供应的可靠性：资源供应的可靠性是指资源供应的数量、质量和交货期的保证程度。数量和交货期直接影响企业生产能否正常进行，而资源质量则直接关系到企业的产品质量。资源供应可靠性的调查结果在企业的产品决策中有重要的参考价值。

③ 资源供应商与企业建立交易关系的意向态度：资源供应商有无与本企业建立交易关系的意向直接影响资源的供应。在供应商调查中，就要了解其具体态度，以便采取相应的对策。

(2) 营销中介　营销中介是指协助企业推销产品给最终购买者的中间商、实体分配公司、金融机构、广告公司和市场调研公司等。营销中介对于企业开展市场营销活动有重要的影响。营销中介调查主要是了解目标市场上营销中介的数量、质量、分布，以及可合作性与可选择性的程度。根据中间商在流通环节中的作用，其调查又分为批发商调查和零售商调查两部分。

① 批发商调查：调查的主要内容包括：批发商的种类、数量以及市场占有率；影响批发商业务经营活动的有关因素，例如交通运输情况、商品生产状况、商品经营形式和消费方式的变化趋势等；批发商业网点的布局及其变化，以及批发业的购销形式等。

② 零售商调查：调查的主要内容包括：零售业态形式以及各业态类型的比例；零售商业网点的结构及其分布情况，商业网点的规模是否与当地人口相适应，每一网点服务的人口数；零售业的销售额及其变化；零售商业网点的空间规模，以及城乡零售网点的比例及其变化趋势等等。

(3) 顾客　企业的顾客就是由企业产品的购买者形成的市场，主要包括消费者市场和生产者市场两大类。市场是企业生存和发展的根本，因此，消费者市场和生产者市场研究是市场调查的主要内容。

(4) 竞争者　在市场经济条件下从事生产经营活动必然面临各方面的竞争。竞争直接影响企业经营目标的实现，也影响企业市场经营战略和策略的制定。因此在微观环境调查中，竞争者调查是必须进行的基础调查。竞争者调查主要包括以下方面：

① 市场当前的竞争状况调查：了解在同行业、同品种、替代产品等存在的竞争类型及竞争程度。

② 竞争对手调查：包括对竞争对手的实力、竞争策略以及市场占有率等内容的调查。

③ 主要竞争对手的调查：调查内容有主要竞争对手是谁，目前他们的目标市场、市场占有率、产品的市场分布以及市场营销策略、在市场竞争中的优势和弱点等。

④ 可能出现的新竞争对手的调查：调查有哪些企业或个人有可能成为新的竞争对手，并分析其主要进攻目标和市场策略，以及对整个市场目前竞争态势的影响，对本企业在市场中现有地位和未来发展的影响等。

11.3.3　消费者购买行为调研分析

消费者购买行为调研就是对消费者购买决策过程、购买过程及其购买结果进行调查分析,以了解和掌握消费者购买行为的一般规律,帮助企业把握市场需求动向和制定正确有效的营销策略。

1) 消费者的购买决策调研

消费者的购买决策共包括5个阶段,即认识需求阶段、寻求信息阶段、评价分析阶段、购买阶段和购后评价阶段。在不同阶段调研的主要内容又有所差异。

(1) 认识需求阶段　认识需求阶段是消费者购买行为产生的起点。在这一阶段,由于受到个体内外部各种环境的刺激,消费者发现现实与自己的希望之间存在着一定的差距,从而认识到对某种事物的需求。需求的产生就是购买行为的开始。认识需求阶段企业要调查的主要内容包括哪些原因促使消费者产生了对需求的认识。例如,消费者产生需求是原有物品短缺造成的,还是由于收入变化产生的影响?是消费趋势或消费流行推动的结果,还是新产品的吸引力或企业促销宣传效果激发的?等等。另外,还要分析这些原因是消费者内在身体机能的反映,还是外部环境刺激所造成的结果?这些需求可能引导消费者购买一种产品或服务以及需求强度大小和变化情况如何?等等。

(2) 寻求信息阶段　当消费者确定了满足需求的目标后,就开始寻找信息,以便减少风险和做出正确的购买决策。消费者获取信息的主要渠道有4种,即商业信息、口传信息、大众信息和经验来源,其中口传信息对消费者购买行为的影响较大。在这个阶段,如果某个企业的产品或服务的信息传递到消费者,并给消费者留下了良好的印象,就可能引导消费者实现被动购买;反之,如果消费者不知道某企业产品或服务的有关信息,则该企业的产品或服务将直接被排除在选择之外。因此,这个阶段的调查任务就是要了解消费者获取信息的渠道有哪些,主要渠道是什么,最信赖哪种渠道传播的信息,消费者是否知道本企业的有关信息,从哪些渠道获取本企业的信息以及对本企业信息的评价如何等。

(3) 评价分析阶段　消费者了解到有关信息后,就要根据掌握的信息进行分析和比较,以解决采用什么标准评价购买对象、选择什么品牌等问题。评价是消费者的购前活动,是促使消费者实现购买行为的关键步骤。消费者的评价是以自己的选择标准为基础进行的,但同事、朋友以及周围的环境也是影响消费者评价分析的重要因素。要了解消费者的评价结果,就要调查消费者的评价标准和评估模式,分析其心中理想产品的性能指标,研究影响消费者评价比较的主要因素有哪些,以及消费者对本企业产品和服务的看法等等,以便采取有效的营销策略,引导消费者选择本企业的产品和服务。

(4) 购买阶段　经过评价分析后,消费者的购买行为就进入了购买阶段。一般情况下,消费者的购买还有一段距离,在这期间,消费者还将受到来自各方面因素的影响,使其购买决策发生变化。因此这一阶段的调查任务就是要研究影响消费者购买决心的因素有哪些,最重要的因素是什么,影响结果是促进消费者的购买行为还是动摇了消费者的购买决心等等,为企业采取促进消费者购买行为发展的对策提供依据。

(5) 购后评价阶段　消费者购买结束后,才开始实际体验购买的效果,体验的结果就形成了消费者对该产品的评价和购买经验。如果使用效果好,就会使消费者产生偏爱心理和习惯购买行为,同时还会向其他消费者宣传和推荐自己的购买选择。反之,如果使用效果与购前期望有差距,消费者就会由失望而产生拒绝购买心理,并竭力劝阻其他消费者购买。由此可见,消费者购后评价对企业扩大影响、巩固市场有着重要作用。购后评价阶段调查的主要内容就是要了解消费者在使用商品时的反应,以及采取的相关行动。这个阶段的调查应通过售后服务网连续跟踪进行,使企业能够及时根据市场反馈调整营销策略,提高竞争力。

2) 购买过程类型调研

消费者购买过程按照不同标准可分为各种类型,其具体分类主要有以下3种。

(1) 按购买目的的明确程度分类

① 确定型:这类消费者在购买前有明确的购买目的,他们对自己要购买的商品名称、商标、规格、型号、款式及价格等都有具体的要求,只要商品符合心愿就购买。他们的购买行为表现出主动、快速的特点。

② 半确定型:半确定型消费者在购买前有大致的购买目标,但对要购买商品的具体要求不明确,因此在购买时需要进行较长时间的比较和评价才能做出决策。

③ 不确定型:这类消费者没有明确的购买目标,他们去商店并非专程购买商品,只有在某种商品激发了其兴趣时才会偶尔购买,其购买行为发生与否和周围环境的影响有关。

(2) 按购买态度表现分类

① 习惯型:这类消费者的购买行为表现为对某些品牌具有特殊的感情,长期购买和使用某种品牌商品,以至于形成一种消费定势。他们的购买行为表现为目的性强,购买决策果断。

② 理智型:理智型消费者善于观察、分析和比较,挑选商品的能力较强,购买态度理智慎重,自主性强。

③ 经济型:这类消费者善于对收支统筹安排,购买活动计划性强,对价格非常敏感,常根据价格高低决定购买与否。

④ 冲动型:有些消费者在购买活动中心理反应活跃,情绪变化快,购买现场环境和周围人的意见对其影响较大,常常只凭感觉做出购买决策,其购买态度表现出明显的冲动性和不稳定性。

⑤ 疑虑型:一般性格内向、购买经验不足的消费者在购买活动中常常表现出疑虑型态度,其特点主要是购买决策优柔寡断,购买过程多疑谨慎和徘徊反复。

(3) 按购买时的介入程度和品牌差异程度分类

① 复杂性购买行为:当消费者感觉风险大,对消费活动关注程度高,在购买同类产品的不同品牌、购买行为差异较大时,消费者的购买过程就表现为复杂型。其具体表现是消费者高度介入购买过程,经历购买行为发展的每一个阶段,并且了解各个品牌的特点,最后才做出谨慎的购买决策。

② 减少失调感的购买行为:这类消费者的表现特点是:虽然高度介入购买过程,但却忽视品牌之间的差异,购买决策迅速简单,购后常怀疑购买决策的正确性。

③ 习惯性购买行为:低度介入购买过程且忽视品牌差异的消费者常表现出习惯性购买行为。这种消费者的购买行为有很大的随意性,购前不深入了解商品信息,习惯购买自己熟悉的品牌,购后对产品不进行评价。

④ 多样性购买行为:当消费者低度介入并了解了各品牌的差异时,就会产生多样性购买行为。这种消费者的购买行为有很大的随意性,购买前不深入了解商品,购买后才进行对比评价,常因喜新厌旧而转换其他品牌。

3) 购买行为结果调研

购买行为结果调研是对消费者实际购买活动进行调查研究,以了解消费者的购买活动规律。

(1) 购买时间调查　这是对消费者购买商品的时间规律进行调查,具体要了解消费者的购买频率、购买时间间隔、具体购买时间等,为合理组织商品采购、商品上市和确定营业时间提供依据。

（2）购买地点调查　主要调查内容是消费者常去购物的商业街区和商店类型,以及选择购买地点的主要标准。

（3）购买方法调查　购买方法包括购买方式和支付方式两方面,其中购买方式调查就是要了解在消费者购买活动中,现购、订购以及邮购的比例情况。支付方式调查则是要了解消费者付款时,采用现付、预付以及分期付款的情况。

（4）购买数量调查　是指调查消费者的一次购买数量和购买品种数。

11.3.4　经销商选择调研分析

经销商选择调研分析的主要内容是消费者为什么要选择某家经销商(选择动机调查)?为什么不选择某些别的经销商?消费者在选择经销商方面有哪些看法、期望和建议等?由于存在消费者选择经销商的同时,也存在经销商选择消费者的对应方面,因此,在本章节中把经销商围绕消费者而进行的市场分析问题也作为经销商选择调研的内容的一部分。经销商选择调研分析主要包括选择经销商的动机和选择因素调查、经销商选址调查和消费者对经销商满意度的调查等。

1) 经销商选择动机和选择因素调查

无论是制造商还是经销商(这里的经销商指的是在供应链的销售环节中从事经营销售的渠道成员,包括了零售商、批发商等参与商品流通的组织,不仅仅指买断产品所有权的经销商),都很希望知道为什么消费者愿意到这个销售点购买产品,为何愿意到那家店或者那个品牌的网上商店购买产品。究竟是经销商所销售的产品的确非常好呢?还是经销商的服务水平特别高?抑或是经销商所选择的地点具有一定的便利性?还是什么其他因素在起作用?为了找到这些答案,营销人员就要开展相应的消费者调研,以了解在选择经销商方面消费者是如何做出决策的,哪些因素又可能是消费者在选择具体的经销商时比较重视的。

2) 商圈调查和定位调查

商圈是指商店周围吸引顾客的地理区域,即顾客在购买过程中,优先选择到该店购物的顾客所分布的地理范围。影响商圈的首要因素是划定商圈的范围。通常情况下,商圈的划定以商店为中心,向四周展开。但是,这里所指的商圈是一种理论上的虚拟的"圈",它是呈不规则状的一个圈,而且其形状和大小受到诸如商店的业态、地理条件、人口分布、交通情况以及竞争状况等因素的影响。

商圈调查主要了解商圈范围内的人口因素和各种环境因素,探测市场的容量,找出市场的特征,进而评估商圈内可能的经营效益,为网点的决策提供足量的决策信息。在商圈调查中,对消费者开展的调查主要有人口特征(人口数量、消费水平、生活习惯、购买特点等)调查、人流量调查等。通过对消费者的这些调查,决策者可以为商业业态的选择和定位做出分析,并可以进一步针对具体的经营定位开展新一轮的消费者研究。在关于定位问题的研究中,企业的营销人员可以把可能消费的消费者分成不同的群体,然后从中找出自己企业的主要的目标市场,并针对来自目标市场群体的调查中所获得的其他的营销信息(如广告信息、来源、购买习惯等)为自己的目标顾客制定专门的营销策略。当然,通过对消费者展开调查,也能获得消费者对其他商家的评价和建议,为营销决策(如竞争者分析)等提供了重要的信息资料。

商圈选择中包括了商场选址和定位、商场的再定位和竞争策略的改善以及商场经营策划与创新等方面的各种研究。只要是针对商业业态开展研究，并需要从商圈内外来获取消费者的信息的行为，都可以称为商圈消费者调查。

3) 消费者对经销商满意度的调查

开展消费者对经销商满意程度方面的调查，可以帮助商家发现自己的优势和不足，为改善服务水平和提升企业竞争力提供有益的信息。消费者对经销商满意度的调查内容包括消费者对经销商所提供的产品和服务两方面的内容。对经销商提供产品方面的研究内容可能包括产品的质量、品牌、价格、广告、促销活动等方面，而服务方面的研究则包括现场工作人员的服务能力、人员形象、态度、效率、服务的价格以及其他配套服务，如售后服务、客户满意度调查、企业整体服务形象（如是否提供投诉热线、是否使用CRM或呼叫中心等服务软件、交易场所的环境因素）等方面的调查。此外，对经销商满意度的调查，还可能包括如交易场所的便利程度、交易方法的便利性等对消费者而言比较重要的其他因素的调查。

11.3.5 顾客满意度调研分析

让顾客满意已经不是什么新的营销观念，因此，精明的公司经常测试顾客的满意程度。有过购买家电产品或者购买品牌计算机（甚至有品牌的组装计算机）经验的消费者，很容易联想到这些产品的包装中除了提供产品使用说明书之外，往往还提供了一份保修单或者售后服务回邮卡。正是因为有了送货地址或者售后服务的地址电话，精明的商家就会定期或者不定期的通过电话或者信件（包括其他方式，如电子邮件）等方式向购买者询问他们的满意度是多少。在这些询问顾客满意度的测试中，测试量表一般分为5个等级：高度满意、一般满意、无意见、有些不满意、极不满意。公司可能流失80%极不满意的顾客、40%有些不满意的顾客、20%无意见的顾客和10%一般满意的顾客。但是，公司只会流失1%~2%高度满意的顾客。所以，为了能不断地超越顾客期望，为了取得更多的竞争优势，满意度调查日渐盛行已成必然。

顾客满意度的调研必须达到以下3个目标：

(1) 发现导致顾客满意的关键的绩效因素。

(2) 评估公司的绩效及主要竞争者的绩效。

(3) 视问题的严重程度，提出改善建议，并通过不断地跟进调研以实现持续的提高。

调查顾客满意度的挑战在于，要认识到这一调研只是提高顾客满意度全过程的第一阶段，公司必须有强烈的责任感，按调研的要求持续地改进工作。竞争的压力使得公司重视顾客满意度，因为顾客满意度领域的调研能告诉公司如何保持竞争优势。在开展顾客满意度调查时还要考虑到执行人员（无论是外部的还是内部的）的诚信程度。虽然国内对诚信的要求呼声越来越高，但实践中偏离诚信行为的现象时有发生。作为某些知名产品的用户，曾经遇到部分售后服务顾客满意度调查人员为了保持小组或个人的收益（获得奖励而不是处罚）而恳求受访者在下次受访时回答"非常满意"而不是"满意"。

顾客满意度的测量主要从两个方面开展：第一，列出所有可能影响顾客满意的因素，然后按照重要程度由最重要到最不重要排列，最后选出公司最关心的几个（建议在10~15个，最好不要超出20个，以减少受访者懈怠等因素产生的回答误差）因素，让受访者帮助判断这些因素的重要程度；第二，就所选所要评价的重要因素的满意度让受访者做出评价，评分尺度可以是2项、3项、5项、7项或者10项等，可由设计者依据要求的精确程度以及分析水平而设定,一般以 5 项量表等级的居多。

【本章小结】

本章讲述了需求调研的有关内容,在结合营销理论和中国国情的基础上,将前几章提供的调研方法运用于需求调研之中。本章主要对需求规模分析、经销商选择调研、购买行为调研以及顾客满意度分析进行阐述。

在经销商选择调研方面,所指明的经销商包括了零售商、批发商、其他的中间商和直接销售的厂商等,不同于一般意义上的中间商的概念。经销商选择调研的主要内容是消费者为什么要选择某家经销商(选择动机调查),为什么不选择某些别的经销商的同时,也存在经销商选择消费者的对应的另一方面。因此,在本书中把经销商围绕消费者做出市场分析的问题也作为经销商选择调研的内容的一部分。经销商选择调研的内容包括选择经销商的动机和选择因素调查等。

开展消费者购买行为调研,主要是从研究影响消费者购买因素的角度开展的。影响消费者做出不同的购买选择的因素主要集中在文化、社会、个人和心理因素等方面,开展影响消费者购买因素的调研主要是要衡量这些因素对消费者的影响程度等。

关键概念

市场需求　　市场反应函数　　企业需求　　企业调研　　企业潜量　　总市场潜量
区域市场潜量　　消费者购买行为调查　　商圈调查　　经销商满意度　　顾客满意度

思考题

1. 什么是市场需求?试分析市场营销力量与市场需求的关系。
2. 在经销商调查中,商圈调查的意义和方法是什么?
3. 购买行为研究的内容有哪些?
4. 购买角色可以分成哪几种类型?每种类型的定义是什么?
5. 顾客满意度调研必须达成的 3 个目标是什么?
6. 列举可能影响消费者购买的因素。

实训题

1. 分别列举购买手机、笔记本计算机、钢笔时影响消费者购买的因素有哪些。
2. 小王是医院的实习医生,他接到的第一个任务是配合他的直接上级李主任开展一项医院病人满意度的调查工作。他必须在 2 小时内列出一份病人重视的因素的清单,而且这些因素的数量必须控制在 15 个以内。请你运用相关知识帮助小王设计一份医院病人满意度调研问卷,并分组讨论。

12　新产品调研

【学习目标】
◎ 认识新产品调研的必要性；
◎ 熟悉新产品调研的内容；
◎ 了解新产品调研的对象；
◎ 掌握新产品调研的方法；
◎ 能够进行新产品需求调研、价格调研、渠道调研、促销调研的分析。

创新是社会发展的动力，是企业发展的源泉。创新特别是新产品的开发关系到企业的生存状态和发展趋势，要真正做到所谓的"人无我有、人有我优、人优我新"，既实现产品创新又获得市场销售上的成功，了解消费者的需求、市场信息、竞争者信息是非常必要的。加强新产品调研的目的就是为了保证新产品开发项目选择正确和保证新产品获得市场成功。

【导入案例】　　　　　　　吉列公司的新产品

"新产品！"吉列公司总裁兼首席执行官阿尔弗雷德·蔡恩（AlfredM. Zeien）说，"这就是游戏的名字！"自从1901年公司创立以来，对产品创新的高度重视使得吉列的剃须刀一直保持在最锋利的水平。吉列公司以剃刀和刀片在市场上占统治份额而闻名。然而，公司的其他产品，包括金霸王（Duracell）电池、吉列化妆用品系列（Right Guard 和 Soft & Dri 牌止汗剂）、文具用品（派克、佩柏梅特和沃特曼钢笔）、欧乐-B（Oral-B）牙刷、百灵（Braun）电动用品等，也都有着共同的特点：可盈利、快速成长的能力、市场上首屈一指的地位，以及后续新式样产品的推动。蔡恩曾预言，公司即将推出的新产品中，有50%左右5年前还不存在，相当于同等消费品行业水平的两倍。正如一位华尔街分析师说："吉列就是一台永不疲倦的创新机器。"并不是所有的新产品都会有吉列公司这样的成果，其成功取决于公司的文化。许多公司力图保护现有的成功产品，而吉列鼓励那些会对现有产品带来冲击的创新。正如一位企业咨询人士所说："他们很清楚地意识到，如果自己不给消费者以惊喜，别人也会。"同时，吉列也把失误和挫败作为创新的正常环节。因为他们知道，如果要在市场上成功地推出一个新产品，至少需要一打以上的构思，吉列公司对"在肥皂粉中加入蓝色颗粒"的做法很不屑，认为那只是对已有的产品加以表面的装饰，还要标榜为创新。吉列公司积极鼓励员工大胆地利用最新技术来切实提高顾客的生活舒适程度。新产品开发通常是既复杂又费力，但吉列独特的流程已经使其自成系统。例如，吉列公司在设计和开发感应刀片系列上花了2.75亿美元，同时获得29项专利。不可思议的是，公司又花了10亿美元开发后续系列——马赫3型刀片，并获得35项专利，竞争对手比克（Bic）公司和威肯逊（Wilkinson）公司曾在一次性刀片市场上占有重要的份额；在电动剃须刀市场上，吉列也面临着来自斯奇克（Schick）、诺雷克（Norelco）和雷名顿（Remington）公司的强烈竞争。然而吉列公司以其极好的技术优势,在迅速成长的刀片市场上运作自如。作为吉列公司最出色的产品之一,马赫3型刀片又进一步加强了公司在市场上的竞争地位,产品引入不出数月,新型刀片的销量就占据第一位。

在吉列公司,似乎所有的员工都涉及这样或那样的新产品开发,即便是那些不直接参与研究设计的员工也热衷于试验新的样品。吉列的每个工作日,都有200个员工自愿不刮胡子来上班,集聚到公司波士顿南部生产厂的二层。他们走进带有水池和镜子的洗手间,从另一侧的小窗口接过即将引入市场的剃须刀、刮须液和须后水,通过试用来评价刀片是否锋利,滑行是否顺畅,以及整体是否好用,然后把结果输入计算机储存。在另一侧的卫生间,女士们同样在腿部、腋下等部位尝试新型样品,试用中时常有人刮破皮肤,一位员工说:"我们这样流血是为了顾客将来能够用上更好的产品。"

在产品推广上,吉列公司也一直很出色。吉列意识到,在激烈竞争的消费者市场上,引入初出茅庐的新产品,需要厂商在生产和营销方面的大力支持。为提供必要的支持,吉列有一整套的"成长驱动"支出模型,包括研发、资本投资以及广告推广等,整体花费与销售额的增长同步。去年,与销售额上升12%相比,在成长驱动上的花费上涨了16%。就马赫3型刀片而言,公司在引入期就投入了3亿美元的广告及其他营销费用。

在过去的几十年中,系列高级新产品成为吉列公司成功的基石。在全世界200个国家,公司拥有7亿以上忠诚的剃须刀用户。这些用户使用着吉列上亿的剃须刀和数亿万计的刀片,使得吉列在美国湿法刮须刀市场上拥有70%以上的份额,而在全世界70亿美元的市场上,占有72%的市场份额。

吉列的新产品如此具有魅力,其形象也成了开玩笑的谈资。幽默大师戴夫·巴里(Dave Barry)笑言:"不久的将来吉列会宣布,由于计算机微芯片的缘故,它的刀片甚至可以走在时间的前面而刮掉还没有长出来的胡须。"(摘自《市场营销原理》菲利普·科特勒;赵平、王霞译,清华大学出版社)

从上述案例可以看出,吉列在不断开发新产品以满足消费者市场的需要,提高自己的竞争能力,扩大市场份额。企业为什么要不断开发新产品?对新产品的调研主要从哪些方面入手?如何进行新产品调研组织和开展新产品调研分析?这是我们要在这一章中解决的问题。

12.1 新产品调研概述

12.1.1 新产品调研的必要性

不开发新产品的企业已在承担巨大的风险。消费者的需要和品味在不断变化,科学技术日新月异,产品生命周期日益缩短,来自本土和外国企业的竞争与日俱增,企业目前的产品可能很快会被淘汰。

开发新产品成为企业在市场上保持和取得优势地位并保持长盛不衰的必要条件。创新是企业发展的源泉,否则,当你的竞争者向消费者提供新产品时,你的企业可能很快衰落乃至消失。但是创新也有风险,开发新产品的风险很大,可能投入巨额研制费用而没有研制出新产品,可能新产品投放市场失败,可能由于科学技术的飞速发展,研制的新产品很快被淘汰等等(根据美国全国工业协会对新产品开发失败的原因分类中,32%的失败是由于市场分析不恰当)。新产品的失败率一直很高,一旦失败,损失巨大,如福特公司开发的埃德赛尔(Edsel)轿车,损失3.5亿美元,还有宝丽来公司的快速放映机、可口可乐公司的"新型可乐"等。因此,有必要对新产品的构思、概念、商业开发价值、市场前景进行深入调研与预测,减少企业产品创新的风险,使企业在产品竞争中始终处于有利地位。

12.2.2 新产品调研的内容

1) 市场需求状况

新产品的开发可能会有很高的失败率,在包装消费品中新产品的失败率为80%。一项研究表明,每年约有2.5万个新产品推出,但5年之后只有40%左右能存活。新产品失败的原因很多,尽管有的新产品构思不错,但投放市场后还是失败了。其原因之一就是对新产品的市场规模估计过高,对市场需求状况把握不当,因此,新产品调研首先要调研新产品的市场需求状况,仔细估计市场的规模和可挖掘的潜力市场有多大,并对新产品的销售量和销售潜量进行预测,根据需求预测进行利润分析,据此决策新产品的开发,从而避免不必要的损失和获取尽可能多的利润。构成新产品市场需求的三大要素是新产品的目标消费者、购买力和购买欲望,这三要素直接制约着新产品的市场容量和新产品流通规模。

(1) 目标市场消费者调研 主要是对新产品采用者尤其是首批目标消费者的人群特征、数量、年龄、职业分布、收入、价值观、地区分布、消费水平、消费结构、消费习惯、消费行为等进行调研,了解他们对新产品(设计、性能、特点、价格、包装、广告)的要求和改进意见。

(2) 购买力的调研 对新产品的需求是以现实购买力为条件的,购买力的大小直接影响新产品的市场规模和结构。购买力调查包括目标市场的人口特征,家庭规模和构成,收入及支出情况,收支构成及变化趋势,城乡居民消费水平、消费结构和对类似产品的消费情况(产品的拥有量、普及率、消费量)、社会储蓄情况等,目标顾客群的购买力消费投向等。

(3) 购买行为的调研 购买行为调研主要是了解一些主客观因素及发展变化对目标消费者购买行为的影响。调研的内容主要有目标消费群的特征、消费认知、消费行为方式(购买数量、购买地点、购买目的)、消费者信息来源渠道。消费者对新产品的购买既有与一般产品购买相同的共同性特征,又有其特殊性,对购买动机(好奇、便利、求美、求名、偏爱等)、购买行为类型(习惯型、理智型、感情型、冲动型、经济型、随意型)和购买决策的调研是购买行为调研的重要方面。

2) 市场竞争状况

企业开发新产品的目的是通过"人无我有,人有我新"的经营策略来对付市场竞争,因此对市场竞争状况要全面摸清。市场竞争状况调研主要调查以下几个方面:

(1) 竞争对手的概括信息 包括主要竞争对手的数量、规模、经营实力、经营策略、经营特点、经营优势、经营产品、市场份额、企业形象、产品形象等方面。

(2) 竞争对手的竞争行为信息 包括竞争对手和潜在竞争对手的竞争产品、价格、性能、服务方式、销售组织、销售渠道、广告宣传、促销手段、技术开发能力和人事制度。

(3) 本企业在竞争中的地位信息 主要包括本企业是处在市场领导者、市场挑战者、市场追随者、市场补缺者中的哪个位置。

(4) 本企业的竞争能力信息 主要包括经营实力、产品竞争能力、分销能力、价格竞争能力、促销能力、售后服务能力以及新产品的后继开发能力等。

（5）新产品自身信息　弄清楚开发的新产品是属于全新产品、革新产品、改革的产品、引进的外来产品中的哪一类，是否很容易被竞争对手仿制等。

（6）新产品的开发信息　包括市场上其他企业的研究开发机构与人员，开发经费投入，新产品开发项目，新产品类型，新产品开发进度、数量、质量等情况。

（7）新产品有关的产品信息　包括与新产品相关的或替代产品的基本状况。

3）技术可行性评估

为提高新产品的成功率，企业对新产品的开发有一套科学的管理制度，从新产品构思到产品概念形成，再对产品概念进行测试，并初拟营销战略，进行商业分析，然后进行新产品的研制以及性能和使用测试，再进行市场试销，最终正式上市。在这个过程中，必须对新产品进行技术可行性评估，从概念形成到新产品实体有一个技术上是否可行的问题，评估的内容包括以下几个方面：

（1）新产品的生产设施的现代化程度和水平，机器设备的先进程度。

（2）新产品的原材料来源是否充分，能否按时供应。

（3）新产品的技术水平是否领先，是否有专利权，是否容易被竞争对手仿制。

（4）参与新产品开发人员的素质，包括管理人员、设计人员及实际操作人员的资历、学历、经验等是否能满足开发新产品的要求。企业现有设备能否进行新产品生产，设备改进后能否利用等。只有技术上可行，才可能将概念产品发展为实体产品。

4）经济可行性评估

新产品的开发需要大量的资金，真正成功的新产品为数不多，许多新产品失败是因为新产品开发制造成本比预计的要高。在新产品正式上市以前，必须对新产品进行经济可行性评估，评估内容包括以下几个方面：

（1）预计目标市场产品的规模、结构和行为，计划产品定位。

（2）预计目标市场的短期、中期、长期销售额，市场份额、利润目标。

（3）预计新产品在目标市场的最小销售量、最大销售量。

（4）预计新产品的短期、中期、长期的分销策略和营销预算。

（5）结算新产品研究开发成本、制造成本、销售成本、财务成本。

（6）开发产品的投入、产出之比，新产品总量达到多少规模方可盈利，预计新产品的市场规模等。

（7）预计新产品销售和成本数据分析新产品的财务吸引力，对此进行预测、评估、分析，看新产品推出是否能够获利。

5）产品前景评估

新产品所面临的市场比成熟产品市场更难估计，对产品前景评估用市场调研预测法，采用主观判断法、类推法和基于新产品扩散模式的数学模型方法预测，针对不同的新产品选择合适的预测方法。对产品前景进行预测评估，是评估成功的关键。在预测中，注意将定性分析与定量分析技术结合使用，具体方法参见第9章。

12.2　新产品调研的组织

12.2.1　新产品调研对象

企业要成功的开发新产品，必须经过3个基本阶段：形成新概念或构想；评价和发展这些概念,试制新产品;试销并检验新产品的市场生存能力。在这3个阶段,应对相关人员进行调研,主要包括社会公众、中间商、科研机构和技术人员、行业专家、其他机构和人员。

1) 社会公众

新产品的创意经常来自社会公众,其次是顾客,企业可能通过调查或集中座谈了解顾客及其欲望。美国麻省理工学院的学者冯·希佩尔长期研究仪器的革新,他的调查结果是:在11项重大发明中,其发明思想100%来自用户;在66项重大产品改进中,85%的改进意见来自用户;在83项小的改进中,66%的改进意见来自用户。

例如:美国一家大规模的玩具厂通过请顾客设计新产品的方式,最直接了解和满足顾客需求。他们请年仅14岁,喜欢对新玩具提意见的小女孩玛丽任副经理。玛丽受聘后,根据自己和伙伴的切身感受,出过许多好主意。

该厂原来生产的白色纤维球,平庸无奇,毫无特色,玛丽想起和自己一起玩的伙伴对霓虹灯管都感兴趣,便建议在球上添加各种颜色,使它熠熠生辉。这一改,果然讨得孩子们的欢心,纤维球销量猛增。

企业可以通过对顾客的观察、聆听,售后服务调研,召开座谈会,分析顾客投诉等方式,获得新产品的创意,并了解他们对新产品价格的接受程度、喜欢新产品的原因、购买新产品的动机等。社会公众中的一部分是新产品的目标消费者,对他们的调研是整个新产品调研中的重点。

2) 中间商

企业将产品传递给最终购买者的过程中要使用中间商。中间商能向企业提供有关需要处理的消费问题以及新产品可能性的信息,能告诉企业可用来开发新产品的新概念、新技术和必要的物资,而且,新产品的试销及正式上市都必须借助中间商。新产品试销中顾客的信息最早掌握在中间商手中,他们可以将顾客反馈的信息及时提供给制造商。

3) 科研机构和技术人员

科研机构对于新技术、新材料、新原料的变化最敏感,新产品从概念到实物,产品的性能参数、设计特征、使用功能标准以及制造加工过程等都必须依赖科研机构和技术人员才能完成,而且科研机构和技术人员长期进行产品开发,具有相当的实际经验。

4) 行业专家

行业专家是在某个学科或活动方面具有深入知识的人,这些人可以通过各种渠道找到。科技或商业出版社的编辑、服装设计师、高级工程师、大学教授等,他们一般威望高,通晓专业知识,熟知内部信息,对新产品的市场前景有自己的判断,对他们进行调研可以获得从其他途径无法获得的详情细节。

5) 其他机构和人员

有关情报机构、咨询机构、市场调研机构、大学和商业机构的实验室、专利发明人、专利代理人、竞争对手等都会提供许多有益的信息。

12.2.2 新产品调研的方法

1) 产品可行性调研的方法

在寻求新产品创意、甄别创意、形成新产品概念到分析新产品商业价值的阶段,要对新产品进行概念筛选测试、概念生成测试、概念评价测试,调研目标消费者对新产品的认可度,并由此分析新产品的商业前景,这就是对新产品开发的可行性进行调研。采用的调研方法主要有以下几种：

(1) 案头调研法　调研人员可以从大学、行业协会、报刊媒体、专利代理机构等寻求有价值的新产品创意，并从已有的成熟产品中获得灵感，查询是否有类似的新产品生产过。

(2) 询问调研法　在新产品开发调研中，应用得最为广泛的就是询问法。企业在新产品开发前，要广泛收集有关新产品的构思，然后对新产品的构思进行详细描绘，尽量将新产品的构思转变成具体的模型、图纸、样品，配上文字说明新产品的形象和市场定位，直接向那些可能提供所期望的信息的人们询问而收集资料，具体可以采用面谈访问、小组访谈、个别访谈、专家座谈会、发放问卷等多种方式。询问的内容包括：对新产品的创意的看法，对新产品概念构思的认可度，对新产品概念的评价，对新产品能够接受的外形、颜色、功能，是否考虑购买，会不会放弃现有产品而购买新产品，能够接受的新产品的价格，会在什么地方或什么场所购买新产品等。通过询问对新产品的概念进行全面评价和测试，了解目标消费群对新产品总的感觉、认识、态度和其他方面的反应，这些信息有助于研究人员发现新产品的缺陷，以便对新产品进行改进、提炼、推敲和定位，并对营销方案的某些方面（定价、渠道）提出建议。

(3) 观察调研法　观察法是在被观察对象不知晓的情况下进行调查，不通过提问和交流而直接记录人的行为或事物的变化过程的调查方法。可以通过人或仪器进行观察。在产品创意发展为产品概念后，可以用文字、图画描述或者用实物将不同的产品概念展示于一群目标顾客面前，观察他们在看新产品时视线转移的快慢、观察他们瞳孔的亮度的反应，通过反复观察、对比，选择最佳方案。观察竞争对手的广告、产品及其他信息，也可以获得新产品构思的线索。

例如：福特汽车公司在设计其高度成功的捷豹牌汽车时，拆看了50多种竞争品牌的汽车，一层一层地寻找可以复制或改善的地方。"捷豹"采用了"奥迪"的加速器踏板"触角"，"丰田"SUPRA车型的油耗表，"宝马"528e轮胎和千斤顶储存系统，以及其他400种类似优点。"福特"在1992年重新设计美洲虎汽车时采用了同样的方法。

新产品可行性调研的方法很多，可视具体情况结合使用，尤其是寻找新产品创意的方式方法，更是灵活多样。例如：日本的日立株式会社，总是定期邀请10名左右的家庭妇女，给她们数目不少的报酬，要求她们按时上班。而她们的任务就是在每天规定的上班时间内，随便谈论关于在生活中的种种不方便、不满意、有气、有怨恨的地方。日立株式会社有人在另外的房间里，对她们的谈话进行记录、整理和分析，从中了解关于新产品的创意。像有气嘴而会鸣叫的开水壶、无绳电熨斗、衣被干燥器等畅销小家电，其创意都来自这些家庭妇女的闲聊。

2）新产品开发调研的方法

一旦新产品通过商业测试，就可以进入产品开发阶段。这一阶段，市场研发部门和工程技术部门要将产品概念发展为实体产品，这一实体产品要具有新产品构思所形成的各种性能和特色，具有实际效用，且能满足和刺激消费者的要求，激起他们的购买欲望，而且，最好不超过预算成本。产品原型准备好后，必须通过一系列严格的功能测试和消费者测试。因此，这一阶段的调研方法主要是实验法和询问法结合使用。

实验法主要是对试制新产品进行功能测试和消费者使用测试实验。功能测试一般由市场研发人员和工程技术人员在实验室对新产品的各项性能指标进行测试。消费者测试是通过新产品试用调研完成的。新产品试用调研是指对新产品的质量、性能、规格、包装、价格等方面的市场反应进行调研,以发现新产品的缺点,对其商业前景进行评价。测试时,注意找准目标市场的消费者作为新产品试用对象,对试用者给予一定的指导,调研结果才准确。在试用后,再征求试用对象对新产品的意见,请他们对试用品进行评价,提出意见,填写调查表格;研发部门根据试用者提出的意见进行改进,然后再测试,直到结果满意为止。试用实验全部结束,对调查表格进行分析并写出总结报告。

例如:美国亨氏集团决定在广州兴建婴幼儿食品厂,他们引进了适合我国特点的产品设计,并做了大量的消费调查。为了收集信息,公关人员召开了"母亲座谈会",以掌握母亲对婴幼儿食品的要求和见解,并据此试产了一些样品,让母亲们给婴幼儿试用。此后,他们又向一些托幼单位和一些家庭免费提供样品,广泛征求社会各界对婴幼儿食品的意见和要求,如"你喜不喜欢这种婴幼儿食品?""该食品味道如何?""甜度应当怎样改进?""包装好不好?""价钱是否合理?"等等,在几个地区征集了上千人的意见,前后调查了5次,然后,用调查结果的可靠数据初步确定"亨氏婴儿营养米粉"和"亨氏高蛋白营养米粉"的配方和价格。这两种食品都是经过科学调查研制而成的,尤其是他们根据中国儿童食品中缺少微量元素,从而造成营养不平衡的现状,在米粉中添加少量的铁、钙质,使其具有符合中国婴幼儿需要的特点,从而受到中国家庭的青睐。这是一则典型采用试用和访谈相结合的新产品开发调研活动。

在对新产品进行试用测试时,调研者要注意几个问题:

(1) 找准新产品的试用对象,最好是目标市场的消费者。

(2) 给使用者以必要的指导,要求他们马上开始试用新产品。

(3) 给试用者免费使用样品,并要求他们做出评价,可能会使他们对新产品产生其他想法。

(4) 试用者对购买意向的回答可能有浮夸的因素。

(5) 试用者在测试时购买决策与正式购买场景的购买决策有较大差异。

由此,在对新产品进行使用测试与评价后,还要进行上市调研,以了解真实市场反应,同时对新产品的营销方案进行设计和检验,对新产品的销售量、利润进行较为准确的预测,为新产品全面上市做前期准备。

3) 新产品上市调研的方法

如果新产品开发试验结果满意,就要着手进行新产品市场试销,这一阶段的调研方法主要采用实验法和观察法,同时配合询问法。

(1) 实验法 新产品上市实验调查主要是试销实验,新产品试销是对产品定位进行的综合性试验,这是新产品全面上市前的一次重要实验,它可以对新产品的营销策划方案和销售方案进行测试和评估。

新产品试销可以采用实地市场实验法、模拟市场实验法。实地市场实验是调研人员选择某一特定市场,控制一个或数个营销自变量,研究其他因变量的因果关系。该法应用范围较广,在新产品销售渠道、广告、定价、品牌、包装等方面调研都可采用。一般选择在展销会试销、目标市场小规模试销、在商场直接派人推销等,但这种方法费用大,时间长,易被竞争对手察觉。模拟市场实验是在实验室进行的市场试销式的实验调查方法。可以采用实验室购买、模拟市场购买等方法进行试销实验。对新产品的广告可以在实验室用仪器进行注意度测试、认知测试、意见测试以比较广告的优劣。

新产品的试销实验可以为企业提供下列基本信息:

- 新产品的市场需求量和潜在需求量；
- 新产品的优缺点，对新产品的改进意见；
- 新产品的市场认可度及其对旧产品的取代率；
- 新产品的目标顾客群的心理特征和购买特征；
- 新产品的价格、包装、颜色、品位、大小等要素的市场确认度；
- 对各种销售推广方式，如广告、公关宣传、人员推销的市场确认度；
- 新营销方案的优缺点；
- 竞争对手的市场反映情况。

由于实验法的费用大，因此实验的规模、时间视投资费用和风险而定，尽管实验成本很高，但与不经过调研而直接上市造成的损失相比，这些实验费用算不了什么。

新产品上市实验调研的方法很多，以常见的消费品市场营销测试看，就有以下3种：

① 标准市场测试：企业选择一些具有代表性的城市，全面销售新产品，通过店面销售记录、消费者和分销商调查以及其他手段检测产品的表现。通过数据分析，企业可以预测全国范围的销售和利润，发现潜在的产品问题，并调整相应的市场营销计划。标准市场测试成本高，时间长，易于被竞争者发现，因此，现在使用得更多的是控制市场测试和模拟市场测试。

② 控制市场测试：企业选择一个受其控制的商店，给予一定的经费，进行新产品试销。在试销商店里，不断调节货架摆放、价格、包装、促销方式等，同时记录，进行比较分析，决定营销方案选择。控制市场测试的费用和时间比标准市场要低得多，但存在代表性不够的缺陷，而且，竞争对手也有机会观察企业的新产品。

③ 模拟市场测试：企业布置一个模拟的购物环境，向目标消费者展示各种产品的广告和促销手段，展示商品中包括被测试的新产品，企业给这些消费者一定数量的钱，让他们去购买商品，通过观察测试者的购买情况，了解新产品的促销效果。事后，调研人员向消费者询问购买的原因、新产品的使用情况、是否会重复购买等等。最后，将有关数据进行分析统计，借助计算机统计模型，预测全国市场上新产品可能的销售状况。模拟市场测试克服了标准市场测试和控制市场测试的缺点，费用低、时间省、不易为竞争对手发现。由于样本有限，购物环境又是模拟的，其准确性和可靠性不及前者。但模拟市场测试应用于早期市场测试还是很有意义的。如果前期测试结果特别好，可以不再测试，直接推向市场；如果前期测试结果不好，新产品可以打回去重新设计，或重新测试；如果结果显示有希望，但不明确，可以再利用控制市场测试或标准市场测试作进一步测试。

(2) 观察法　在对新产品进行实验法调研的过程中，同时采用观察法调研。例如：在对控制市场进行测试时，一般要派调研员观察消费者的购买行为，或采用一定的设备监视记录消费者的购买行为。美国尼尔森公司在控制市场测试时，利用追踪扫描系统和Information Resource Inc. (IRI)公司的行为扫描系统，可以监视从摄像机到付款台之间消费者的购买行为。

(3) 询问法　在对市场进行测试的过程中，向目标消费者询问和了解对新产品的看法和认识，对新产品的满意度、所能接受的价格、购买的动机、会在何处购买、是否考虑重复购买等等。询问法主要调研目标消费者对新产品的了解程度，对新产品的态度、偏好、购买动机等用观察法和实验法无法获悉的数据资料，可以采用面谈询问、电话询问、邮寄调查、留置问答等多种形式。

市场调研部门要将新产品上市调研所获信息，及时、准确地提供给企业管理部门，以决定新产品上市的时机和区域。通过新产品上市调研,可以使企业更加了解新产品市场,了解已设计的新产品市场营销策略和营销方案是否可行,同时可以消除中间商和消费者的疑虑,增强各方面开拓新市场的信心。

12.2.3 新产品调研的组织

1) 调研机构选择

新产品调研最好选择专业调研公司,专业调研公司能为企业提供专门定制的、非重复性的市场调研项目。在具体选择专业调研公司时,要考虑以下几点:

(1) 新产品调研项目的研究人员和项目经理是谁?他们的资历如何?服务过的客户有哪些?实际执行的研究人员有无新产品调研经验?

(2) 在提供调研方案之前,研究人员有没有亲自走访过相关市场?调研方案是否闭门造车而成?

(3) 专业调研公司提供的新产品调研方案是否完整,方案设计有没有针对性?

(4) 调研机构能否严守秘密,能否准确、及时地提供调研结果,调研质量与报价是否相符?

当然,专业调研机构的品牌、规模、服务经验、业内口碑应作为谨慎考虑的指标。

2) 调研成果形式

新产品的调研成果分为阶段性调研成果和总结性调研成果。一般以"某某产品开发与改进创意的研究与筛选报告"、"某某产品设计的消费者偏好测试调研报告"、"某某产品消费者试用情况调研报告"、"某某产品市场试销测试调研报告"、"某某产品市场调研与预测报告"的形式出现。

12.3 新产品调研分析

12.3.1 新产品需求调研分析

新产品需求是消费者对新产品的一种消费、使用和购买的倾向,是由消费者的需求决定购买新产品的意愿,是有支付能力并有购买欲望的消费者对新产品的需要。消费者对新产品的需求是企业新产品开发决策的依据和出发点。由于新产品的开发充满风险,对企业而言,只有能够满足消费者需求的新产品才能成功地推向市场、占领市场,因此,在新产品推向市场之前进行新产品需求调研是极为必要的。对新产品需求进行调研分析是新产品调研活动中的核心和最重要的任务。

在开发新产品时,调研人员应弄清以下问题:

- 新产品的目标消费群是谁?
- 目标消费群的需求特点是什么?
- 新产品的需求量有多大?

在弄清上述 3 个方面的内容后,要对新产品的市场需求规模进行预测。

1) 新产品市场需求调研分析方法

在企业开发了新产品后,必须仔细估计市场的现有规模和未来潜力,过于乐观估计市场需求会导致企业新产品过剩和库存积压,而低估市场需求又会失去赚取利润的机会,因此,不仅要善于衡量现有市场的需求,还需预测未来需求。新产品的市场需求容量即市场规模,一般用两个基本指标描述:市场总需求量和市场潜量。市场总需求量是指在界定地理区域、界定时间阶段、界定营销环境、界定行业努力和水平下,消费者购买的一种产品总量。总量可以是实物量、金额量、相对数量。市场总需求量不是一个固定值,而是一定条件下的函数。市场潜量是指营销努力越大,市场需求会越高,在营销努力达到一定阶段后,市场需求将不再增加,这个市场需求的上限称为市场潜量。

假设海尔集团要估算电冰箱的年销售总量,一般估计市场总需求的方法如下

$$Q = nqp$$

式中:Q——市场总需求量;
  n——市场购买者数量;
  q——每个购买者平均年购买量;
  p——产品平均单价。

这样,如果每年有 600 万家庭和集团购买该品牌电冰箱,每户购买 1 台,平均每台价格为 2 000 元,那么,海尔电冰箱的市场总需求是 120 亿元(6 000 000×1×2 000)。

假设索尼公司要估计其新型数码相机的市场总需求,这种数码相机可以把相片储存在芯片上,然后传输到个人计算机里,一旦进入计算机,相片可以调整大小、剪切、放大、分类和打印。这种相机比普通 35 mm 相机要贵,这样索尼公司最初打算把新产品定位于业余摄影爱好者,有足够的钱支付新的照相机。索尼公司可以用系列比率法估计市场需求如下:

数码相机市场总需求=该国家庭总数×有一个或一个以上业余摄影爱好者的家庭比率×这些家庭拥有个人计算机的家庭比率×有足够可支配收入购买索尼相机的家庭所占的比率

这种简单的系列计算只能粗略地估计潜在的市场需求。但由于新产品所面临的市场比成熟产品的市场难估计,因此,新产品销售量需求预测一般采用主观判断法、类推法、数学模型法来进行推测。

(1) 主观判断法 主观判断法是在充分掌握有关新产品及市场状况的信息基础上,吸取和集中见多识广的人的判断和评价策略,拟定出预测方案。这是一种定性分析方法,具有迅速和费用低的优点,但缺少客观标准。具体方法有:经理意见集合预测、销售人员意见集合预测、专家意见集合预测。这 3 种方法可以组合运用,并辅之以必要的计算,则测试的结果更科学准确。

(2) 类推法 是以与新产品类似的现有产品的销售情况推测新产品需求的方法。这种方法适用于革新产品和改进的新产品,在考察其历史和现状的基础上,考虑新产品上市后取代现有产品的程度,从而推测新产品的需求量。

(3) 数学模型法 这是基于新产品扩散模式的数学方法。新产品需求预测方法中最可靠、最有效的还是根据试销结果进行预测。不同企业的不同产品,有着不同的扩散过程和模式,企业通过实验方法研究得出自己的新产品扩散经验系数,建立自己新产品的经验曲线,再运用固定的数学模型计算市场趋势和需求量(详见第 9 章)。

2) 新产品市场需求调研的特点

在对新产品需求进行调研预测时,应注意以下几个特点:

(1) 新产品没有销售量的历史记录可供借鉴。
(2) 早期采用者的态度不足以全面了解整个市场的需求量,缺乏稳定的消费群体。

(3) 管理人员缺乏新产品的市场营销经验,难以对需求量做出主观估计。

(4) 新产品上市后可能面临环境因素的变化而影响预测。

12.3.2 新产品价格调研分析

价格是市场营销组合要素中最活跃、最敏感的要素,也是市场竞争的一个重要手段。新产品的价格决策为目标消费群接受并认可,既能为企业赢得利润,又能扩大市场占有率。而价格决策的可靠基础是科学的价格调研。

新产品价格调研是调研人员根据价格形成和运动规律,对构成和影响新产品价格的各种因素进行分析、研究,用科学的方法和手段观察、了解价格的变化情况和趋势,为进行科学的价格决策提供依据。新产品上市后的价格定位必须经过科学而审慎的调研分析,为企业的价格决策提供可靠的依据。

企业制定价格决策需要了解3个方面的信息:新产品的成本、新产品的市场需求、新产品的竞争状况,这是影响新产品价格形成的关键因素。

1) 企业产品定价方法

(1) 基于成本的定价方法(成本加成定价法、盈亏平衡分析法、目标利润定价法) 成本是企业定价的底牌,是价格构成的重要因素,是制定价格的主要依据。调研人员要了解产品的平均生产成本,计算本企业生产总成本及其结构,包括企业的固定成本和变动成本。同时,还要预测产品成本的变化对定价的影响。

(2) 基于需求的定价法(价值基础定价法) 需调查了解顾客对本企业产品的认知价值,或者对同类产品能够接受的最高心理价格,寻找影响需求价格变动敏感度的因素,研究需求对价格的弹性等。

(3) 基于竞争的定价法(行市定价法和封标定价法) 需调研竞争对手的产品、成本、价格,比照竞争对手的价格决策本企业产品的价格水平,尤其是在招标竞争中,对竞争对手价格的估计和测算更是十分重要。

从企业定价方法看,商品的最低价格决定于产品的总成本,最高价格决定于消费者的需求和对商品价值的理解,实际销售价格决定于竞争和市场供求。顾客理解价值是指新产品以顾客的感知价值为基础来定价,由顾客来决定企业的定价是否合适,顾客衡量价格和使用产品的感知价值。如果价格超过了价值量,顾客不会买产品,而产品定价过低,虽然销售情况不错,但收益却比按采用顾客感知价值定价低。对于新产品而言,因为市场上还没有此类产品,新产品刚上市,主要是针对领先者和早期采用者,采用顾客理解价值更符合他们的心理,效果较好。

2) 企业新产品定价建议

新产品的市场定价一般有3种选择:市场撇脂定价法、市场渗透定价法、满意定价法。

(1) 市场撇脂定价法(Market-skimming Pricing) 市场撇脂定价法是新产品刚上市,把价格定得很高,获取较高的利润,尽快收回投资。

采用这种定价方法的产品必须符合下列条件:

① 新产品质量高、形象好、品牌知名度高,属于创新产品,在市场上居于绝对领先地位,且有足够的目标消费者愿意在高价位下购买。

② 生产小批量产品的单位成本不能高到抵消了高价位所带来的利润。

③ 竞争对手不能轻易进入市场来影响其高价位。

例如英特尔公司的定价策略。英特尔公司(Intel)是全球芯片巨头,每12个月就推出一种新的、性能更好、价格更高的芯片,将原有的芯片价格压低,满足低价位的需求。英特尔公司第一次推出计算机处理器时,单价1 000美元,含有这种芯片的计算机只有某些细分市场的消费者才勉强认为值得购买,这种新的处理器使高级的个人计算机威力大增,它迎合的是那些无法再等的消费者。当初期销售开始下降,并且竞争对手也开始威胁要引进类似的处理器时,英特尔公司降低了价格,以吸引第二层对价格敏感的消费者。最终价格降到了不足200美元,使其成为大众接受的处理器。通过这种方法,英特尔公司从各细分市场获得了最大利润。

可见市场撇脂定价法把价格定得很高,只在规模较小但利润很高的细分市场上获取高额利润。因此,只有在特定市场才有意义。

(2) 市场渗透定价法(Market-Penetration Pricing) 市场渗透定价法是制定较低的初始价格,以迅速和深入地渗透市场,快速吸引大批消费者,赢得较大的市场份额的定价方法。这是一种低价策略,使竞争对手感到无利可图。

采用市场渗透定价法必须满足以下几个条件:

① 市场对新产品的价格非常敏感,低价格会导致市场份额的迅速增长。

② 生产和分销成本必须随着销售量的增长而下降。

③ 低价格要能阻止竞争,企业必须能够保持其低价格的地位,否则,低价优势只能是短暂的。

④ 必须是价格与销路关系密切、需求弹性大、生产技术方面容易使竞争者闯入的新产品。

市场渗透定价法实际上是一种薄利多销、扩大市场份额的定价策略。如格兰仕微波炉新上市时,就采用了这一方法,以每台只赚1元的价格迅速占领了国内微波炉市场,成为龙头老大。

(3) 满意定价法 满意定价法是一种介于"撇脂"和"渗透"之间的定价方法,价格水平适中,同时兼顾了制造商、中间商、消费者的利益,使各方面都能顺利接受这种方法。由于价格稳定,盈利目标能够按期实现,又能博得消费者的良好印象,企业采用这种策略较多。但这种方法也有它的缺陷,它不适应复杂多变或竞争激烈的市场环境。一般仿制新产品可采取这种定价法,但应注意与原有创新者的定价要区分,保持一定的距离。

12.3.3 新产品销售渠道调研分析

销售渠道是协助制造商将其产品和服务顺利地传递给目标顾客的一系列相互联系的中介组织机构。这些中介组织机构的基本功能是能够更加有效地推动产品与服务迅速而广泛地渗透于目标市场。渠道是联系企业和消费者的桥梁,是企业产品销售的通道,是企业发展的咽喉。所以说,渠道决策直接影响着企业其他所有的营销决策,如广告、定价、促销计划等,不同的渠道系统会有不同的收益和成本,会到达不同的目标市场。因此,调研部门应对新产品渠道决策提供信息。

在营销活动中,企业一般有三种渠道可选择:一是直接卖给客户;二是通过商品经销商卖给客户;三是委托代理商负责推销。

1) 新产品选择销售渠道时需做的调研

(1) 与新产品同类的商品最常见的流通渠道和分销渠道的情况。

(2) 现行分销渠道中最成功的类型。

(3) 市场上是否存在分销此类产品的权威性机构,如果有,他们经销的产品在市场上的份额是多少。

(4) 市场上经销此类产品的经销商,尤其是主要经销商是否愿意或有无能力再接受新的产品。

(5) 市场上经营此产品的经销商,尤其是主要经销商经销此种产品的要求和条件。

(6) 经销商除了经销产品外,是否还承担其他促销业务,如广告宣传、售后服务等,此外,经销商需要什么帮助,如技术培训、资金扶持等。

(7) 经销新产品的竞争情况,成功者的有哪些优势,忠诚度如何。

(8) 经销商能维持的一般库存量是多大。

(9) 新产品在每一环节的加价或折扣是多少。

(10) 新产品的目标市场是什么。

(11) 所选择的经销商或代理商是否会全力推销新产品,他们的经营水平如何。

(12) 新产品是否可以直接向零售商供货。

(13) 目标顾客期望得到的产品服务水平,他们的渠道习惯及渠道创新潜在机会。

(14) 新产品自身的特点和要求。

在上述调研的基础上,决定采用何种渠道。

制造商在调研后进行渠道设计时,往往必须在理想的渠道和实际可行的渠道中做出选择。对于新产品,尤其需要分析新产品的消费者对渠道的要求,根据目标顾客的期望来确定渠道目标并限制条件,最终明确主要的渠道选择。

顾客期望渠道是指在设计渠道时,首先了解目标顾客希望从渠道选择中得到什么,制造商推出的新产品,顾客希望就近购买还是到较远的商业中心购买?他们是到实体店购买,还是通过电话、邮寄或网络购买?他们需要增值服务(运送、维修、安装、定期保养、培训)还是愿意从别处获得这些服务?他们愿意等候多长时间?在分析目标顾客的渠道习惯、目标顾客期望得到的产品服务水平、新产品自身的特定及要求、竞争对手的情况、各种渠道背景、渠道惯例、可供选择的中间商类型和数目、中间商的资信状况等情况后,对顾客期望渠道做出选择。

2) 渠道选择建议

顾客期望渠道,是制造商在新产品渠道选择时首先考虑的因素。但成功的渠道选择还必须考虑其他因素,要在满足顾客期望的前提下,使总的渠道成本最小,又要能使新产品迅速占领目标市场。

新产品的渠道选择方案包括渠道的模式和中间商的数目。渠道模式即渠道的长度,要根据目标消费群的需求特点、限制因素即企业本身的战略目标的要求,决定采用什么类型的营销渠道。

例如:一家生产医疗设备的公司,新发明了一种可不用开刀,用窥视镜直接进行手术的新型医疗器械,可广泛应用于外科临床手术,市场前景较大,各大中型医院都可使用,问题是如何进入全国各地的医院。经管理层讨论,提出下列渠道以供选择:

- 公司推销队伍:公司指派销售代表到各地区去,赋予他们与该地区的所有潜在顾客进行接触的责任,并发展公司的推销队伍。
- 代理商:在不同地区,委托医疗器械代理商出售新的医疗器械。
- 分销商:在不同地区和医疗器械行业,寻找愿意购买和经营新产品的分销商,给他们独家经销权和足够的权力,对他们进行新产品知识培训,并给予促销方面的支持。

中间商的数目即渠道的宽度,也就是决定每个渠道层次使用多少中间商,具体有以下3种选择:

(1) 密集分销 即制造商通过尽可能多的批发商、零售商为其推销新产品。目的是加速进入新市场、扩大市场份额,使消费者和用户能随时购买这些新产品。一般消费品中的便利品和工业品中的通用设备采用此种方式。

(2) 独家分销 即制造商在某一地区仅通过一家中间商推销其新产品。双方签订独家经销合同,规定不得同时经营第三方,特别是竞争对手的产品,这一策略的目的是控制市场、控制中间商,或者是彼此利用对方的商誉和经营能力。一般具有专门技术、专门用户、竞争力强、利润空间大、品牌优势或特殊品的新产品采用此种方法。

(3) 选择分销 制造商在某一地区仅通过精心挑选的、最合适的中间商推销产品,这一策略的目的是稳固市场竞争地位,维护新产品在该地区的信誉。一般消费品中的选购品、革新产品、改进新产品、模仿新产品、有一定品牌的新产品采用此种方法。

12.3.4 新产品促销调研分析

企业不仅要为顾客提供优质的产品、完善的售后服务、满意的价格、便利的销售渠道,还必须与新产品的目标顾客群进行有效的沟通,及时将新产品的有关信息传递给顾客,引起其兴趣和注意,激发其购买欲望,促进其购买,这就需要促销。新产品促销是指企业将新产品及相关的有说服力的信息告知目标顾客,说服目标顾客做出购买行为而进行的市场营销努力。

促销活动是在企业与目标顾客和社会公众之间进行的,企业开展促销活动必须借助一定的促销工具。常用的促销工具有广告、销售促进、人员推销、公共关系等。新产品采用何种促销方式,使用何种促销工具,必须对新产品的目标顾客群进行调研,了解和分析他们的购买心理,采取有针对性的促销方式。

1) 顾客喜欢的促销方式

新产品上市后,人们对其态度有很大的差异,根据消费者对新产品的采用情况可以分为几类:创新者(2.5%)、早期采用者(13.5%)、早期大众(34%)、晚期大众(34%)、落后者(16%)。新产品的促销对象,主要是创新者和早期采用者,他们是新产品促销的首批目标消费者,要研究和分析他们的人群特征和消费特征(性别、年龄、收入、受教育程度、购买动机、购买习惯、价格承受能力、购买地点、付款方式、喜欢的广告促销方式等),并寻找适合他们的促销方式。采用顾客喜欢的促销方式,才会促使目标消费者实施购买。一般来说,新产品的早期采用者相对年龄较轻,受过良好教育,经济状况较好,容易接受新生事物,有自己的价值观,愿意冒风险,不过分崇拜名牌,喜欢接受特别促销的好处,如现金折扣、代金券、免费试用等。

2) 促销方式建议

不同的新产品有不同的目标消费群,所以,采用的促销方式也应有所区别,而且,不同的促销工具结合起来使用效果更好。一项研究表明,单纯价格促销仅使销售量增加15%;当它与广告相结合,销售量增加19%;当它与广告和售点展示相结合,销售量增加29%。因此,在可能的情况下,尽量几种促销方式结合使用,即进行促销组合。在制定促销方式时有以下几点要注意:

(1) 考虑新产品的性质　一般工业品主要使用人员推销;消费品则更多使用广告推销。

(2) 考虑促销组合策略　广告、人员推销、销售促进等方式结合使用。如示范促销,用技术讲座、实物展示、试穿、试用等;走访销售,带新产品样品或产品目录走访顾客;网点销售,建立和扩大分销网点,推出新产品;会议促销,在展销会、订货会、交易会、博览会等,邀请目标顾客或个人前来观看新产品并订货;广告促销,通过各种目标消费者关注的媒体,宣传新产品的特点,提高新产品的知晓度;代销试销法,委托他人代销新产品或试销,促进新产品尽快占领市场。

(3) 考虑新产品的目标市场　新产品的目标市场大小、类型和顾客情况不同,促销方式也不相同。如对小规模市场、工业品市场,以人员推销为主;对大规模、消费品市场,以广告及销售促进方式为好。

(4) 考虑促销费用　新产品的不同促销方式,费用不同,企业在决定促销组合时应预先考虑,关键要看实际效果。

【本章小结】

创新是企业发展的源泉,为了保持和提高企业的市场地位,减少企业产品创新的风险,提高新产品开发的成功率,必须进行新产品调研。新产品调研内容包括:新产品的市场需求状况、市场竞争状况、技术可行性评估、经济可行性评估、产品前景评估。

新产品调研的组织要确定调研的对象:社会公众、中间商、科研机构和技术人员、行业专家、其他机构和人员,通过案头调研、实地调研、市场预测对新产品的创意构思、产品概念、商业前景、新产品的开发、上市进行调研,选择专业调研公司组织调研,并将调研成果提供给委托调研的单位,为企业新产品的开发提供决策依据。

调研人员要分析新产品的需求规模和特点;对新产品的定价提出建议,根据新产品的具体情况,在顾客理解价值的基础上,分别采用市场撇脂定价法、市场渗透定价法、市场满意定价法;对新产品的渠道进行分析,在顾客期望的渠道中,进行渠道选择;对新产品的促销进行分析,采用顾客喜好的方式促销,并根据产品的实际情况选择目标消费者喜欢的促销方式。

关键概念

标准市场测试　　模拟市场测试　　控制市场测试　　市场撇脂定价法　　市场渗透定价法

思考题

1. 为何要进行新产品调研,其调研的主要内容是什么?举一未经调研的新产品上市后失败的例子。
2. 新产品调研的对象有哪些?为何将他们作为调研对象?
3. 新产品调研的内容涉及哪些方面?
4. 新产品调研机构应如何选择?
5. 新产品需求调研的主要内容包括哪几个方面?常用方法有哪些?

6. 新产品定价调研需要哪些信息？如何确定新产品的价格？

实训题

1. 假设你为某汽车公司所雇用，开发 3 种产品概念，即在豪华轿车内应用一种网络连接，使得在行驶的轿车内可以连接网络、接收电子邮件、网上购物。在开发这 3 种产品概念时，考虑一下谁会使用这套系统？会在何时、何地以及怎样使用这套系统？你认为 3 种产品概念中，哪一个最为可行？

2. 讨论 3 种市场测试方法的优缺点。如果你是某公司市场调查部门的主管，为测试一种新配方的方便面，你将采取哪种方法？为什么？

3. 假设某日化厂在 5 月份设计出一款新型沐浴露，主要功能为修复晒后皮肤，连续使用 1 个月有美白肌肤的功效。当然，它同时具备一般沐浴露的清洁皮肤的作用。请你对该产品的需求、价格、渠道、促销方式进行分析，并提出你的建议。

13　企业形象调研

【学习目标】
◎ 理解企业形象的含义和构成因素；
◎ 理解企业形象调研的任务和意义；
◎ 掌握企业形象调研的主要内容；
◎ 熟悉企业形象调研的步骤；
◎ 掌握企业形象的分析评价。

现代企业越来越重视公众口碑的塑造，所谓口碑就是企业形象，即公众对企业的印象和评价。一个口碑好的企业，其产品受消费者欢迎，一个口碑不好的企业会被消费者抛弃。企业形象包括哪些要素？如何了解企业形象？在塑造和完善企业形象时，需要了解哪些信息？怎样得到这些信息？这是本章要分析的内容。

【导入案例】　　　　　　　　百事可乐的崛起

20世纪30年代百事可乐诞生。随后，百事可乐公司与可口可乐公司的"可乐大战"就成为人们关心的议题。直到60年代百事可乐公司一直处于绝对的被动地位。为什么会这样呢？百事可乐公司请了一家著名的营销顾问公司为其把脉诊断，这家营销顾问公司经过认真的市场调研后，提出了其调研报告"领带启示录"。

什么意思呢？原来经过调研，营销顾问公司发现百事可乐的市场处境不是产品原因造成的，而是品牌内涵和企业形象导致的。在公众心目中，百事的形象显得盲目、莽撞，热衷于跟随可口可乐公司或与可口可乐公司发生直接的、针锋相对的竞争，而没有自己的形象和特点。而人们喝可乐，其实和打领带的感觉一样，领带的品牌内涵和所预示的形象比领带本身更重要，它体现一个人的身份、品味、价值观。可口可乐有悠久的历史，是美国文化的一种象征，给人良好的回味，而百事可乐缺乏特定的内涵和形象要素。于是营销顾问公司给出的"处方"是：塑造企业形象，定位于年轻、有活力、充满激情。这样也试图将可口可乐比照为传统的、保守的、缺乏活力的形象。

为树立百事可乐品牌的新形象，百事可乐公司提出了"百事新一代""新一代的选择"等新的宣传口号，同时不惜重金邀请摇滚巨星迈克尔·杰克逊、电影演员比利·克利斯特尔等年轻人喜爱的明星大做电视广告，吸引年轻人。80年代以来，百事可乐公司的新形象已深入人心，百事可乐的产品也取得了非凡的市场业绩，如今百事公司已成为与可口可乐公司并驾齐驱的世界级饮品生产厂家。

百事可乐公司的崛起说明了塑造企业形象的重要性。现代企业必须时刻了解并不断改善企业形象的状况，对企业形象要有主动的规划和推动，加强对企业形象的调研，随时了解企业形象的实态和公众对企业形象的评判与期盼非常必要。

13.1 企业形象与企业形象调研

13.1.1 企业形象

1) 企业形象的概念

企业形象(Corporate Image)是各类公众对企业的综合评价,是企业的表现与个性在公众心目中的反映。良好的企业形象折射出公众对企业的认可和赞赏,是建立稳固市场地位不可缺少的条件,因而成为现代企业竞相追求的目标之一。企业形象的魅力激励众多的企业纷纷导入"将企业的个性或特色鲜明地表达出来,并广泛地传达给内、外公众,使他们产生特定印象"的企业形象识别系统(Corporate Identity System,CIS),力图通过整合企业形象的所有要素,从理念、行动和视觉等方面系统地规划设计,借助全方位、多媒体的统一传播,塑造、提升出卓越的企业形象,以谋求公众心目中的"战略高地",最终获得竞争优势。

2) 企业形象的构成要素

企业形象是由多种形象要素组成的有机整体。这些要素各自代表企业的某一特殊形象侧面,同时又彼此联系、协调,共同支撑企业整体形象。一般来说,企业形象包括产品形象、市场形象、管理形象、环境形象、员工形象等各种形象和无形的要素。

产品形象指产品本身所具有的属性和附加的价值特征,包括技术先进程度、产品与服务质量、品牌地位以及市场销售状况等。

市场形象指企业的市场营销能力与竞争优势的表现,包括营销渠道网络完善程度、广告促销力量、顾客满意程度、市场应变能力、市场占有率、核心竞争优势的强弱等。

管理形象指企业运用现代化的科学管理方法和手段有效利用其资源取得最佳效益的能力,包括质量管理、财务管理、人力资源管理等。

环境形象指公众对企业的环境,包括建筑物、环境布局、物质技术设备等的评价。

人员形象指企业的管理者和普通员工的素质水平,包括管理者的胆识、经营风格、个人举止,也包括广大员工的工作态度、技术水平、精神面貌以及合作精神等。

企业形象识别系统则将这些要素整合为以下3个子系统:

(1) 理念识别 理念识别(Mind Identity,MI)是关于企业目标、经营理念、主导文化、经营特色、管理原则、发展策略、企业特性等最深刻的部分,堪称企业之"灵魂"。

(2) 行为识别 行为识别(Behavior Identity,BI)是体现企业理念的具体行动,涉及企业对内、对外的行动规范和风格,对内如企业日常事务、产品开发、技术发展、广告及其他促销活动、公共关系、物流处理、售后服务、企业协作、公益文化、社会联谊、公害对策等。

(3) 视觉识别 视觉识别(Visual Identity,VI)是企业形象具体化和视觉化的传达形式,是项目最多、识别效果最直接的部分,包括企业标志、产品商标、企业名称、标准字(色)等基本要素和办公用品、产品包装、广告传播、建筑环境、车辆标志、服装式样、规范手册等应用要素。

3) 企业形象的特点

(1) 综合性 企业形象不是对企业个别因素的认知结果,而是由多种因素构成的统一体。从有形的产品、环境,到无形的企业文化、服务态度、管理效率等,无一不在展示某个侧面,影响着整体形象的优劣。每一因素的变化都在自觉或不自觉地塑造或损害企业整体形象。片面强调某一形象因素而忽略整体形象的协调一致,只会造成公众对企业形象认知的模糊和冲突。

(2) 主观性 公众是企业形象的感受者和认同者,企业形象就是各种形象要素在公众心目中的印象反映,因而具有主观认知性。企业面临众多公众:内部公众、权力公众、媒介公众、社区公众、业务公众等等。正是与各种公众间的相互理解、信赖和支持,构成了企业宽松的经营环境。不同的公众受认识水平、思维方式、亲身经历、物质利益、价值观和审美观等限制,对同一企业评价往往不同,因此试图用同一模式建立符合所有公众要求的企业形象显然不现实。了解不同公众的看法和需求,逐步发展和协调,是构建企业整体形象的基础。

(3) 客观性 企业形象的客观性特点强调的是,唯有企业的客观现实才是企业形象的根本基础。任何脱离企业实际的虚假形象可能有一时的辉煌,但不可能真正深入人心。应该看到,企业形象有通过人们的主观意识与评价来反映的主观特点,但其评价对象和评价标准是客观的,刻意粉饰和夸大并不能建立稳固的形象。

(4) 可塑性 现代企业越来越意识到形象是企业不容忽视的"软"资源,可塑性强。主动关注企业在公众心目中的印象,以企业实际为基础,适当加以引导、管理和控制,通过调查、策划、传播、反馈及改善等努力,就能建立符合企业发展目标、赢得公众支持的企业形象。

(5) 相对稳定性 企业形象的树立不是一朝一夕的事。而它一旦形成,则在公众中形成稳固的心理定势,会对企业经营活动产生长期、深远的影响。也正因为如此,良好的企业形象才能成为企业可以依赖的竞争优势。但这并不是说企业形象是一成不变的,随着主、客观因素的变化,企业形象亦有动态表现。可能是企业主动改变发展战略、调整自身的形象定位;也可能由于外部环境因素的变动而改变了企业在市场竞争中实力强弱、领先程度、知名度与美誉度高低等的得分,公众认知和评价随之改变。

(6) 差异性 在市场竞争中,雷同的企业形象无法发挥其应有的竞争力,反而会造成混淆,甚至损害企业利益,所以有人说,"形象没有个性等于没有形象"。树立企业形象的根本目的就是为了突出企业个性、追求差异,以便消费者能识别、认同和记忆。企业形象的差异性不仅仅表现在外观、标志的独具特色,更深刻地体现在企业经营哲学、文化氛围、市场定位、营销方式、组织结构等的新意。

13.1.2 企业形象调研

1) 企业形象调研的概念和意义

企业形象调研是针对企业形象开展的服务于企业形象战略的调研活动。不同于一般的市场调研活动,企业形象调研围绕着了解企业内、外部公众的意见和态度展开,调查核实或澄清某些形象问题,旨在与公众建立和谐融洽的关系,提升企业的信誉及形象。

企业形象的树立首先要对企业自身良好特质、经营理念和风格、经营行为做出自我确认,对企业环境和相关公众加以正确认识,然后利用识别系统统一整合、整体传达,使公众获得从外及里、从视觉到理念的反复认同,最终在心目中刻画出企业的整体形象来。可以说,企业形象调研是企业深刻认识自己、塑造新形象和维护好形象的基础,科学的调查研究是企业能否成功树立、维持和改善形象的关键所在。

2) 企业形象调研的任务

企业形象调研的基本任务可以概括为两个方面:一方面,调查了解内、外部公众对企业的意见、态度及反应,掌握市场环境变动趋势,对企业形象做出自我思考和评价;另一方面,研究、寻找和分析企业形象自我评价与公众评价及市场环境要求之间的差距,根据这一差距和市场实际进行企业形象定位、调整和塑造。换句话说,企业形象调研过程就是企业通过自己的眼睛和他人的眼睛重新确认自己,对比"理想中的自己"和"现实中的自己",最终回答"我是谁"的过程。

3) 企业形象调研的特点

企业形象调研自然围绕企业形象这一核心展开,企业形象本身的特点和调研的基本任务共同决定了企业形象调研活动的特点。

(1) 内容广泛性　企业形象的综合性、系统性要求企业形象调研的内容囊括众多形象要素,包括各类公众对企业各方面的评价,企业所处的市场环境和社会环境,以及企业未来可能遇到的风险和机会等。可以说,几乎所有与企业形象有关的因素都可能作为企业形象调研的内容,但又应视具体企业的具体问题而有所侧重和选择。

(2) 对象的多样性　企业形象调研的对象是那些对企业经营活动有直接或间接影响的个人或组织公众,包括企业内部员工和政府、金融机构、新闻媒介、合作者、竞争者等外部作用力量,还包括与企业经营活动没有关系,但关心企业发展的学者、专家。

(3) 方法的灵活性　广泛的调研内容、多样的调研对象,使得企业形象调研的方法不能墨守成规,而必须实行定性与定量相结合,综合运用案头资料收集、电话访问、深层面谈、小组座谈等多种灵活形式。

13.2　企业形象调研的主要内容

作为企业认识自己的途径,企业形象调研有内部调研和外部调研。内部调研主要是企业实态调研,外部调研有企业实际形象调研。

13.2.1　企业实态调研

企业实态就是企业现实的状态。企业实态调研即通过对企业内部状况、外部印象的调查,客观、全面地认识企业本身的特质,分析自身的优势和劣势,不仅包括对企业生产、工作环境、企业设施与建筑、商标、标志、标准字、标准色等"硬件"的了解,更包含对企业理念、员工素质、管理机制与效率、内部沟通渠道与效率等"软件"的详细了解。

企业实态调研实际上就是企业对自身的再认识过程,可以从以下方面入手:

1) 与最高负责人访谈

企业形象的树立离不开最高决策层的全力支持和参与,因此,掌握他们对企业现状的评价,对未来发展的展望以及形象战略的整体思路、目标指向,对企业形象调研至关重要。调查人员在访谈中,以互相信任和共同目标为基础,请最高负责人详细说明与解释以下方面的情况:

(1) 现有企业理念确立的动机、理由。依据他的看法现有企业理念是否已经显得过时或陈旧? 为什么?

(2) 企业最优良、最有特色的传统或资源是什么?

(3) 对目前社会环境、市场环境特点及趋势的认识以及它们为企业生存发展带来什么机会或威胁?

(4) 企业有何新事业方向? 以后10年的工作重点是什么?

(5) 目前本企业面临的主要问题是什么？其关键在何处？用什么方式解决它？
　　(6) 本企业的主要竞争对手是谁？他们的特色、市场吸引力在哪里？与本企业相比较如何？
　　(7) 据他所知，主要客户对本企业的评价、印象如何？有无重大误解？有的话，如何克服？
　　(8) 企业员工素质如何？行为规范是否健全？企业理念在员工中是否达成共识？
　　(9) 对本企业组织结构、工作效率以及内聚力的评价如何？
　　2) 与基础员工、部门负责人沟通
　　对企业中层领导和基础员工的忠诚度、归属感、向心力等的了解亦是企业实态调研的重要内容，可以通过小组讨论或书面问卷的方式与他们沟通，获得企业实际情况的细节资料。主要包括以下内容：
　　(1) 对企业的了解程度(历史、传统、优势、市场地位、CIS 要素等)。
　　(2) 企业在员工心目中的形象。
　　(3) 对工作流程、工作环境、福利待遇的评价。
　　(4) 对工作意义的评价及个人发展的期望。
　　(5) 对高层管理人员的能力及风格的看法。
　　(6) 对企业未来的展望和信心。
　　(7) 对企业优势、劣势的评价。
　　对企业实态的调研，还可以借助于企业内部的各种资料、档案进行案头调查分析。如各种年报、季报，企业促销活动的策划方案会议记录，各种规章制度等都可提供企业实态的丰富资料。

13.2.2　企业实际形象调研

　　1) 对企业外部关系者的调查
　　企业实际形象调查是对企业在社会公众中现有的印象进行调查，了解社会公众眼中的"我"，包括对企业外部各种关系者：消费者或客户、供应商、经销商、金融界、新闻界、上级主管部门、竞争者以及专家学者等的调查，犹如反映企业形象的"镜子"。
　　(1) 消费者或客户是企业服务的对象，他们构成了企业生存和发展的基础。应主要了解他们对企业的知晓程度，平时的印象和感觉，与竞争者比较，他们对本企业的信任程度和识别程度，对企业产品和服务特色的评价，有何具体希望和建议等。
　　(2) 供应商和经销商是企业供销渠道的合作伙伴，主要了解他们对企业信誉、市场地位和竞争力的评价；对企业形象的感知程度；他们对本行业中哪些企业印象较好，为什么；对本企业有何要求和改进意见，对本企业产品有何服务形象的认识等。
　　(3) 金融界公众是企业重要的融资和理财帮手，主要向他们了解对本企业资信状况的评价；最愿意对本企业哪些项目贷款；他们对本行业中哪些企业印象较好，为什么；对本企业有何要求和建议等。
　　(4) 新闻界公众是企业对外沟通宣传的重要媒介。向他们主要了解：对本企业社会形象的评价；最愿意对企业哪些活动进行报道；同行业中谁的形象最好，为什么；其他社会组织及有关人士对本企业有何评价；对本企业塑造良好形象，在宣传方面有何建议等。
　　(5) 对上级主管部门，企业主要了解：从政府的角度看，本企业所从事的行业前景如何;政府对该行业的基本态度如何;最得政府赞赏的企业有哪几家,原因是什么;目前及将来一段时间内,最有发展前途的行业是哪些,会有什么特殊政策;主管部门对本企业的基本评价如何;在企业对社会贡献方面还有何要求等。

此外,还要了解竞争者对本企业市场形象和竞争特色的看法、评价。

2) 企业形象调研的3个指标

(1) 广告接触度调查　广告接触度指公众对企业广告的接触情况,包括广告被收听(收看)、认知和记忆的程度。有一系列的指标可以反映之,这些指标有:广告播出的次数和频率、公众视听率、公众对广告的认可和记忆程度、公众购买行为受广告的影响程度等。一般来说,广告接触度越高,公众对企业的知晓程度就越高。

(2) 企业知名度调查　公众对企业的知晓程度即企业的知名度。知名度是企业形象的基础,假如公众根本不知道某企业存在,又谈何企业形象呢？知名度有许多侧面,例如,对企业在经营管理、产品质量、经营特色、新产品开发、科技进步、环境保护、回报社会等方面所取得的业绩是否了解;国内外新闻对企业所做的各种报道,以及这些报道所产生的社会效应如何;企业倡导发起或参与组织的各类有影响的社会公益活动有何社会效果。对知名度的调查主要是通过在不同层次的目标市场抽样,考察公众对企业的了解程度。考察熟知(全面了解企业经营内容、规模、现状等)、了解(一般了解企业名称、所在地和企业大致情况)、知道(知道企业名称和经营方向)、听说过(听说过企业名称,但不了解情况)和不知道(没有任何印象)的公众的比例。

(3) 企业美誉度调查　知名度仅仅是反映企业名气大小的"量"的指标,而不涉及名声好坏的"质"的方面,一个企业既可能因美名远扬,也可能因臭名昭著而拥有高的知名度。因此,要考察企业获得公众信任、赞美的程度,必须考察企业美誉度。调查美誉度主要看公众对企业信誉、经营哲学、管理水平、工作效率、社会活动、人员形象以及产品服务的评价如何。

13.3　企业形象调研的组织

13.3.1　明确调研目标

明确的目标是开展企业形象调研的前提。企业形象问题涉及多方面、多因素,没有具体的目标指导,调研工作很可能无的放矢,难有成效。有时候,在总目标下,还必须说明各个阶段或各个方面的子目标及其关系。

13.3.2　拟订调研计划

调研计划是有效管理调研活动的依据。企业针对具体的调研目标,拟订相应的调研计划,主要包括确定调查内容、信息来源、调查对象、调查方式、设计调查问题和安排调查进度等重要工作。

13.3.3　收集调查信息

依据调研目标和计划,实施调查。借助问卷调查、实地观察或对象访谈等方式,收集所需的各种信息。例如,某服装企业在实施企业形象战略时,企业形象调研从4个方面收集相关信息:一是内部调查,摸清企业基本情况并对企业人才进行考评;二是对全国21个城乡(以城市为主)的市场调查,分区分块展开的这一部分调查包括了东北(哈尔滨、沈阳)、华北(北京、天津、郑州)、华东(上海、杭州、南京、青岛)、华南(广州)、西南(成都、重庆)、中南(武汉)、西北(西安)等大城市,以及吉林、安庆、怀化、余姚、建阳等中小城市和朗霞、吉水两个乡村;三是对近十年国内外服装业的文案调查;四是对国内 10 个同行竞争对手的情况调查摸底。

13.3.4　分析调查资料

对企业形象调查资料的分析一般可从以下方面进行:

1)"知名度-美誉度"分析

在通过一定的调查方式测得企业的知名度和美誉度这两项指标后,以它们分别为横、纵两变量建立一直角坐标平面,即企业的形象坐标系。企业可以在这个坐标系中找到自己的形象位置。

假设某形象调研活动表明,A、B、C、D 四企业的知名度每百人分别为 A(80),B(15),C(30),D(85),它们的美誉度情况参见表 13.3.1。

表 13.3.1　A、B、C、D 四企业美誉度调查情况

	很好	好	较好	一般	较差
	0.8	0.6	0.4	0.2	0
A	20 人	60 人	20 人		
B		12 人	75 人	10 人	3 人
C	60 人	25 人	15 人		
D			40 人	55 人	5 人

A 企业美誉度 $= 20 \times 0.8 + 60 \times 0.6 + 20 \times 0.4 = 60$

B 企业美誉度 $= 12 \times 0.6 + 75 \times 0.4 + 10 \times 0.2 + 3 \times 0 = 39.2$

C 企业美誉度 $= 60 \times 0.8 + 25 \times 0.6 + 15 \times 0.4 = 69$

D 企业美誉度 $= 40 \times 0.4 + 55 \times 0.2 + 5 \times 0 = 27$

将四企业的知名度为横坐标、美誉度为纵坐标,便可确定 A、D、C、D 四企业的企业形象坐标,分别为 A(80,60)、B(15,39.2);C(30,69)和 D(85,27)。在企业形象坐标系中标明相应的位置,如图 13.3.1 所示。

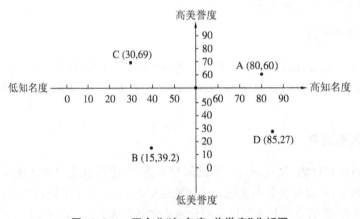

图 13.3.1　四企业"知名度-美誉度"分析图

图 13.3.1 中,A 企业处在高知名度、较高美誉度的"双高"位置上,形象较佳,是理想的企业形象。A 企业应该注意维护、保持,并进一步提高美誉度。

B 企业处于知名度、美誉度皆低的"双低"位置,既默默无闻,又形象不佳,对企业形象战略非常不利。B 企业要改变这种状态,可以先争取提高美誉度,然后扩大影响,提高知名度。也可双管齐下,同时进行,但这样对管理工作要求甚高。

C 企业所处的位置说明它拥有"美名",却不张扬。但这种"酒香不怕巷子深"的哲学在现代竞争中显然落伍,有碍于企业发展。C 企业应在巩固美誉度的基础上,大力宣传自己的优势,提高知名度。

D 企业形象位置比较棘手,美誉度低而知名度高,表明关于 D 企业的不良印象影响较大。D 企业此时必须进一步分析低美誉度的原因,如果是由于公众误会造成的,则积极采取沟通措施消除误解,提高美誉度;如果是企业形象确有缺陷,可先降低知名度,避开公众焦点,切实进行改造、调整,重新塑造企业形象,东山再起。

2)企业形象要素分析

"知名度-美誉度"的分析,能够勾画出企业总体形象,但并不能提供进一步的依据和内涵,无法回答"为什么高?"与"高在哪里?"以及"为什么低?"又"低在哪里?"的问题。要进一步分析公众形成不同态度和评价的原因,必须借助企业形象要素分析。

如前所述,企业形象是多要素的综合,企业的理念、行为、外观、人员无一不体现和影响企业的整体形象。因此,在了解了企业整体形象之后,有必要对主要的要素进行深入考察。

不同类型、不同性质企业的形象构成要素不尽一致,而随着市场环境的变化,这些要素的重要程度也会有所改变。据日本的一项研究表明,消费者注重的家电行业形象要素随着时代的发展而变化:1968 年形象要素前几位依次为技术、未来性和外观;1973 年则为技术、市场形象和外观;1975 年为市场形象、外观和技术性、未来性;1981 年又为技术、未来性、外观和市场形象。汽车行业重要的形象要素 1969 年为市场形象、外观;1974 年,防止公害的社会形象居于首位;1979 年为市场、外观、社会形象。金融行业的形象要素则一直由外观和社会形象居首。企业要调查识别企业本身的性质、社会地位和特点,根据消费者观念调整形象要素结构。例如,广告借助宣传和沟通能有效提高企业的市场形象,对以市场形象为主的企业很重要,而银行必须重视传统、稳定性、企业规模等外观形象,制造业则应以技术形象、发展形象为重。

分析企业形象要素往往借助"企业形象要素分析表",参见表 13.3.2。将各形象要素列于表中,并按不同的评价给予相应的得分,再将调查所得人数(假设对 100 人调查的结果)填入。

表 13.3.2 企业形象要素分析

形象要素	非常 1.0	相当 0.8	稍微 0.6	中等 0.5	稍微 0.4	相当 0.2	非常 0	形象要素
产品形象好	65	25	10					产品形象差
经营形象好			25	65	10			经营形象差
管理形象好				15	20	65		管理形象差
外观形象好				10	20	60	10	外观形象差
发展形象好			10	20	10	60		发展形象差
员工形象好					25	55	20	员工形象差

计算每个形象要素的总分：
产品形象＝65×1＋25×0.8＋10×0.6＝91
经营形象＝25×0.6＋65×0.5＋10×0.4＝51.5
管理形象＝15×0.5＋20×0.4＋65×0.2＝28.5
外观形象＝10×0.5＋20×0.4＋60×0.2＋10×0＝25
发展形象＝10×0.6＋20×0.5＋10×0.4＋60×0.2＝32
员工形象＝25×0.4＋55×0.2＋20×0＝21

从计算结果可以看出，该企业形象总体不佳的原因在于除产品形象外，其余的形象要素都不理想，尤其是员工形象和外观形象欠缺。

3) 企业形象距离分析

企业形象要素分析表是将不同的形象要素评价量化，使每一种要素对企业总体形象的贡献一目了然，在此基础上，借助另一工具——"企业形象距离图"，能进一步找到企业目前的形象究竟与其理想形象有多大差距，参见图13.3.2。

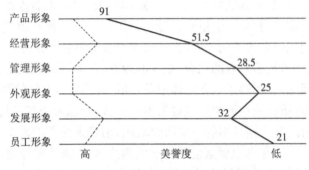

图 13.3.2　企业形象距离图

首先取数量标尺，然后将量化的企业形象要素相应地标出，并连接成线，表示目前企业形象的位置。以虚线同样标出企业理想形象的位置。两者比较便可了解每一种形象要素的差距。同理，如果用虚线标示竞争者的形象位置，则可得出本企业与竞争对手的形象差距；假如虚线表示的是企业历史形象位置，该形象距离图便可比较企业形象变化的情况。

13.3.5　撰写调研报告

企业形象调研的整个调查过程和分析处理结果应以调研报告的形式反映出来。在调研报告中，调研人员将调查的内容、方法、数据和其他相关资料以及结论一一展示出来，并提出企业形象策划或改进意见。

现以日本白鹤制酒公司的形象调研实践为例来理解企业形象调研的组织。

日本生产清酒的白鹤制酒公司，在其CI策划的初始阶段，对企业现状与实态进行了非常周密的调研。该调研工作分5步进行：

第一步，与高级员工面谈。调研专家个别访问15名高级员工，听取他们关于白鹤酒的历史、成长、发展过程与未来展望，在同行业中的地位、销售竞争优势与劣势，以及市场战略的特点等问题的看法和意见。

第二步，视觉调查。针对公司现有的视觉信息传达活动进行大范围的调查，包括各种宣传广告、促销用品、产品包装、名片、账册、运输车辆、建筑物、招牌等，并分析各视觉要素的统一性现状。

第三步，市场考察。调研专家直接考察了分销商，并详细了解了店堂的陈列、POP 广告、招牌等情况的第一手资料。

第四步，消费者形象调查。在白鹤酒销售量最多、最重要的 5 个城市进行，以 800 位成年男子和 200 位成年女子为对象进行问卷调查，目的有三：与其他酒类相比较，消费者潜在意识中对清酒的印象测定；各个制酒公司现用的标志、形象定位以及对公司的竞争威胁；测定对清酒广告的认知度和态度倾向。

第五步，调查结果分析。经过两个多月的调查研究和分析比较，调研报告书中将所发现的主要问题归纳为：消费者购买酒时，指定品牌购买现象增加；市场上有白雪、白鹿、贺茂鹤、千代鹤等清酒名称，都有"白"或"鹤"字，白鹤清酒标志个性不强；公司虽然有 40 多种产品，但无统一感，产品的形象分散，一般消费者对白鹤酒并不关心。

根据以上调研结果，调研者建议，重新设定企业经营目标和视觉识别系统，以求社会大众了解和认同白鹤酒优良的品质、悠久的传统和荣誉以及在制酒业中的领导地位，并对此提出了详细意见。

附：

新佳连锁店总公司 CI 调查方案

受新佳连锁店总公司委托，江苏 3H 营销事务所为其进行 CI 策划。为充分把握新佳公司内外各方面的相关情况，使策划工作有据可依，拟组织此次全面调查。为保证调查工作有序、高效、成功地进行，并保证其顺利完成，特制定本方案。

一、调查对象及主要内容

本次调查涉及的调查对象包括八个方面：目标市场、基层员工、中层干部、公司领导、员工家属、上级部门、供货商、相关单位。具体调查内容为：

（一）市场调查

1. 消费者购物业态偏好及原因、商圈界定。
2. 目标顾客购物频次、购买力水平。
3. 目标顾客偏好的零售企业、便民店、购物中心形象要素。
4. 目标顾客的构成、特点及购买动机。
5. 影响消费者购物的主要因素。
6. 新佳的认知度、市场形象、优缺点。
7. 新佳主要竞争对手的认知度、市场形象、优缺点。
8. 目标顾客在新佳购物的满意度。
9. 新佳员工及领导形象。
10. 目标顾客的建议。

（二）基层员工调查

1. 员工对公司现状及前景的认识。
2. 员工对公司优势与特色、问题与困难的认识。
3. 员工对主要竞争对手的认识和评价。
4. 员工对市场与目标顾客的认识与分析。
5. 员工对公司经营管理状况的评价、要求和希望。

6. 员工对公司企业领导、中层干部的评价。
7. 员工对工作环境、内部人群关系的评价。
8. 员工对自身工作付出、自我价值实现的认识和评价。
9. 员工对公司形象的评价、对公司导入CI策划的认识。
10. 员工对本部门管理工作的评价,对存在问题的认识。
11. 本部门经营管理制度建设现状及存在的不足。
12. 结合自身工作,提出改善经营管理的合理化建议。

（三）中层干部调查

1. 中层干部对公司现状与前景的认识。
2. 中层干部对公司优势与特色、问题与困难的认识。
3. 中层干部对主要竞争对手的认识和评价。
4. 中层干部对市场与目标顾客的认识与分析。
5. 中层干部对公司经营管理工作的评价、要求和希望。
6. 中层干部对公司企业领导、部门员工的评价。
7. 中层干部对工作环境、内部人群关系的评价。
8. 中层干部对自身工作、自我价值实现的认识和评价。
9. 中层干部对公司形象的评价、对公司导入CI策划的认识。
10. 中层干部对本部门工作的评价,对存在问题的认识。
11. 本部门经营管理制度建设现状及存在的不足。
12. 结合自身工作,提出改善经营管理的合理化建议。

（四）公司领导调查

1. 公司领导对公司现状与前景的认识。
2. 公司领导对企业优势与特色、问题与困难的认识。
3. 公司领导对主要竞争对手的认识和评价。
4. 公司领导对市场与目标顾客的认识与分析。
5. 公司领导对经营管理工作的评价、要求和希望。
6. 公司领导对公司中层干部、基层员工的评价。
7. 公司领导对公司内部环境和人群关系的评价。
8. 公司领导对企业发展目标、战略的构想。
9. 公司领导对公司形象的评价、对公司导入CI策划的认识。
10. 公司领导现有的经营思想与经营策略。
11. 公司领导对经营理念与行为理念的构想。
12. 公司领导改善经营管理工作的基本思路。

（五）员工家属调查

1. 员工家属对公司基本面及负面形象的认识。
2. 员工家属对公司现状与前景的认识。
3. 员工家属对公司竞争形势及主要竞争对手的认识。
4. 员工家属对公司目标顾客的认识。
5. 员工家属对公司经营管理的评价。
6. 员工家属对亲属在公司工作的认识。

7. 员工家属对公司的期望与建议。

（六）上级部门领导调查

1. 上级部门领导对公司改革与发展的构想。
2. 上级部门领导对公司企业形象的评价和要求。
3. 上级部门领导对公司领导及员工的评价。
4. 上级部门领导对公司优势与特色、问题和困难的认识。
5. 上级部门领导对公司经营管理的评价和希望。
6. 上级部门领导需要企业加以改进和完善的地方。

（七）供货商调查

1. 供货商对新佳企业形象的总体评价。
2. 供货商对市场状况和竞争态势的总体认识。
3. 供货商对新佳的优势与特色、问题和不足的认识。
4. 供货商对新佳主要同行的认识和评价。
5. 供货商对新佳公司领导、中层干部、基层员工的评价。
6. 供货商对新佳的经营管理的评价。
7. 供货商对与新佳合作关系的评价以及合作中存在的矛盾和问题。
8. 供货商对新佳公司的建议。

（八）相关单位调查

1. 对新佳企业信誉、实力、经营管理水平的总体评价。
2. 对新佳领导和中层干部的评价。
3. 对新佳在服务或业务活动中的优势与特色、问题与不足的认识。
4. 对新佳企业形象的评价和建议。
5. 对市场形势和竞争态势的研判。
6. 对新佳经营管理能力和水平的评价。
7. 对新佳经营管理工作的建议。

二、调查方法

（一）问卷法

1. 适用范围：市场调查；基层员工调查；中层干部调查；公司领导调查；员工家属调查；供货商调查；相关单位调查。
2. 问卷设计原则

（1）统一性原则：问卷的格式必须统一；问卷的内容必须以调查内容为依据，围绕调研目标展开。

（2）必要性原则：问卷所提出的每一调查问题都有明确的设计目的；同一问卷中不得有搜集信息相似的题目。

（3）可行性原则：问卷设计的题型、题量、文字表达、题目含义必须充分考虑调查对象的具体情况。

（4）准确性原则：问卷的文字表达必须具体明确，设问要能准确说明需表达的含义。

3. 问卷题型

（1）对目标市场、员工家属、供货商、相关单位的调研问卷应以封闭式题型为主。

（2）对基层员工、中层干部的调研问卷可增加开放式题型分量。

(3) 领导调研问卷部分可完全采用开放式题型。
4. 抽样方法
(1) 对目标顾客采用定向随机抽样。定向主要针对现有和潜在顾客以及特定的人口流动场所和市场区域。
(2) 对供货商、相关单位采用定向抽样。
(3) 对公司基层员工、中层干部采用全样本抽样。
(4) 对员工家属采用分层抽样，即对领导、中层干部、基层员工的家属分层按一定比例抽样。
(5) 对公司领导采用全面调查方法。

(二) 访谈法
1. 适用范围
(1) 上级主管部门：1~2人/次。
(2) 公司领导：3~5人/次。
(3) 重要部门中层干部：4~6人/次。
(4) 员工代表：5~7人/次。
2. 访谈方法：预先确定交谈主题，并把议题交给访谈对象事先准备，然后确定具体的时间与地点进行。

(三) 座谈法
1. 适用范围
(1) 基层员工：各部门抽派1~2人，座谈次数1~2次。
(2) 中层干部：各部门负责人，座谈次数1~2次。
(3) 企业领导：公司领导层，座谈次数2~3次。
(4) 店长：店铺店长10人，座谈次数1~2次。
2. 座谈方法：事先确定议题，由3H专家主持讨论，鼓励大家踊跃发言。

(四) 观察法
1. 观察对象
(1) 公司营业现场、办公场所、配送中心等。
(2) 目标顾客的购买行为。
(3) 主要竞争对手营业现场、办公场所、营运设施等。
2. 观察方法：确定观察主题，以秘密方式进行。

三、问卷投放
(一) 投放数量

项目	目标顾客	基层员工	中层干部	企业领导	员工家属	供货商	相关单位	合计
数量	300	90	20	5	30	20	15	480

(二) 目标顾客问卷投放
1. 按场所投放

项目	便民店	购物中心	其他场所	合计
发放份数	120	80	100	300
百分比	40%	26%	34%	100%

2. 按年龄投放

项目	青年	中年	老年	合计
发放份数	120	120	60	300
百分比	40%	40%	20%	100%

(三) 基层员工问卷投放

项目	销售部门	配送中心	其他部门	合计
发放份数	10	3	7	20
百分比	50%	15%	35%	100%

(四) 中层干部问卷投放

项目	销售部门	配送中心	其他部门	合计
发放份数	15	7	8	30
百分比	50%	24%	26%	100%

(五) 员工家属问卷投放

项目	销售部门家属	配送中心家属	其他部门家属	合计
发放份数	15	7	8	30
百分比	50%	24%	26%	100%

(六) 相关单位问卷投放

项目	银行	物价	审计	税务	工商	新闻	消协	街道办	其他	合计
发放份数	1	1	1	1	1	2	2	3	3	15

(七) 公司领导问卷投放为全体样本

(八) 供货商问卷投放由3H与新佳商讨确定

四、调查组织

(一) 调查组织机构

成立"新佳CI策划调查指导小组",由3H 2人、新佳1人为成员。其职责为：

1. 起草、审议、总撰各调研问卷。
2. 对调查工作进行规划、组织和指导。
3. 对调研问卷进行统计、整理,并提出《调研报告》和《诊断报告》。

(二) 调查分工

1. 3H负责调研问卷的设计,调查组织规划工作。
2. 新佳负责调研问卷的印制及其他必要的协助。
3. 目标顾客、供货商、相关单位的调查主要由新佳负责,3H给予协助和指导。
4. 基层员工、员工家属、中层干部、公司领导、上级部门的调查主要由3H负责,新佳给予协助。

5. 访谈法、座谈法及观察法均由3H负责,新佳给予协助。

五、时间安排

序号	工作事项	时间安排
1	调研问卷的设计、讨论、审定及印制	7.01—7.10
2	目标顾客、供货商及关系单位问卷投放与回收	7.12—7.18
3	公司员工、中层干部、领导及家属问卷投放与回收	7.13—7.15
4	上级部门、公司领导、中层干部及员工访谈	7.14—7.18
5	召开有关人员的座谈会	7.14—7.18
6	观察公司及主要竞争对手的有关场所	7.19—7.21
7	调研问卷及资料的统计、整理与甄别	7.22—7.25
8	撰写《CI调研报告》及《企业诊断报告》	7.26—7.28

本方案未尽事宜,由双方在工作中具体商定。

江苏3H营销事务所
2018.6.1

【本章小结】

企业形象是各类公众对企业的综合评价,也是企业的特色和个性在公众心目中的反映。企业形象具有综合性、主观性、客观性、可塑性和动态性的特点。企业形象调研是为企业形象战略服务的调研活动,具有内容广泛、对象多样、方法灵活等特点。企业形象调研的主要内容包括企业实态调研、企业形象调研和企业环境调研。企业实态调研指通过对企业内部员工及管理者的调查,全面了解和分析企业的实际状况;企业形象调研则侧重于外部公众对企业形象的评价,涉及广告接触度、知名度和美誉度3项主要指标。

企业形象调研的组织涉及确定目标、拟订计划、实施调查分析资料和撰写调研报告等步骤。

关键概念

企业形象　　理念识别　　行为识别　　视觉识别　　企业实态调研

思考题

1. 何谓企业形象?其主要构成要素是什么?
2. 企业形象调研的特点是什么?
3. 企业形象调研的主要内容是什么?
4. 什么是"企业形象距离图"?它有什么作用?
5. 企业形象调研应用中应注意哪些主要问题?

实训题

收集青岛海尔公司、四川长虹公司的资料,在进行一定的实地调研的基础上,对两公司企业形象提出简要调研报告并分析两公司企业形象上的差别。

参 考 文 献

1. P·M·奇兹诺尔;乔慧存,李新民,译.营销调研.北京:中信出版社,1998
2. 谢邦昌.市场调查实战手册.广州:广东经济出版社,2002
3. 郭大水.市场调查与市场预测.天津:天津大学出版社,1996
4. 田志龙.市场研究.武汉:华中理工大学出版社,1993
5. 小卡尔·迈克丹尼尔.当代市场调研.北京:机械工业出版社,2000
6. 翁燕然.图解市场调查.广州:广东经济出版社,2001
7. 范伟达.市场调查教程.上海:复旦大学出版社,2002
8. 魏炳麒.市场调查与预测.大连:东北财经大学出版社,2002
9. 彭代武,肖宪标.市场调查 商情预测 经营决策.北京:经济管理出版社,2002
10. 罗杰·盖兹.市场调研精要.3版.北京:电子工业出版社,2002
11. 韩光军.市场调研手册.北京:经济管理出版社,2003
12. 陈启杰.市场调研与预测.上海:上海财经大学出版社,1999
13. 郭国庆,成栋.市场营销.北京:中国人民大学出版社,2002
14. 于萍.市场营销调研.大连:东北财经大学出版社,2002
15. 阎涛蔚,魏文忠,李玉珍.市场营销调研.济南:山东人民出版社,2002
16. 朱欣民.西方企业市场调研方法.成都:四川大学出版社,1997